# INTERLAKEN
Eine Reise in die Vergangenheit

Erschienen aus Anlass des Jubiläums
125 Jahre Grand Hotel Victoria-Jungfrau Interlaken

Markus Krebser

# INTERLAKEN
Eine Reise in die Vergangenheit

*10. Juli 1990*

*Henry Bodmer*

*am V-J-Geburtstag*

*herzlich gewidmet*

*Markus Krebser*

Verlag Krebser Thun

Erklärung für die Datierung:
Da alle Photographien aus der Zeit zwischen 1860 und (mit einer Ausnahme) 1918 stammen, sind im verkleinerten Seitenraster die Jahrhundertzahlen weggelassen.

~ vor der Zahl bedeutet «um...»

Beispiele: 65 = 1865
00 = 1900
~ 90 = um 1890
~ 08 = um 1908

Aufnahmedaten der Panoramaphotographien:
Seiten 50/51: um 1870
Seiten 148/149: 1893
Seiten 164/165: um 1905

Umschlagbild: Farbfoto um 1900

© Verlag Krebser Thun 1990
Alle Rechte, auch die des auszugsweisen Nachdrucks und der fotomechanischen Wiedergabe, vorbehalten.

ISBN 3-85777-125-9

Gestaltung: Benteliteam und Markus Krebser
Fotolithos: Ast und Jakob, Bern
Satz und Druck: Benteli AG, Bern
Printed in Switzerland

Kartenvermerk:
Seiten 6, 125 und 169: Siegfried-Atlas 1884—1894 (Zusammensetzung)
Seiten 7, 69, 199: Interlaken und Umgebung. Bern 1902

# Inhalt

| | | |
|---|---|---|
| *Erster Tag* | 7 Routenplan | |
| | 9 Ankunft | |
| | 11 Einführung | |
| | 16 Rugenparkstrasse | |
| | 20 Heimwehfluh | |
| | 26 Waldeck | |
| | 29 Jungfraustrasse | |
| | 32 Centralplatz | |
| | 33 Marktgasse | |
| | 37 Unterseen | |
| | 41 Dorf Interlaken | |
| | 42 Parqueteriefabrik | |
| | 44 Unterseen | |
| | 50 Goldey-Lustbühl | |
| | 55 Hohbühl | |
| | 58 Schlossbezirk | |
| | 61 Höheweg Ost–West | |
| *Zweiter Tag* | 69 Routenplan | |
| | 70 Victoria Interieur | |
| | 75 Höheweg West–Ost | |
| | 84 Interlaken Ost | |
| | 86 Brienzerseeufer | |
| | 87 Bönigen | |
| | 92 Lütschine | |
| | 93 Gsteig | |
| | 96 Wilderswil | |
| | 100 Unspunnen | |
| | 103 Matten | |
| | 107 Jungfraustrasse/Centralstrasse | |
| | 108 Höheweg West–Ost | |
| | 118 Abstecher Aarzelg | |
| *Dritter Tag* | 125 Routenplan | |
| | 126 Interlaken Ost | |
| | 127 Schiffahrt | |
| | 128 Giessbach | |
| | 134 Iseltwald | |

| | | |
|---|---|---|
| | 139 Ringgenberg | |
| | 143 Goldswil | |
| | 146 Harder | |
| | 151 Höheweg Ost–West | |
| | 154 Kursaal | |
| | 162 Victoria-Jungfrau | |
| | 167 Jungfrau | |
| *Vierter Tag* | 169 Routenplan | |
| | 170 Interlaken Ost | |
| | 172 Schynige Platte | |
| | 178 Zweilütschinen | |
| | 182 Lauterbrunnen | |
| | 186 Staubbach | |
| | 191 Trümmelbach | |
| *Fünfter Tag* | 199 Routenplan | |
| | 200 Höhepromenade | |
| | 205 Höhematte | |
| | 206 Spelterini | |
| | 212 Tell-Spiele | |
| | 214 Rundsichten | |
| | 218 Hardermannli | |
| | 219 Trinkhalle | |
| | 220 Unspunnen | |
| | 223 Dennler | |
| | 226 Bahnhofstrasse–Centralplatz | |
| | 231 Terrasse Hotel Central | |
| | 237 Abreise | |
| | 239 Literaturnachweis | |
| | 241 Karten und Pläne | |
| | 242 Weitere Quellen | |
| | 243 Personenregister | |
| | 246 Siebzig Portraits | |
| | 248 Stichwortverzeichnis allgemein | |
| | 249 Stichwortverzeichnis Gasthäuser | |
| | 251 Nachwort | |

# Übersicht des bereisten Gebietes

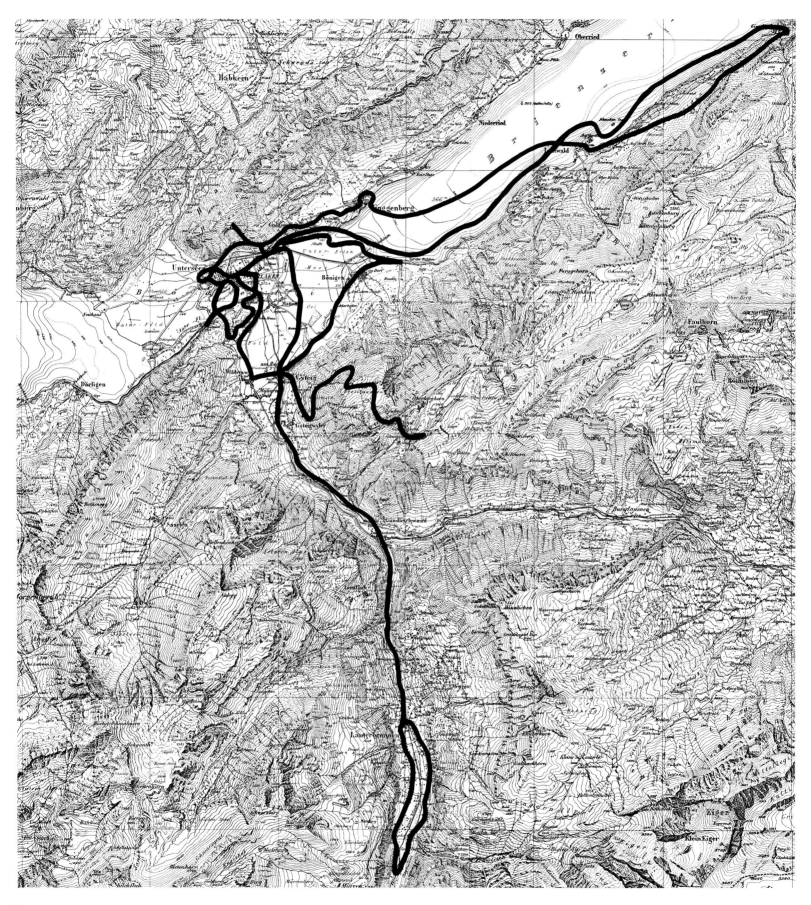

# Route des ersten Tages

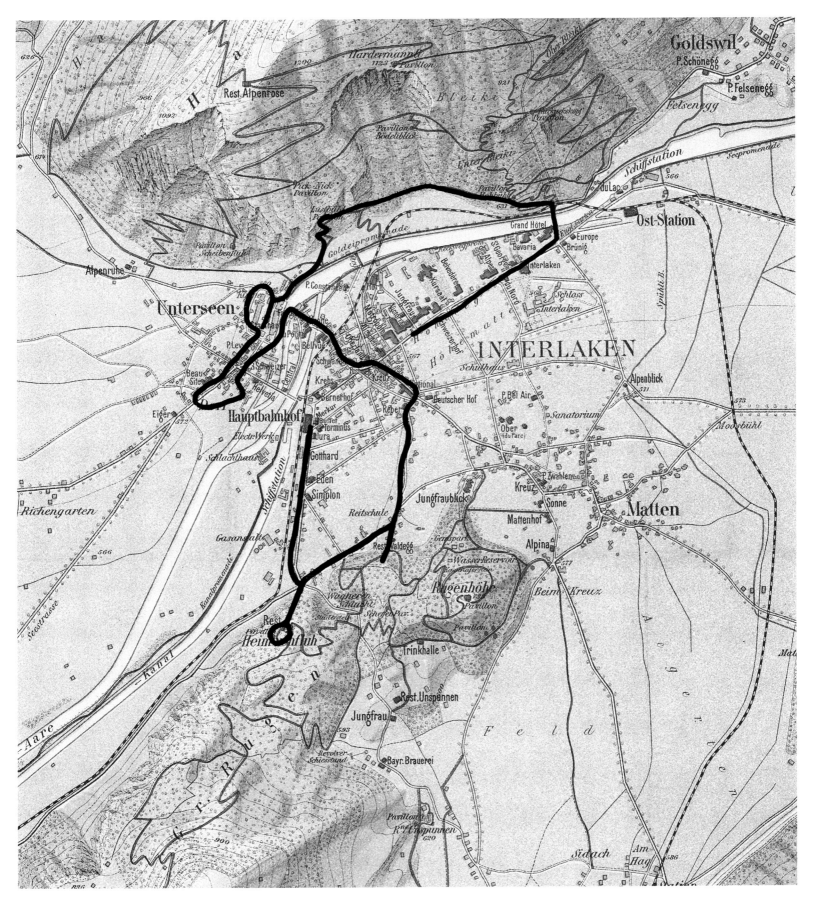

Seien Sie gegrüsst, verehrter Besucher, willkommen in Interlaken. Und herzlich willkommen in der Vergangenheit!
Zwei weite Strecken haben Sie zurückgelegt: die örtliche, auf dem letzten Wegstück entlang anmutigen Gestaden, mit der erst vor kurzem eröffneten Thunerseebahn; und die zeitliche um rund ein Jahrhundert – einmal mehr, einmal weniger – zurück in die Geschichte.

Möge diese aussergewöhnliche Doppelreise nicht zu beschwerlich gewesen sein; und mögen Sie sich hier und im anderen Heute wohlfühlen und zurechtfinden!

Der Boden, den Sie soeben betreten haben, ist für Sie Neuland. Seit Jahren hat er, wie Sie mich wissen liessen, Ihr Interesse beschäftigt, hat ihn Ihre Neugierde umkreist. Auf ihm sollen Sie, das wünsche ich Ihnen – und auch mir –, eine der eindrücklichsten Ihrer phantastischen Visiten erleben.

Sie haben aber nicht nur persönlich Neuland betreten. Denn vor etwa 15 000 Jahren, bei grossräumigem Umgang mit der Zeit, gab es diesen Boden noch gar nicht.
Er trägt – Sie kennen des Schweizers Hang zum Diminutiv – den Kosenamen «Bödeli» und trennt oder verbindet, wie man will, zwei Seen, die in früheren Zeiten einer waren.
Damals... doch nein, verlassen wir den Bahnhof und überqueren den weiten Platz, der Ihnen mit seinem bunten und lauten Treiben einen ersten Eindruck des Weltkurortes Interlaken vermitteln mag.

Vielversprechend, nicht wahr?
Das ist der Standplatz der Kutschen und der Hotelomnibusse – «Hotel Beau-Site», «Hotel Belvédère» beim Kandelaber; daneben und in der hinteren Reihe, sauber nach Standplatzreglement aufgereiht, bestimmt noch gegen zwanzig weitere Gefährte. Während der Saison können es deren 100 sein, die hier mehr oder weniger geduldig auf Kundschaft warten.

Die Tafel an der Ecke des Stationsgebäudes weist auf die hinter den Geleisen befindlichen Anliegeplätze der Dampfboote hin. Dank des ein Jahr vor Eröffnung der Thunerseebahn fertiggestellten Schifffahrtskanals werden den Fremden heute also beide Anreisemöglichkeiten von Thun her angeboten, ganz nach Lust und Laune zu Land oder zu Wasser.

Auf der anderen Seite nun die ersten Gasthäuser.
Links das Hotel Merkur von Rudolf Hänny... genau hinter dem vorbeifahrenden Omnibus des Parc-Hotels befindet sich unter dem Restaurant ein originelles Kellerlokal mit Bier- und Schnaps-Ausschank, das Hänny an Frieda Sahli verpachtet hat. Es heisst im Volksmund «Bärengraben», weil ein geschickter Maler seine Wände mit fröhlichen Darstellungen von Bären verziert hat, und ist vorwiegend eine Absteige für Kutscher.
Man flüstert, dass Frau Sahli neben dem kräftig fliessenden Bier gut und gerne 1000 Flaschen Bätzi – ein Apfelbranntwein! – pro Jahr umsetzt.

Angebaut an das Merkur folgt das nur zweigeschossige Hotel Bahnhof mit seiner vorgelagerten Bierhalle, dem Buffet – sehen Sie das Schild?

Wir begeben uns bei diesem herrlichen Wetter in seine Gartenwirtschaft, rechts unter die schattigen Kastanienbäume.
Dort will ich Ihnen bei einer Erfrischung mehr über das Bödeli erzählen und Sie über meine Absichten zum Verlauf Ihres Besuches unterrichten.

Sie haben mich frühzeitig und, nach Ausflügen in Thun und an das Rechte Thunerseeufer, nun schon zum dritten Mal zu Ihrer persönlichen Begleitung bestellt.

Das ehrt mich, und ich freue mich, Ihnen meine Dienste als patentierter Fremdenführer erneut zur Verfügung stellen zu dürfen; sie sollen beitragen, dass Ihre hohen Erwartungen erfüllt werden und Sie am Ende Ihres Aufenthaltes wieder abreisen mit dem festen Vorsatz einer baldigen Rückkehr.

Wie Sie wissen: Ein besonderes Ereignis hat dazu geführt, dass Ihre diesjährige Reise in die Vergangenheit dem Raum Interlaken gilt; und hier dem Erwachen und Aufblühen des Fremdenverkehrs, insbesondere längs des weltberühmten Höheweges; und dort der Perle unter den Perlen der Fremdenetablissemente, dem Grand Hotel Victoria-Jungfrau. Diesem Umstand wollen wir, wenn auch mit Mass, Rechnung tragen und gerecht werden, wobei das Mass ohnehin nur teilweise im Zaum gehalten werden kann. Es gibt bekanntlich Tatsachen, die trotz aller Zurückhaltung und höflicher Bescheidenheit für sich selbst sprechen und sich nicht unterschlagen lassen.

Dass ich Sie im besagten Grand Hotel einquartiert habe, lag von vorneherein auf der Hand.

Für Ihren Aufenthalt auf dem Bödeli – Sie haben mir das mitgeteilt – stehen fünf Tage zur Verfügung. Diese Zeitspanne gestattet uns, nicht nur dessen Dörfer und Quartiere mit ihren mannigfaltigen Sehenswürdigkeiten zu durchstreifen, sondern, die Gunst des Wetters vorausgesetzt, zwei grössere Exkursionen vorzusehen. Beide führen zu verwandten, gleichermassen gewaltigen und doch in ihrer Art gänzlich verschiedenen Wasserspielen am und im Felsen, wie man ihresgleichen anderswo vergebens suchen würde. Sie gehören zu den Juwelen der Natur, an denen das Berner Oberland bekanntlich so reich ist.

Jahr für Jahr besuchen uns Scharen neugieriger Fremder aus allen Ländern der zivilisierten Welt, jedes Jahr werden es mehr, und den meisten geht es ähnlich, wie es auch Ihnen ergangen ist: Noch in Thun haben Sie die weissen Firne der Eisgebirge bewundert, allen voran Eiger, Mönch und Jungfrau, und kaum erwarten können, in ihre Nähe zu gelangen und sie in ihrer wahren Grösse zu bestaunen. Kurz nach dem ehemaligen Städtchen Spiez sind diese jedoch allmählich hinter dem düsteren Rücken des Leissigengrates versunken.

Auf der gegenüberliegenden Seeseite engen, je tiefer der Anreisende in das Oberland eindringt, ebenfalls schräge dunkle Kämme die Szene ein, zuerst der Beatenberg, dann die Waldegg und schliesslich der Harder. Die ganze Kulisse, eingangs noch so vielversprechend, wird also abgedeckt und entzieht sich den Augen des Ankommenden. Seine Begeisterung sinkt und fällt fast gänzlich in sich zusammen, wenn sich die Eisenbahn am Fuss der senkrechten, schroffen und kahlen Felswände dem Ziel ihrer Schienenfahrt nähert. Und trifft man in Interlaken ein, dann ist des Besuchers Verfassung beinahe trostlos. «Wo ist die ganze Pracht geblieben, welche die Ferne verheissen hat? Und weshalb», fragt man mit einem tiefen Atemzug, «ist Interlaken überhaupt bekannt, nein, gar so berühmt?» Auch Ihnen, verehrter Gast, war bei der Ankunft eine leise Enttäuschung im Gesicht abzulesen. Man kennt das hier, und gerade wir Fremdenführer freuen uns, unsere Gäste bald von ihrem Irrtum zu überzeugen, sie um so gründlicher mit Überraschungen zu versöhnen. Bereits das emsige Leben vor dem Bahnhofgebäude dürfte Sie wieder zuversichtlicher gestimmt haben, ist es doch ein sicheres Indiz, dass der erste Schein trügt.

Interlaken – das ganze Bödeli ist in der Tat ein geheimnisvoller Magnet wie kein zweiter in unserem Land. Seine Kraft, seine Anziehungskraft war bis zum Anfang unseres Jahrhunderts allerdings ohne spürbare Wirkung und musste erst geweckt werden. Das geschah durch harte Arbeit, Erfindungsgeist und grossen Wagemut. Kühne Männer, speziell der beiden jüngsten Generationen, haben auf diesem flachen Grund Werke geschaffen, bauliche, technische, unternehmerische, der Gesundheit und der Ästhetik dienende, welche aus einer ärmlichen, dünnbesiedelten Gegend mit Landwirtschaft, Viehzucht und Warenbeförderung eine pulsierende Metropole des internationalen Fremdenverkehrs werden liessen.

Doch beginnen wir mit dem *Werden und Wachsen* des Bödelis: Nach Ende der letzten Eiszeit – ich habe das bereits in der Bahnhofhalle angedeutet – war das ganze Tal von Meiringen bis unterhalb Thuns von einer riesigen Wasserfläche zugedeckt gewesen.

Ungefähr halbwegs zwischen ihren Endpunkten wälzte von Süden her ein trübes Wildwasser sein aus den steilen Ufern herausgefressenes oder von unzähligen Wasserfällen zugeworfenes Geschiebe zu Tal und brachte es zur Ablagerung in eine Bucht des Sees. Durch dieses nimmermüde Wirken des Bergstroms – heute heisst er Lütschine – dehnte sich nach Verlassen des Lauterbrunnentales sein Delta sowohl in die Breite als auch nordwärts aus, bis es mit seiner Zunge das jenseitige Ufer erreichte. Was die Lütschine im oberen Teil des heutigen Bödelis bewirkte, das tat auf der Gegenseite der aus dem Hochtal von Habkern sich ergiessende schwächere, aber nicht minder wilde Lombach. Sein Delta näherte sich im Laufe der Zeit dem seines Alliierten, bis sich die beiden ineinanderflochten und vereinigten.

Begrenzt wird der neugeschaffene Boden an den Längsseiten durch hohe Bergwälle: Im Norden ist es der Harder, im Südwesten der im Morgenberghorn gipfelnde Abendberg mit seinen Ausläufern, dem Grossen und dem Kleinen Rugen, und im Südosten der ebenfalls fast senkrecht abfallende Mattenberg.

Die Schwemmassen hatten also die gewundene und deswegen Wendelsee genannte Wasserfläche halbiert. Westlich war der in die Weite auslaufende Thunersee entstanden, östlich der sich an das Gebirge drängende Brienzersee und dazwischen das Bödeli. Zwischen den Seen: inter lacus, Interlaken, wie später das ungefähr fünf Kilometer lange und zwei Kilometer breite Land bezeichnet wurde.

Wenn die Gletscher des Hochgebirges jeweils schmolzen, wurde es hier sumpfig. Und es trocknete aus, sobald das Hochwasser wieder zurückging. Durch dieses alljährliche Spiel und das rastlose Nachschieben weiterer Schlamm- und Geröllmengen hob sich langsam das Niveau der Ebene, wodurch sie sich festigte. Die Riede und Lachen wurden an die Uferstriche der Seen gedrängt, die Gräser, Binsen und Lischen machten Erlen, Weiden und mancherlei Gestrüpp Platz, und deren Abfälle zauberten eine vegetabilische Erdschicht hervor. Das führte zu Fruchtbarkeit und schaffte die Voraussetzung für die Einwanderung des Menschen.

Die weiterhin anwachsende Ablagerungsfläche der Lütschine setzte sich in der Folge dem Brienzersee als Damm entgegen und hob so dessen Niveau, wodurch allmählich ein Gefälle zum Thunersee von heute 6 Metern entstand. Wenn der abfliessende Wasserüberschuss – die Aare! – zu Beginn durch Tümpel und Rinnen seinen Weg gesucht hatte, bildete er später einen sich immer deutlicher abzeichnenden, von wenigen Inseln und Sandbänken durchsetzten Kanal, dessen scheinbar unbegreiflichen Lauf ich Ihnen erklären muss:

Einst hatte sich die arbeitsame Lütschine mehr oder weniger willkürlich über das ganze Bödeli verbreitet, ja in ältester Zeit auch zwischen Grossem und Kleinem Rugen durch die heutige Wagnerenschlucht gedrängt und ergossen. Später hielt sie sich mit ihrem Hauptstrom an die Seite des Mattenberges und floss in den Brienzersee. Durch das von ihr aufgeführte Delta hob sich aber nicht nur das Seebecken, auch dessen Abfluss wurde gleichzeitig zur anderen Talseite hinübergedrückt. Dort, an den steilen Felsen des Harders, erhielt er seinen geraden Lauf, bis er vom Schuttkegel des Lombachs abermals abgedrängt wurde. Er musste nun den breiten Talgrund kreuzen und strebte dem Fuss des Grossen Rugens entgegen, um an dessen Flanke endlich den Thunersee zu erreichen.

So war das Bödeli entstanden, als liebliches Kind der Natur aus dem wasserbedeckten Schoss der Erde aufgetaucht, ein neugeborenes Juwel in einzigartiger Umgebung, ein von mildem Klima gesegnetes Paradies. Lütschine, Aare, Harder, Rugen — ich werde sie Ihnen in den nächsten Tagen alle zeigen. Und Sie werden mich sogar bei der vorsichtig zu verwendenden Bezeichnung Paradies kaum der Übertreibung bezichtigen.

*Das Klima:* Dank der Hauptrichtung des Tals von Osten nach Westen geniesst die Südseite des Harders fast den ganzen Tag die Einwirkung der Sonnenstrahlen. Sie bildet somit durch Reflexion während des Tages und durch Ausstrahlung während der Nacht gewissermassen einen Wärmebehälter und schützt gleichzeitig gegen die kalten Winde, speziell gegen die böse Bise. Das hat zur Folge, dass die mittlere Jahrestemperatur hier höher ist als in Thun, erst recht als in Bern, und die Abende sind angenehm und warm.

Nachts fällt der kühle und frische Gletscherhauch dank seiner Schwere von den nahegelegenen Firnen in den Grund, während die warme Talluft aufsteigt. Dieser Austausch dauert bis in die Morgenstunden, dann tritt wieder die umgekehrte Ventilation ein.
Nicht unerwähnt darf hier der Einfluss der zwei Seen bleiben. Durch die Höhe der sie an beiden Ufern begleitenden Gebirgszüge vermag kein Wind die Ebene des Bödelis zu erreichen, ohne eine der Flächen zu berühren und sich mit dem von ihnen aufsteigenden Wasserdampf anzureichern. Das bewirkt die bekömmliche, feuchtwarme Luft und eine immer gemässigte Temperatur.

Diese klimatischen Vorzüge wirken sich vorteilhaft auf die Vegetation – sie ist fast südländisch – und auf die Gesundheit und Konstitution der Bevölkerung aus. Greise über neunzig Jahren zum Beispiel sind keine Seltenheit, über achtzig Jahren bereits sehr häufig, und unter ihnen sind viele, die nie einen Arzt aufgesucht haben. Das Klima aber darf auch und vor allem als einer der Gründe betrachtet werden, weshalb Interlaken als hervorragender Luftkurort weltweiten Ruf geniesst und sich zur Fremdenstation par excellence entwickeln konnte.

Kehren wir nochmals zurück in die tiefere *Geschichte.* Klima und topographische Lage dürften schon früh Menschen in diese verschwenderische Gegend gelockt haben, bestimmt auch die Römer kurz nach Beginn unserer Zeitrechnung. Ihre Spuren sind zwar weitgehend verlorengegangen, allerdings mit einer interessanten Ausnahme: dem Höheweg! Das bedarf der Erklärung: Die Geschichtsforscher haben berechtigten Grund zur Annahme, dass dem linken Thunerseeufer entlang eine Römerstrasse geführt hat. Von der Gegend der Ruine Weissenau – in ungefähr einer Stunde werde ich sie Ihnen zeigen – nahm sie ihren Fortlauf über die Ebene nach dem heutigen Städtchen Unterseen, wo man übrigens anno 30 eine Münze des römischen Kaisers Trajan gefunden hat. Von dort musste sie hinüber auf die linke Seite der Aare wechseln, weil diese rechtsufrig streckenweise so nahe am Felsen des Harders floss, dass dort ein Strassenbau nicht denkbar gewesen wäre.

Im späteren Dorf Aarmühle bog sie abermals ab und führte eben über den Höheweg weiter ostwärts bis zur jetzigen Zollbrücke, wo sie ein drittes Mal die Aare überquerte und am rechten Brienzerseeufer dem Haslital und den Alpenübergängen zustrebte. Sowohl in Süddeutschland wie bei uns in der Schweiz wurden mit dem Begriff «Hochstrasse» ausschliesslich römische Wegachsen bezeichnet, und zwar wegen der dammartig erhöhten Beschaffenheit ihrer Anlage. Sie charakterisierten sich auch meistens durch eine schnurgerade Linienführung, was zumindest beim Höheweg zutrifft.

Jahrhunderte vergehen. Das Bödeli bildete lange Zeit die Wohnstätte eines anspruchslosen Hirten- und Fischervölkleins, welches sich vom Segen des Bodens und des Wassers zu ernähren verstand. Mit der Ausweitung der Grafschaft Burgund auch im Berner Oberland kamen neue Geschlechter. Adelsfamilien errichteten Schlösser und Burgen, von denen sich Überreste bis in unsere Zeit erhalten haben.

Der eigentliche Grundstein zum heutigen Interlaken wurde jedoch im Jahre 1130 gelegt. Damals wanderten, angezogen von der abgeschiedenen Schönheit und der nutzbaren Fruchtbarkeit der Gegend, Augustinermönche in unser Land ein und gründeten am östlichen Höheweg ein Kloster, das sie der Heiligen Jungfrau Maria weihten. Stifter war ein gewisser Seilger, Freiherr von Oberhofen.

Die Mönche verdrängten die adligen Herren, welche im Namen des Herzogs von Burgund das Zepter geführt hatten, und rissen Herrschaft und Macht an sich. Ihnen gehörte fortan die Zukunft des Landes; wir werden noch öfter auf sie zu sprechen kommen.

Im Jahrhundert danach folgten zwei wichtige Ortsgründungen, die ich hier nur kurz erwähnen will: 1241 das Dorf Interlaken durch Walther von Eschenbach, 44 Jahre später das Städtchen Unterseen durch denselben sowie dessen Sohn Konrad. Beim Dorf Interlaken handelt es sich um eine westlich vor Unterseen gelegene Siedlung zwischen der Strasse von Neuhaus und der Aare; es darf nicht mit der jungen Fremdenkolonie am Höheweg oder mit dem Klosterbereich verwechselt werden.

Kompliziert, dieser Namenwirrwarr, ich weiss es. Und erst recht noch, wenn man bedenkt, dass das aus dem klösterlichen Latein übernommene Interlaken wiederum präzis das gleiche bedeutet wie Unterseen, wo «Unter» den Sinn von «zwischen» hat wie etwa in der gebräuchlichen deutschen Wendung «unter Freunden».

Steigen wir nun in die junge Vergangenheit und nähern uns durch das laufende 19. Jahrhundert unserer Gegenwart. Es ist das Jahrhundert, in dem die Knospe springt, in dem das Bödeli aufblüht und sich zur wahren Pracht entfaltet.
Es ist aber auch das Jahrhundert der Entdeckungen: Fremde, vorab Engländer, entdecken plötzlich die grossartige Schönheit der Alpen, die sie, wie auch die Einheimischen, bisher ehrfürchtig gemieden, entdecken die Faszination der eisigen Hochgebirge und beginnen, sich an ihnen zu messen.
Die Bödeli-Bewohner entdecken den Reichtum, den die Natur ihnen grosszügig geschenkt hat, entdecken, wie sie mit dessen Erschliessung Besucher anlocken und ihnen Freude bereiten können, entdecken ihre eigenen Möglichkeiten, ihre Phantasie und ihren Mut. Sie werden plötzlich zu Pionieren, zu Unternehmern, zu einer zukunftsgläubigen Einheit, die sich Ziele setzt und diese zu erreichen versucht – und in vielen Teilen auch wirklich erreicht.

Interlaken hat sich und seine Einmaligkeit entdeckt, und Hand in Hand und mehr und mehr ist das Bödeli von der weiten Welt entdeckt worden.

Obschon die Zeit des angesprochenen Wandels politisch betrachtet zwar nicht eben verheissungsvoll gewesen war – Französische Revolution, Helvetik, Kanton Oberland! –, nahm dieser Weg ziemlich genau um die Jahrhundertwende mit drei bemerkenswerten Begebenheiten seinen Anfang:
Da bezog einmal der angesehene Berner Maler Franz Niklaus König mit seiner Familie auf dem Bödeli Wohnsitz, zuerst im Schloss Interlaken, später in demjenigen von Unterseen. Seiner trefflichen Landschaftsdarstellungen wegen reisten in der Folge Leute von überall her ins Berner Oberland, kauften diese und trugen sie gewissermassen als erste bildliche Reklamen unserer Gegend wieder mit sich nach Hause, wo immer das auch sein mochte. Zudem verstand es König, dank seiner gesellschaftlichen Beziehungen zu Künstlern und zum bernischen Patriziat, interessante Gäste in seine neue Wahlheimat anzuziehen.
Zu gleicher Zeit entschlossen sich drei einheimische Ärzte, Christian Aebersold am Höheweg in Aarmühle, Christian Blatter in Unterseen und Christen Balmer in Wilderswil, probeweise Heilkuren mit Ziegenmolken, wie man sie aus dem Kanton Appenzell kannte, den Fremden anzubieten. Der Versuch gelang auf Anhieb, und was die Schottenmilch nicht tat, das brachte die gesunde Bergluft fertig. Die Zahl der Heilung und Erholung Suchenden stieg rasch an, Interlakens Ruf als Kurort begann sich zu verbreiten.
Und zum dritten: Im Anschluss an die erwähnte Helvetik, welche die Oberländer etwas von Bern entfremdet hatte, veranstaltete Schultheiss Niklaus Friedrich von Mülinen 1805 und 1808 auf der Wiese am Fuss der Ruine Unspunnen – eine halbe Wegstunde von hier – zur Stärkung des politischen Zusammengehörigkeitsgefühls grossangelegte Hirten- und Älplerfeste. Einer seiner engsten Helfer dabei war übrigens wieder der Maler König. Diese Feste hatten einen ungeahnten Erfolg. Bis weit über die Landesgrenzen hinaus zogen sie illustre Gäste an, und der Name Interlaken ging im Nachhall wohlklingend durch ganz Europa.

Jetzt hatte der goldene Fremdenstrom zu fliessen begonnen! Bald war es kaum mehr möglich, ohne frühzeitige Vorbestellung auf dem Bödeli ein Logis zu finden. Und das Signal wurde von den Einheimischen erkannt.
Der Schnellste war Grossrat Johann Seiler, ein Kaufmann und Uhrmacher aus Bönigen, welcher 1806 am Höheweg einen Kaufladen erwarb und unverzüglich den 2. und 3. Stock des Gebäudes als Fremdenherberge einrichtete. Ein Pensionshaus um das andere entstand, und mit der Zahl der Besucher wuchsen auch die Verdienstmöglichkeiten weiterer Berufe, der Schiffer auf den beiden Seen, der Fuhrleute auf den Strassen, der Bauern, welche Milchschotte und Feldfrüchte lieferten, und auch für uns Fremdenführer ging die Sonne endgültig auf. Das Bödeli war in Bewegung geraten und in

Schwung gekommen, und nun galt es, diesen Antrieb mit Weitsicht beizubehalten, nicht und möglichst nie mehr erlahmen zu lassen. Dampfschiffahrt, ein Kurhaus, die ersten Eisenbahnen, die Erschliessung der Täler, Wasserfassung, Gaseinrichtung, in jüngster Zeit Elektrizität, Telegraph und Telephon, alles Stichworte, auf die wir im einzelnen im Laufe Ihrer Visite eingehend zurückkommen werden.

Heute darf sich Interlaken rühmen, innerhalb eines knappen Jahrhunderts zu einer Erholungsstation ersten Ranges geworden zu sein. Alles lädt zur Freude, zum Wohlergehen und zum frohen Lebensgenuss ein, und vielseitigste Veranstaltungen vermögen in erquickender Luft und umgeben von einem gewaltig-herrlichen Naturgarten auch den anspruchsvollsten Besucher zu verwöhnen. Was Paris für die Mode oder Rom für die Kunst, das wurde Interlaken für die Freunde der Natur.
Merken Sie sich drei Namen! Sie sind mit der grossartigen Entwicklung eng verknüpft und werden uns in den nächsten Tagen noch oft begegnen: Friedrich Seiler-Schneider, Eduard Ruchti, Peter Ober. Ihre Verdienste sind schwer in Worte zu fassen, sind überhaupt nicht zu messen und können daher nur in dankbarer Erinnerung gewürdigt werden.
Habe ich mit meinen einführenden Schilderungen hier in der Gartenwirtschaft des Bahnhofbuffets – nebenbei: der Erbauer Hans Sommer hatte dem Haus ursprünglich die Bezeichnung Englischer Hof gegeben – zu weit ausgeholt? Es schien mir für das Verständnis der kommenden Tage notwendig, einen Blick in die Geschichte des Bödelis zu werfen und Sie mit einigen Andeutungen auf das vorzubereiten, was ich Ihnen zeigen und sur place näher erklären will.

Bevor wir uns auf den Weg machen, noch der folgende wichtige Hinweis: unser *Umgang mit den Zeiten.*
Sie sind, verehrter Gast, mit Wissen und Willen aus Ihrer Zeit in die Vergangenheit zurückgekehrt, die man durchaus als anderes Heute betrachten und erleben darf und in der wir uns frei bewegen wollen. Hier dürfen wir also rückwärts- und vorwärtsschauen, Sprünge über Jahre und manchmal gar über Jahrzehnte machen und auf diese Weise interessante Vergleiche anstellen, um die Entwicklung in einem breiteren Rahmen verfolgen zu können.
Dieses «Spiel mit den Zeiten», wie ich es auch zu nennen pflege, ist jedoch nicht immer einfach, bedarf zuweilen guter Vorstellungskraft und geistiger Anpassungsbereitschaft, was anstrengend sein kann. Seine Vorteile jedoch sind erprobt und unverhältnismässig grösser als die gelegentlichen Nachteile.

In der Gestaltung Ihrer fünftägigen Visite haben Sie mir freie Hand gelassen. Dieses grosszügige Vertrauen glaube ich mit einem Programm rechtfertigen zu können, welches Ihnen keine wichtigen Sehenswürdigkeiten der Gegend vorenthält, trotzdem nicht überladen und nach meinem Empfinden ausgewogen ist.
Heute noch besuchen wir drei der bekanntesten nahegelegenen Aussichtspunkte und überschauen Interlaken sowohl von Südwesten als auch von Norden und Nordosten her. Verbunden werden sie mit einem Rundgang, der uns durch wichtige historische Stätten führt.
Morgen folgt ein ausgedehnter Bummel vorab durch den südlichen Teil des Bödelis.
Der dritte Tag bringt uns über den Brienzersee zum Giessbach und durch malerische Ufergebiete. Mit einer Seilbahnfahrt auf die Höhe des Harders und auf dem Heimweg mit einem Besuch des Kurhauses am Höheweg werden wir ihn beenden.
Tag vier gilt einer Bahnreise Richtung Süden. Nach einem Abstecher auf die Schynige Platte dringen wir in das Tal der Lütschine ein und besichtigen Lauterbrunnen mit seinem vielbesungenen Staubbach sowie die geheimnisvollen Trümmelbachfälle.
Und den letzten Tag verbringen wir – gleichsam verschiedenes resümierend – erneut mit einem gemütlichen Spaziergang, auf dem es allerdings an kuriosen Spezialitäten nicht mangeln wird. Ihre Abreise erfolgt dann am späteren Nachmittag per Dampfboot.
Ich freue mich, dass Sie diesen Vorschlag offenbar ohne Einschränkung gutheissen. Sie werden – das versichere ich Ihnen mit Überzeugung – voll auf Ihre Rechnung kommen.

Wollen wir uns auf den Weg machen?
Es geht zu Beginn durch das eben erst angelegte, moderne Westquartier, entlang einer Galerie feudaler Fremdenetablissemente, zum Fuss des Grossen Rugens und dort auf die Heimwehfluh. Die Gegend war bis vor kurzem ein kaum bebautes, strichweise sumpfiges Gelände und hiess Siechenmoos. Erst mit der Eröffnung der Eisenbahn 1872 begann die Bautätigkeit. Und wie!
Damals entstand natürlich auch dieses hübsch in Holz konstruierte Gasthaus Bahnhof oder etwas vornehmer De la Gare. Von Hans Sommer ging es an den heutigen Besitzer Jakob Leuenberger über, und das Buffet 3. Klasse ist – wie der Bärengraben von Frau Sahli nebenan – ein Stammquartier der Kutscher, wo jeweils laut und heftig politisiert wird. Man sagt nicht umsonst, wer Aussicht auf die Wahl in eine Behörde haben wolle, bedürfe der Gunst der Kutscher.

Brechen wir auf!

An der unmittelbar abzweigenden Magenbitterstrasse – die Erklärung des eigentümlichen Namens erhalten Sie später – liegt das Terminus von August Starkemann, auch ein Bahnhofhotel mit Gartenwirtschaft. Nach seiner Errichtung Ende der siebziger Jahre hiess es für kurze Zeit Hotel Kaiser.

Daneben folgt das Hotel Jura. Ernst Botz, ein gebürtiger Langenthaler und gelernter Metzger, erwarb hier von Spediteur Arnold Sommer, dem Bruder des De la Gare-Erbauers, das Grundstück. Er liess das darauf stehende Chalet Müller – eine kleine Fremdenherberge von Eduard Müller – zu diesem hübschen Etablissement ausbauen. Zuvor hatte er im berühmten Gletscherdorf Grindelwald das Metier erlernt. Mit seiner Frau Anna, einer geborenen Bühler aus Matten, gehört er zu jenen Gastwirten, die mit rastlosem Fleiss und Können entscheidend zum Aufblühen Interlakens beitragen.

Übrigens: Der Vater von Frau Botz, Zimmermeister Peter Bühler, war befreundet mit Eduard Ruchti und hat beim Bau von dessen Hotel Victoria die Zimmerarbeiten ausgeführt.

Ziehen wir weiter!

Vor uns nun die einladend breite Rugenparkstrasse mit dem grossstädtisch anmutenden Hotel St. Gotthard auf der rechten Seite. Vierzig Zimmer, fünfundachtzig Betten und natürlich elektrisches Licht, Telephon und weitere Annehmlichkeiten. Das moderne Gasthaus wurde von Hotelier Hermann Zwanziger ebenfalls unlängst errichtet und bald an Margrit Beugger verkauft, welche es mit ihren Kindern Margaritha und Alfred mustergültig betreibt. Frau Beuggers Ehemann Johann war Chef de Cuisine gewesen und ist sehr jung in Algier verstorben.

Wenn wir unseren Blick wieder nach links wenden, fällt vorerst hinter dem offenen Pflanzfeld ein markantes Haus mit niedrigem Anbau auf. Es war lange Zeit weit und breit das einzige Gebäude im Siechenmoos. Heute ist es die Dependance des Hotels Eden rechts daneben, dem wir uns gleich nähern wollen.

Das von einem Türmchen flankierte Herrschaftshaus dazwischen, etwas versteckt in den Bäumen? Die Villa Tourelle von Architekt Bernhardt Hauser, der die neun Zimmer einzeln vermietet; auch die ganze Villa ist für 3000 Franken pro Saison zu haben.

Gegenwärtig vergrössert Hauser seine Villa erheblich. Dabei geht sie des Türmchens verlustig, welchem sie ihren Namen verdankt. Imposant, das Hotel Eden, finden Sie nicht auch? Sein Besitzer ist der rührige Albert Bürgi. Er hat 1903 das Hôtel et Pension Schönthal – vergleichen Sie – erwerben können, bald darauf um eine Etage erhöht sowie um einen Osttrakt und einen Seitenrisalit verbreitert: einer jener Fremdenpaläste, denen wohl die Zukunft gehört.

Zuvor? Eine von Malermeister Johann Schaad 1875 erstellte bescheidene Pension Schönthal – vergleichen Sie abermals –, welche unter ihrem späteren Besitzer Adolf Studer den eben betrachteten respektablen Ausbau erfahren hat.

Rechts hinter dem Eden-Neubau das Hotel Simplon. Gehen wir die paar Schritte!

Es ist das letzte dieser jungen und modernen Gasthäuser an der Strasse zum Rugen und steht unter der Leitung von Friedrich Häsler. Beachten Sie das schmucke Türmchen auf dem Dach.

Wir bummeln abermals ein Stück vorwärts, in der Zeit jedoch um zwanzig Jahre zurück:

Die Pension Rugenpark der Witwe Elise Beldi. Für bescheidenere Ansprüche, aber sehr familiär und mit einer treuen und zufriedenen Stamm-Clientèle. Das Etablissement mit sechzehn geschmackvoll eingerichteten Zimmern war früher ein Wohnhaus, bis es von Frau Beldi und ihrem Mann Johann Friedrich, einem Bahnangestellten, erworben und zur Fremdenpension umgestaltet wurde.

Sehen Sie rechts im Wald die schroffen Felsen? Sie bilden die Ostwand der engen Wagnerenschlucht, durch welche der Kleine vom Grossen Rugen abgetrennt wird.
Wir wollen uns jetzt dem Grossen Rugen zuwenden und uns vom neu installierten Funiculaire ein erstes Mal auf erhabene Höhe tragen lassen. Freuen Sie sich auf den Ausblick von der Heimwehfluh! Gleich rechts vom Souvenirgeschäft des Schnitzlers Hieronymus Spring, bekannt für seine Ameublements sculptés et incrustés, erreichen wir die Talstation.
Bitte, steigen Sie ein! Ich will Ihnen unterwegs einiges aus der Geschichte der Bahn erzählen.

Bereits anno 68 hatte der schon erwähnte Friedrich Seiler-Schneider der Berner Regierung ein Gesuch für den Bau einer hydropneumatischen Bahn auf diese felsige Waldhöhe eingereicht. Ohne Erfolg! Eine im Rahmen anderer Bergbahnprojekte 20 Jahre später gestellte neue Eingabe fand ebensowenig Gnade, vorab wegen Widerstandes aus Interlaken selbst. Und ein dritter Anlauf weitere 13 Jahre darnach erlitt das nämliche Schicksal, da die meisten hiesigen Gastwirte den Bau eines grossen Konkurrenzhotels auf der Heimwehfluh befürchteten. Eine solche Vorstellung war – unter uns gesagt – in der Tat gelegentlich durch einige Köpfe gegeistert.

Nachdem die Initianten diese Sorge jedoch hatten zerstreuen können, erlangten sie fünf Jahre später mit einem neuen Begehren endlich die Genehmigung. Trägerin wurde eine Aktiengesellschaft «Drahtseilbahn Interlaken–Heimwehfluh», kurz DIH, unter dem Präsidium von Notar Adolf Michel und mit weiteren Persönlichkeiten wie den Negotianten Gustav Reber und Friedrich Räuber, Grossrat und Baumeister Karl Bühler aus Matten – ein Bruder von Frau Botz im Hotel Jura –, Eden-Hotelier Albert Bürgi, Coiffeur und Gemeinderat Friedrich Mühlemann, Bierbrauer Emil Horn sowie Theodor Wirth vom Schweizerhof. Mit dem Bahnbau betraute man den Oltener Ingenieur Emil Strub, der übrigens Erbauer vieler in- und ausländischer Bergbahnen, auch der Vesuvbahn, gewesen war und ein weltweit beachtetes Zahnstangensystem erfunden hatte. Die Ludwig von Roll'schen Eisenwerke in Bern lieferten den mechanischen Antrieb sowie das Rollmaterial – bequem, nicht wahr? – und Allioth in Münchenstein die elektrischen Installationen. Auch wenn der Höhenunterschied von der Tal- zur Bergstation nur 102 Meter beträgt, wird der Passagier von der DIH in den 2½ Minuten Fahrzeit von einer Welt in eine völlig andere gehoben; und in was für eine!

Der erhoffte Erfolg blieb nicht aus: Im ersten Betriebsjahr bereits waren es fast 27 000, im zweiten über 38 000 Passagiere, und man darf füglich sagen, dass dieses neue Nahziel heute vor dem bis anhin meistbesuchten, dem Hohbühl am Harder, rangiert.
Wir sind da. Steigen wir aus, und lassen Sie sich überraschen.

Offensichtlich sind wir nicht die einzigen Gäste hier oben.
Werfen Sie Ihren Blick in die Talsohle, und schauen Sie gleichzeitig hinab in die Geschichte, und zwar recht weit: Eng am Fuss des Harders zieht die Aare einher, und mit einem Male nimmt sie ihren Weg, sich vorübergehend in mehrere Läufe aufgliedernd, quer durch die Ebene. Den Grund für diese Richtungsänderung habe ich Ihnen vorhin dargelegt. Auf gleicher Höhe, rechts neben dem mittleren Tannenwipfel vor uns, erkennt man – schäumendes Wasser – die Obere Schleuse, durch welche die Grosse Aare abfliesst. In jenem Flussknie liegt das Dörfchen Aarmühle. Links vom nämlichen Wipfel, präzis hinter einem markanten kugelförmigen Baum, ist die Untere Schleuse auszumachen; sie reguliert die Kleine Aare. Die beiden Flussarme bilden eine langgezogene Insel namens Spielmatte.
Östlich im Hintergrund? Das sind die Hotelpaläste am Höheweg. Jetzt unter uns in der Ebene: keine Bahnlinie noch, keine Rugenparkstrasse, keine Hotelbauten, nichts von all dem, was wir soeben durchstreift haben, nur ein paar verstreute Häuschen.

Das Siechenmoos, auf welchem Interlakens Westquartier entstehen wird, bekam seinen Namen von einem Siechenhaus, einem Spital für ansteckende Kranke, zum Beispiel für Aussätzige. Das Kloster hatte es einst am Kleinen Rugen errichtet.
Heimwehfluh! Der herrliche Aussichtspunkt ist noch gar nicht lange bekannt. Seinen Ruf verdankt er zwei Persönlichkeiten, welche zu gleicher Zeit in Interlaken tätig gewesen waren: dem Oberförster Adolf von Greyerz, einem Berner, und Arnold Halder, einem St. Galler. Von Greyerz hatte als Naturfreund ein geübtes Auge für schöne Punkte, welche sich für einen Aussichtspavillon eignen würden. Und von Halder – Buchhalter in der Parqueteriefabrik, jenem auffallend langen Gebäude links vor der Unteren Schleuse – soll die Bezeichnung Heimwehfluh stammen... ein poetischer Name mit dem einzigen Nachteil, dass er sich nicht in Fremdsprachen übersetzen lässt. – Im Jahre 1865 hat man hier oben dieses bescheidene Café erbaut. Erster Wirt war Ulrich Mühlemann, Barbier in Aarmühle und Onkel des vorhin erwähnten Friedrich Mühlemann; seit seinem Tod anno 70 betreibt es seine Witwe Luzia.

Nun ist sie da, die Eisenbahn. Sie heisst Bödelibahn und führt von Därligen nach Interlaken. Und parallel zum Geleise hat man die grosszügige, schnurgerade Rugenparkstrasse angelegt.
Suchen Sie nochmals die Parqueteriefabrik: dahinter Unterseens Kirchturm; davor, diesseits der Grossen Aare, das neue Schlachthaus und daneben – Kessel und Hochkamin! – die Gasfabrik.
Rechts zwischen den zwei dünnen Tannenspitzen, im Herzen von Aarmühle, fällt ein Gebäude mit vielen Fenstern und breit ausladendem Dach auf: eine zweite Parqueteriefabrik. Wir werden bald dort vorbeikommen.
Nahe unter uns, links der Schienen? Frohheim, kein nobles Haus...
Welche Entwicklung! Der Schiffahrtskanal ist soeben vollendet, das Ländtehaus an dessen Ende steht im Bau, auch das Gebäude der Bank Betschen hinter dem Bahnhof. An der Rugenparkstrasse das Hotel: St. Gotthard, gegenüber das Eden, hinten in den Bäumen das Terminus, daneben am Bahnhofplatz das viergeschossige Merkur. An der Querstrasse leuchtet das breite Hotel Krebs in der Sonne; vergleichen Sie, wie es gegenüber vorher ausgebaut worden ist. Jenes auffallende, abgewinkelte Gebäude unter uns vor den beiden Pappeln ist das neuerrichtete Zeughaus.
Suchen Sie selbst nach weiteren Veränderungen!
Die Lücken haben sich weitgehend geschlossen, aus einer licht bebauten ist eine dicht bebaute Gegend geworden. Moderne, meist mehrstöckige Gebäude sind wie Pilze aus dem Boden geschossen. Durch die Bahn wurde das während Jahrhunderten in sich abgeschlossene Dörfchen Aarmühle in kurzer Zeit nach Westen erweitert. Der Bahnhof und die Schiffstation sind somit heute nicht mehr abgelegen, sondern verschmolzen in den Ort, dessen Entwicklung kaum mehr zu bremsen ist. Auch die Witwe Beldi hat ihre Pension Rugenpark mit einem beachtlichen Anbau vergrössert, den deutlichen Zeichen der Zeit folgend.

Das wäre noch nachzutragen: Vor dem Bau des Schiffahrtskanals musste die Gasfabrik verlegt werden; sie befindet sich heute da unter uns, unmittelbar neben dem Frohheim; man kann sie gerade noch erkennen.
Jetzt richten wir unsere Augen nach Westen:

In malerischen Schlingen hat sich die Aare ihr letztes Wegstück nahe am Rugen – Lütschern heisst der morastige Landstreifen – zum Thunersee gesucht, sich im untersten Teil in Rinnen und Sumpfgelände auflösend. Über die Hauptinsel mit der Ruine Weissenau führt – sehen Sie die beiden Brücken? – die 1825 erstellte Fortsetzung der Thunerseestrasse in gerader Linie nach Unterseen. Sie dürfte ähnlich verlaufen wie einst die Römerstrasse und ist bis Ende der achtziger Jahre eine wichtige Fahrachse, dann kommt die grosse Veränderung. Steigen wir nun auf den Aussichtsturm!

Die Burg Weissenau? Im 12. Jahrhundert wurde sie durch Kaiser Friedrich Barbarossa als Reichsburg erbaut. In ihrer Nähe befanden sich bis gegen Ende des Mittelalters ein befestigter Hafen und der Marktort Wyden, dessen Häuser durch ein Hochwasser weggeschwemmt worden sind. Jenseits der Ebene ist am Ufer ganz knapp – weisses Gebäude vor mächtigem Baum – das Neuhaus auszumachen, eine alte, oft konterfeite Karawanserei mit Lagerplätzen für die Waren der Marktschiffe. Dort kamen früher die Fremden mit dem Dampfschiff an und reisten weiter ins Städtchen Unterseen.

Das änderte mit der Eröffnung der Bödelibahn. Ihretwegen musste nämlich der Landungsplatz Neuhaus zugunsten von Därligen, links im Hintergrund, aufgehoben werden. Denn in diesem Bootsbauerdorf nahm die Bahn von jetzt an die über den See Anreisenden auf und brachte sie nach Interlaken.

Als die Verwaltungsorgane der Bödelibahn gar noch ein Gesuch für den Bau einer Thunerseebahn einreichten, um den Besuchern das lästige und zeitraubende zweimalige Umsteigen zu ersparen und Bern mit dem Bödeli direkt zu verbinden, löste das bei der Dampfschiffgesellschaft aus verständlichen Gründen Alarm aus. Sie packte unverzüglich und im Gegenzug das kühne Projekt eines Schifffahrtskanals bis zum Bahnhof Interlaken an. Die Bernische Regierung hat, bestärkt durch ihr einflussreiches Mitglied Entsumpfungsdirektor Johann Weber, umgehend dem Gesuch entsprochen und die Konzession erteilt; es konnte zur Tat geschritten werden. Aber auch für den Bau der Thunerseebahn war die Bewilligung erteilt worden. Der Wettlauf, Kopf an Kopf, zwischen Eisenbahn und Dampfschiff ging los.

Das vom Thuner Ingenieur Bernhard Studer ausgearbeitete Kanalprojekt umfasste drei miteinander verknüpfte Vorteile: die Korrektion der Aare, die neue Schiffszufahrt – beides diente auch der Geländeentsumpfung – und ein hydraulisches Kraftwerk. Die Niveaudifferenz vom Fluss in den Kanal, 3 bis 3,5 Meter, kann über zwei Turbinen genutzt werden. Die so entstandene Wasserbewegung von 11000 Litern pro Sekunde verhindert gleichzeitig eine Stagnation oder ein Zufrieren des Kanals.

Dafür mussten die Weissenaubrücken geopfert werden.

Der Kanal misst 1950 Meter in der Länge, seine Sohle 40 Meter in der Breite, und die Baukosten betrugen zwei Millionen Franken. Mit diesem grossartigen, in 16 Monaten vollbrachten Werk – beachten Sie die komplizierte künstliche Trennung der beiden Wasserläufe – vermag nicht nur die Schiffahrt gegenüber der Bahn konkurrenzfähig zu bleiben; es hat Interlaken zur Seestadt gemacht. Im weiteren konnte jetzt auch die linksufrige Thunerseestrasse der Felswand des Grossen Rugens entlang durch die Lütschern nach Interlaken weitergeführt werden.

Programmgemäss fand am 4. Juni 1892 die Eröffnung statt, ganz Interlaken war geschmückt. Als die *Bubenberg* mit stolzer Rauchfahne in den Kanal einlief, krachten Böllerschüsse, die Musikgesellschaft schmetterte Marschmusik, und der Bevölkerung wurde Ehrenwein kredenzt. Die offiziellen Gäste, unter ihnen die Bundesräte Schenk, Deucher und Frey, begaben sich sodann in einem Umzug zum Hotel Victoria, wo Eduard Ruchti die Honneurs machte und ihnen in seinen Prachtssälen ein Diner mit höchsten kulinarischen Genüssen servieren liess.

«Post tenebras lux!» rief unser Gemeindepräsident, Grossrat Friedrich Michel, in seiner Festrede begeistert in den Saal, auf die neuen Turbinen am Schiffahrtskanal anspielend, und wünschte sich, dass nun auch bald die elektrische Beleuchtung für ganz Interlaken Wirklichkeit werde.

Die Schiffahrt hatte den Wettlauf also gewonnen. Ein knappes Jahr später, am 30. Mai 93, fand nicht minder feierlich die Eröffnung der Thunerseebahn statt, und damit war der Schienenanschluss Interlakens an ganz Europa Tatsache geworden. Sie selbst haben ja heute früh von dieser Annehmlichkeit profitieren können!

23

Ich will Ihnen mehr vom Ort erzählen, wo wir uns befinden. Ist die Heimwehfluh nicht ein wahres Idyll? Jedenfalls für Freunde der ungestörten Natur, aber auch für Dichter, wie dort unten wohl einer sitzt, für Philosophen… und für Verliebte.

Nach dem Tod der Witwe Mühlemann – aus dem modesten Café war ein modernes Restaurant geworden – übernahm es 89 deren Neffe Friedrich. Er baute die Terrasse grosszügig aus, und mit der Eröffnung des Funiculaire war der Aussichtspunkt aufs beste gerüstet für den Empfang der vielen neuen Gäste. Nicht überall, das muss gesagt werden, fand die DIH Beifall, deren Bau immerhin 195 000 Franken gekostet hatte. Es gab in der bernischen Presse auch Stimmen, die es unschicklich fanden, dass diese in nur etwa 25 Minuten bequem zu Fuss zugängliche Stätte durch die kleine Bahn verunziert und entweiht wurde. Und der BUND-Redaktor Josef Victor Widmann schickte gar die ihm zugestellte Freikarte erbost zurück, weil er das Ganze eine geschmacklose Idee fand.
Steigen wir vom Turm wieder zur Terrasse hinunter.

Auf der anderen Seite ermöglicht sie viel mehr Besuchern – Sie stellen es selber fest –, den Genuss eines Plätzchens, das der grosse Theologe Ernst Friedrich Gelpke einmal als «Sammelpunkt aller Gemüter voll Liebe und Sehnsucht, Seufzern und Tränen, ja als eine Art kleiner Vorhimmel» bezeichnet hat.

Der Aussichtsturm, von dem wir den ersten weiten Rundblick in die Tiefe genossen haben, gehört dem initiativen Gemeinnützigen Verein Interlaken.
Dieser hatte bereits den Vorgängerbau errichtet, welcher ganz aus Holz war, sechseckig und mit zwei Plattformen. Von der unteren, grossräumigen führte eine Wendeltreppe zur oberen, engen Aussichtswarte, deren Abdeckung von einem aus weiter Ferne sichtbaren Windzeiger geschmückt war. Der Holzbau war dem Wind zum Opfer gefallen und musste anno 90 durch diesen gemauerten ersetzt werden.

Möchten Sie noch etwas verweilen, oder wollen wir aufbrechen?

Hinter dem Restaurant, auf dem naturgeschaffenen Platz unter den Bäumen, wird bei schönem Wetter auch gewirtet. Da geht es oft recht laut und fröhlich zu.
Wir begeben uns jetzt wieder auf den Talgrund hinunter.
Bei der Seilbahnstation biegen wir nach rechts ab.

Bevor wir unserem nächsten erhöhten Ziel, der Waldeck, entgegenbummeln, werfen wir einen Blick in die wilde Wagnerenschlucht. Nur unweit in diesem Engnis, durch das man nach Unspunnen gelangt, liegt bei der Abzweigung des Fussweges zur Heimwehfluh ein mächtiger Findling.
Er wurde jüngst vom Schweizer Alpenclub zum Gedenkstein geweiht und ehrt den anno 87 verstorbenen Berner Professor Bernhard Studer, den ersten Erforscher der Geologie unserer Alpen. Er war auch der Begründer der Schweizerischen Kommission zur Herausgabe einer Geologischen Karte der Schweiz und Verfasser zahlreicher Abhandlungen und Publikationen zur Petrographie und Glaziologie.

Es gehört zum Alltag, dass man Touristen bei einem Ausritt begegnet; weniger üblich allerdings – haben Sie das beachtet? – ist die holde Weiblichkeit im Damensattel auf Eselsrücken!
Waldeck? Nein, das Hotel Jungfraublick hoch oben auf dem Felssporn. Der Geländevorsprung trägt den Namen Sattlerhübeli.
Jetzt steigen wir den Weg zur Felsenburg hinauf. Dort wohnt der Photograph – es ist ja deutlich genug angeschrieben! – Johann Adam Gabler, ein 1863 zugewanderter Sachse aus Ottowind. Er hat längere Zeit auch ein Geschäft am Höheweg besessen.
Die Gegend heisst Felsenegg, hier stand das vorerwähnte Siechenhaus. Und etwas höher befand sich das Hochgericht mit dem Galgen, weshalb jener Punkt Galgenhübeli genannt wird.
Nach wenigen Schritten erreichen wir das Café Waldeck von Joseph und Julie Erni. Werfen wir von der Terrasse einen Blick nach Westen in die Frühzeit: Wie Sie feststellen können, musste das Geleise der Bödelibahn streckenweise über einen dünnen, künstlich aufgeschütteten Damm gelegt werden.
Der Holzsteg führt zu den Häusern am jenseitigen Flussufer.

«Hotelpaläste am Höheweg» habe ich auf der Heimwehfluh die imposante Reihe genannt; war das zuviel gesagt? Fangen wir links an: das Hotel Ritschard mit seinem Aussichtsturm. Anschliessend Eduard Ruchtis Hotel Victoria; dort also werden Sie wohnen. Links und rechts davor Chalets mit Verkaufsmagazinen.

Nach einer Lücke folgen das Hotel Jungfrau mit dem Châlet de la Jungfrau von Johann Gottlieb Seiler und der Schweizerhof von Johann Strübin, dann kommen einstöckige Buden, zwischen denen sich der Eingang zum Kurhaus befindet.

Vor der Hotelreihe verläuft der weltbekannte Höheweg; er begrenzt nördlich die Höhematte, jenes weite freie Feld, das über eine eigene bemerkenswerte Geschichte verfügt. Und das Land hinter dem Höheweg bis hin zum Aarefluss trägt den Namen Aarzelg.

Noch zwei wichtige Hotels im Vordergrund: vor der Lücke zwischen Victoria und Jungfrau schräg gestellt das langgezogene Hotel Wyder, vor dem Schweizerhof der Deutsche Hof.

Die Villa über dessen rechter Flanke, hinter den Verkaufsbuden am Höheweg? Sie liegt auf dem Grundstück des Hotels Belvédère und trägt den Namen Wiesenheim. Dort wohnt Wilhelm Schleidt, der Kapellmeister des Kurorchesters. Denn er hat 1867 Emma Müller, die Tochter des Belvédère-Besitzers, geehelicht.

Beachten Sie am Harder die mächtigen Schuttkegel. Gelegentlich, meist nachts, poltern viele Kubikmeter Gesteinsmassen von der Wand in die Tiefe, wenn sich der durch die Besonnung erhitzte Fels wieder abkühlt. Dort wurde viel Material für die Schliessung des alten Aarebettes sowie zur Sicherung der neuen Uferböschungen beim Kanal und bei der korrigierten Aare geholt.

Wir steigen nun wieder in die Ebene zurück und nehmen das vor uns liegende Säumergässli; es wird nach seiner Verbreiterung die neue Bezeichnung Waldeckstrasse erhalten. Unterwegs zeige ich Ihnen linkerhand kurz jene zwei Chalets. Anschliessend spazieren wir hinter dem Hotel Wyder durch die Vordere Gasse – sie wird künftig Jungfraustrasse heissen – nach Aarmühle.

Sehen Sie den kleinen Fussweg, welcher quer durch die Harderwand verläuft? Da werde ich Sie heute nachmittag hinführen. Jetzt aber zu den beiden Chalets.

Das ist die Villa Bon-Séjour, wo Carl Graf ein Verkaufsmagazin für Schnitzlerwaren betreibt. Oben hat der Arzt und Chirurg Louis Delachaux Wohnung und Praxis. Aus seiner Feder stammt übrigens eine vielbeachtete Schrift über die hygienischen Vorzüge und Annehmlichkeiten des klimatischen Luftkurorts Interlaken.

Hinter dem Bon-Séjour liegt die Villa Beau-Séjour der Familie Ritschard-Bohren, eine Familienpension. Sie soll später zu einem Hotel gleichen Namens ausgebaut werden.

Die beiden adretten und namensverwandten Chalet-Schwestern sind – das erkennt man auf den ersten Blick an ihren kunstvollen Holzverzierungen – ein Werk der Parqueteriefabrik in Unterseen.

Es folgt die von der Deutschen Marie Roggatz-Faulstich betriebene Pension Reber, benannt nach ihrem Erbauer Christian Reber; 15 Logierzimmer, die meisten mit Balkon und...

Gas, jawohl! Es ist die Laterne 109 von über 320 in Interlaken, Matten und Unterseen.

Alle tragen eine Nummer, einige davon hat man im Kopf, und diese hier eine sogenannte «Halbnächtige vor Mitternacht»; es gibt

auch «Durchnächtige» und ein paar «Halbnächtige nach Mitternacht».

Nach weiteren zwei Häusern zweigt links die Centralstrasse ab – die nehmen wir morgen nachmittag –, und wir gelangen wenige Schritte danach in die Jungfraustrasse. Diese ehemalige Vordere Gasse war schon immer die Hauptverbindungsachse vom Höheweg nach Matten und in die Lütschinentäler. Wogegen die Centralstrasse früher nur untergeordnete Bedeutung besass und Hintere Gasse hiess.

Das breite Holzhaus vor uns – Jungfraustrasse 65 – gehört Johann Kaufmann-Künzi, geschnitzte Möbel und dergleichen; aber auch Einrahmungen, seit Photograph Carl August Lichtenberger sich im linken Teil eingemietet hat. Im Obergeschoss befindet sich das Atelier von Schneidermeister Friedrich Dietrich. Und gleich neben dem angebauten Verkaufsladen erspäht man knapp ein Stück Höhematte.

Biegen wir jetzt links ab!

Das Hotel Wyder. Eines der ältesten und renommiertesten Etablissements. Bereits 1831 hatte hier Christian Wyder eine kleine Pension erbaut. Sein Sohn Heinrich vergrösserte in den Jahren 73 und 74 das Haus auf 100 Betten, durfte aber selbst nicht als Hotelier tätig sein, weil er die Beamtenlaufbahn gewählt hatte. Er war wenige Jahre zuvor Amtsschreiber geworden. Dafür legte sich seine Frau Elise ins Zeug und brachte das Unternehmen zu blühendem Erfolg. Anno 83 kam Hermann, der Sohn der beiden – erst 21jährig – nach gründlicher Ausbildung aus der Fremde zurück und unterstützt sie nun tatkräftig. Er ist der geborene Hotelier!

Wir haben das schräg gegenüberliegende Gemeinde-Amtshaus passiert – später werden wir es uns noch ansehen – und stehen jetzt vor dem Etagenwohnhaus Urania. Ein wahrlich grossstädtisch anmutender Jugendstil-Neubau mit seinen Geschäften und Büros: An der Ecke sind die Gebrüder Jacomo und Antonio Marantelli, Früchte und Gemüse, eingemietet, links Alfred Borter, der junge Fürsprecher – er steht eben vor der Türe.

Soll ich Ihnen zeigen, wie das vorher ausgesehen hat?

Hier wurden 1852 die ersten Arbeitsräume der Ersparniskasse installiert. Zu den Gründern gehörte Eduard Ruchtis Vater, der Hotelier in Unterseen, welcher damals auch Amtsschaffner war. Ein Jahr darauf eröffnete Friedrich Grunder im Parterre sein Tabakwarengeschäft; und oben hielt das Basler Auswanderungs-Reisebureau Andreas Zwilchenbart – Sie sehen die Affiche – Einzug. Noch zwei niedrige, alte Holzhäuser, deren Tage wohl gezählt sind: Da ist leicht vorstehend neben dem Hotel Blume jenes von Uhrmacher Adolf Stähli, – gehen wir weiter! – dann das erste dieser drei zueinandergehörenden Gebäude. Hier wohnt Kreuzwirt und Kutschermeister Friedrich Bohren, und im Erdgeschoss befinden sich die Bäckerei von Jakob Bühler und der Coiffeursalon von Friedrich Mühlemann... Heimwehfluh! Daneben das Hotel Zum Weissen Kreuz: Hinten an der Ecke – können Sie das Schweizerkreuz erkennen? – ist der Hauptbau mit Gastwirtschaft und Fremdenzimmern, zwischen diesem und dem Bohrenhaus der Nebenbau mit grossem Saal.
Nun kommen wir zum Höheweg.

Betrachten Sie das schindelbedeckte Haus an der Stirnseite: Balli-Haus wird es immer noch genannt, weil es in den sechziger Jahren Heinrich Balli gehört hat. Von ihm ging es teilweise an Christen Anderfuhren über, welcher links eine Eisenhandlung eröffnete. Daneben ist der Salon von «Barbier & Coupeur de cheveux» Ulrich Mühlemann, wie die Tafel verkündet – Friedrichs Onkel. Dort, der dritte von links, das ist er. Ein Original, schalkhaft und beliebt. Und oben am Fenster sitzt Balli; er wohnt immer noch hier.

Im Eckladen – so heisst er im Volksmund – haben wir das Manufaktur- und Spezereigeschäft «Ebersold und Seiler». Eduard ist ein Bruder des Arztes Adolf Aebersold. Und «Seiler»: Wilhelm... hier hat sein Grossvater Johann Seiler von Bönigen im 2. und 3. Stock Fremdenzimmer eingerichtet und damit 1806 den ersten Pensionsbetrieb eröffnet. Das also war die Geburtsstätte der Interlakner Hotellerie! Um die Ecke beim Weissen Kreuz präsentiert sich das von Anton Tremp gegründete Hôtel de l'Oberland; und dahinter folgt das Gebäude der Parqueteriefabrik. Gleich gelangen wir in das eigentliche Herz von Aarmühle.

Jetzt wird es etwas kompliziert, passen Sie gut auf! Wir stehen am Mühlekanal, einem für vielfältige Nutzung abgeleiteten Aarearm. Das prachtvolle Sterchi-Haus vor uns diente anfänglich als Pension und gehörte einem Rudolf Sterchi. Heute befindet sich dort – sehen Sie die Tafel? – das Post-Bureau von Interlaken; ja, wo soeben der Hotel-Omnibus des Victoria in die Marktgasse einbiegt. Und Sohn Johann Rudolf Sterchi ist Posthalter.

Drehen Sie sich nun nach links: die Gätzischmiede. Jene moos- und grasbewachsene Werkstatt gehört dem Wagner Christian Oehrli, welcher im Holzhaus – hier gleich neben uns – wohnt. Bisweilen strapaziert das monotone Hämmern die Nerven der Rameler, wie sich die Leute von Aarmühle oder eben von Rameli nennen.
Die auffällige Tafel an der Steinmauer? Sie weist auf das dahinterliegende Pensionshaus von Doktor Adolf Aebersold hin, wo schon dessen Vater Carl warme Bäder anbot. Und dieser war zuvor Besitzer der Pension Aebersold am Höheweg gewesen.
Schauen Sie nun kanalaufwärts.

Die mächtige Parqueteriefabrik hinter der Mühlebrücke steht vor ihrem Abbruch und muss einem neuen Postgebäude Platz machen. Sie war 1853 anstelle der alten Klostermühle, auf welche der Name des Dorfes zurückzuführen ist, erbaut worden, und zwar von den konservativen Politikern Gabriel Ludwig Rudolf von Stürler und Jakob Friedrich Knechtenhofer. Sie sollte die zwei Jahre ältere Parqueteriefabrik von Unterseen, eine Gründung der Radikalen mit Nationalrat Friedrich Seiler an der Spitze, konkurrenzieren. Aber schon wenige Jahre später musste die Unternehmung vor uns – «Grossmann & Comp.» hiess sie – jener durch Verkauf abgetreten werden. – Zurzeit betreibt im Erdgeschoss Max Hänny, ein Bruder von Rudolf im Merkur, eine Brasserie mit Café und Billard. Ausserdem hat der Möbelfabrikant Eduard Frey hier noch ein Lager.

Die Tafel «Bank»? Ein Wechselbureau von Isidor Jackowski beim Hotel Du Pont. – Schauen wir jetzt in die Marktgasse. Sie gehört zur erwähnten ältesten Verbindungsachse durch das Bödeli und führt nach Unterseen. Gehen wir nur wenige Schritte weiter.

Neben dem Sterchi-Haus liegt das Handelsgeschäft von Gustav Reber, Eisen und Stahl, Porzellan und Bürsten. Das Reber-Haus war 1827 erbaut worden und diente lange Zeit auch als Fremdenpension. Und gegenüber haben wir das Hotel Schwanen von Friedrich Pfahrer; das Restaurant ist heute geschlossen.

Abermals ein paar Schritte weiter und jenseits des Marktplatzes an der Ecke: Christian Ritschards Kaffeehalle mit Geschäften für Glas, Geschirr, Tabak, Kolonialwaren. In der Türe zeigt sich Frau Ritschard, der Patron selbst steht vor dem Café. Der Platz heisst – schauen Sie rechts und in die Vergangenheit – bis 1881 Sägeplatz. Denn dort hinten am Sägekanal, einer Ableitung des Mühlekanals, läuft seit der Klosterzeit die Säge von Aarmühle. Ja, das dunkle Holzgebäude mit seinem Aufzugsgiebel in der Mitte.

Und jetzt wenden wir uns nach links: Das Wohnhaus mit der Metzgerei von Ludwig Hodel und Christian Möschbergers Wirtschaft wurde nach wüster Heimsuchung durch das Feuer zu diesem geschmackvollen Hotel Bären umgestaltet. Es steht heute unter der Leitung der Witwe Elise Hodel und ihren tüchtigen Kindern.

Wenn wir durch die sauber gepflästerte Marktgasse weiterziehen, wird unser Blick bald ... halten wir an: Dieses nach seinen letzten Besitzern benannte Rubin-Haus ist 1740 erbaut worden. Beachten Sie die zierlichen Details an der Fassade. In den dreissiger Jahren wurde im linken Teil eine Pintenwirtschaft eingerichtet, darüber ein Billard-Zimmer. Vor dem ersten Rubin – er hiess Peter – war Johann Caspar Beugger Eigentümer, und dessen Tochter Elisabeth wurde die Frau von Peter Ober; erinnern Sie sich noch an den Namen? Zurzeit besitzen Adolf Rubin – Enkel des Genannten – eine Bäckerei mit der Salzbütte und neben ihm der aus dem Tessin zugewanderte Giuseppe Jametti ein Comestibles-Geschäft.

Die Kutsche dort vorne hat sicher Gäste zum Hotel Bellevue gebracht. Es liegt am Aareufer und bietet auch Flussbäder an.

Schauen Sie vor uns beim Haus mit den Storen: Steine auf dem Schindeldach. Ein Schwardach – wohl von «beschweren».

Genau da, wo wir jetzt stehen, sollen bald Schienen die Gasse kreuzen – auch mit viel Phantasie kaum vorstellbar! –, denn hier wird die Bödelibahn durchfahren. – Nach der Kurve gelangen wir zum Fluss.

Wenn das nicht ein überraschender Anblick ist: das anmutige dreiteilige Hôtel du Pont dort drüben am Ufer der Insel Spielmatte.
Im heutigen Ostflügel wurde 1832 die erste Poststelle auf dem Bödeli eingerichtet. Postmeister war Christian Blatter, dessen Wohnhaus an der Aare – der heutige Du Pont-Westflügel – von ihm auch als Pension betrieben wurde. Er hat zu den Pionieren der Molkenkuren gehört, von welchen heute früh die Rede war.
Anno 65 konnte Abraham Brunner die beiden Häuser von Blatters Sohn Friedrich erwerben. Er baute sie aus, verband sie zu einem und führt heute das stolze Hotel mit Café, Billard und prächtigem Biergarten am kühlen Wasser.
Zu Beginn hiess es aus naheliegendem Grund Hôtel de la Poste.

Schauen Sie rasch nach rechts: die Obere Schleuse; und hart am Fluss die Besitzung von Grossrat Friedrich Michel.
Man hat später das Du Pont abermals umgebaut und aufgestockt; jetzt führt es seit Abrahams Ableben dessen Witwe Rosa.
Verlassen wir Aarmühle – die Gemeindegrenze verläuft in der

Flussmitte – und bummeln über die erst seit 66 mit schmiedeeisernem Oberbau versehene Höhebrücke. Ihre Geschichte ist bewegt! Noch anfangs des Jahrhunderts führte eine Holzbrücke über das Wasser. Der Maler König hat sie übrigens mit dem späteren Postgebäude und der Pension Blatter in Stein gezeichnet. Bald wurde sie durch eine Steinbrücke ersetzt.
Dann, am 1. August des Jahres 51, geschah ein schreckliches Unglück: Drei Tage heftige Regenfälle, die Aare hatte mehr Schmelzwasser geführt als üblich, da brachte sie plötzlich den nördlichen Pfeiler zum Einsturz. Viele Männer, welche am Wasser gekämpft und mit Baumstämmen dessen Abfluss zu sichern versucht hatten, stürzten in die tobende Flut. Die meisten vermochten sich ans Ufer zu retten. Aber vier, unter ihnen der sechzigjährige Besitzer des Hotels Des Alpes am Höheweg, Christian Hofstetter, mussten auf derart tragische Weise ihr Leben verlieren.
Im Eckhaus gegenüber dem Du Pont hat früher Isidor Jackowski seine Wechselstube betrieben.
Begeben wir uns auf das andere Brückenende.

Hotel Krone. Es gehört Friedrich Borter. Ein sauberes Gasthaus für bescheidenere Ansprüche. – Neugierig sind die Kinder, wie schon vorhin auf der Höhebrücke, wenn Fremde kommen!

Wir schlendern durch die Spielmatte, passieren das Gasthaus Falken mit seinem geschmiedeten Wappentier oben an der Hausecke – nicht nur die Kinder, auch Erwachsene... – und haben erstmals den Kirchturm von Unterseen im nahen Blickfeld.

Gleich kommt der nächste Flussübergang, Schaalbrücke genannt nach der Schaal, dem Schlachthaus, das sich in früher Zeit bei diesem Stadteingang befunden hatte. Am anderen Ufer das Café-Restaurant Steinbock, auch es mit dem Wappentier an der Hausecke, und das Café Wyder. Schauen wir flussabwärts.

Diese historische Baufront – «Unter den Häusern» heisst sie – bildet die Südabgrenzung des Städtchens, welches am 5. Mai 1470 niederbrannte und in Form eines von mehrstöckigen, hölzernen Häuserzeilen gebildeten Vierecks neu aufgebaut wurde. Einzig die Eckbauten waren gemauert; sie hatten strategische Bedeutung. Begeben wir uns jetzt auf jenen Steg, der zur Schleuse hinüberreicht.

Im Hintergrund, querstehend, zeichnet sich das lange Hauptgebäude der Parqueteriefabrik ab, von welcher ich Ihnen noch allerhand erzählen werde. Und davor staut ein kleines, hölzernes Wehr das Wasser und leitet den Parqueteriekanal ab. Dorthin wollen wir jetzt vorgehen.

Früher wurden an jenem Wassergefälle eine Stampfe, eine Reibe und die Stadtmühle mit zwei Mahlgängen angetrieben; ihr riesiges Wasserrad sticht auf vielen Veduten von Unterseen ins Auge.

Hinter dem Schloss – man kann seine weisse Front und den First neben der hohen Hauskante erkennen – hat sich im Mittelalter der Stadtgraben vom Fluss weg nordwärts erstreckt.

Beachten Sie die Fassadenmauer des südwestlichen, wuchtigen Eckhauses, und folgen Sie mir zwischen diesem und dem Schloss durch das Mühlegässli auf die Hauptstrasse. Dort spazieren wir ein gutes Stück... hören Sie die Trommelwirbel?
Das müssen Soldaten sein!

Da sind sie; offenbar leisten sie Dienst in der Gegend. Wir kommen zu einer wichtigen Wegkreuzung, allgemein Räuberecke genannt, seit es diesen Filialladen zur Rechten gibt. Gleich um dessen Ecke zweigt die Scheidgasse nach dem Habkerntal ab, links führt seit 94 die Bahnhofstrasse nach Interlaken. Wir aber ziehen geradeaus weiter, vorüber am alten Gasthaus Bären, vor welchem herrliche Kastanienbäume Schatten spenden. Bald werden wir die für Ihren Besuch fast etwas historische Stätte erreicht haben, zu welcher ich Sie unbedingt hinführen muss.

Im Vorläufer dieses anmutigen Hotels Beau-Site ist nämlich am 10. August des Jahres 1834 Eduard Ruchti zur Welt gekommen. Und hier also beginnt in gewissem Sinn die Geschichte des Grand Hotels Victoria, jenes Juwels unter den modernen Hotelpalästen am Höheweg.

Vater Karl Friedrich war in Homberg bei Thun als Küherbub aufgewachsen und bereits im Jünglingsalter in die Fremde gezogen. Als Zwanzigjähriger kehrte er in die Heimat zurück, heiratete Margaretha Rubin von der Spielmatte und eröffnete an dieser Stelle die Pension Ruchti, eine bescheidene Stubenwirtschaft.

In jenem Jahr wurde auch Eduard geboren. Vater Ruchti brachte mit seiner Frau die Pension zu Ansehen und Blüte. Natürlich hatte er von der 1835 eröffneten Dampfschiffahrt auf dem Thunersee profitiert, denn die Boote fuhren die immer zahlreicher anreisenden Fremden damals – wie Ihnen ja bekannt ist – zur Endstation beim Neuhaus. Von da reisten sie per Kutsche oder Omnibus nach Unterseen, nach Aarmühle, zum Brienzersee oder in die Täler weiter, immer an diesem Gasthaus vorbei – wenn sie nicht gerade hier abstiegen! Desgleichen auch alle jene, welche auf dem Landweg, also auf der linksufrigen Thunerseestrasse, heranfuhren, dann bei der Ruine Weissenau abbiegen mussten und quer durch die Ebene Unterseen zustrebten.

Kommen Sie etwas weiter in den Garten hinunter!

Vater Ruchti hatte schon sehr früh seine Gattin, die Mutter von Eduard, durch den Tod verloren und anno 39 abermals geheiratet. Seine zweite Frau, Margrit Abegglen, gebar ihm sechs weitere Kinder und stand ihm in der Pension ebenfalls tatkräftig zur Seite. Ihre Fürsorge um die Gäste war sprichwörtlich, und die beiden wurden als umsichtiges und tüchtiges Wirtepaar geschätzt.

Im Jahre 56 konnten sie das Haus durch diesen breiten Winkelbau mit Rûnde erheblich vergrössern, und sie gaben ihm nun den wahrlich zutreffenden Namen Hotel Beau-Site. Denn nirgends im Bödeli sind die eindrücklichen Eisriesen im dunklen Rahmen der Vorgebirge herrlicher zu schauen.

Zwei Jahre vor der erwähnten baulichen Erweiterung hatte Eduard seine Ausbildung in einem Pensionat der Westschweiz, in Frankreich und in England abgeschlossen und war nach Hause zurückgekehrt. Doch die Welt hier hatte sich verändert, sie war ihm zu eng geworden. Und so sah er sich nach eigenen Zielen um.

Zu jener Zeit gab es in Interlaken am Höheweg... doch das alles erzähle ich Ihnen heute abend.

Trotzdem will ich mit ihm weiterfahren: Eduard hatte auch später die einzigartige Gegend von Unterseen nicht vergessen können. So griff er anno 68 eine Idee wieder auf, mit der sich sein Vater schon früher mehrmals auseinandergesetzt hatte: Zusammen mit seinem väterlichen Freund, dem immer unternehmungsfreudigen, kaum zu bremsenden Nationalrat Friedrich Seiler, prüfte er ernsthaft den Bau einer aussergewöhnlichen Hotelanlage, für welche die beiden den Namen «Grand Hôtel de l'Europe» angemessen fanden. Seiler beauftragte Architekt Horace Edouard Davinet mit der Ausarbeitung des Projekts. Dieser sah westlich vom Beau-Site ein Hotelgebäude von gigantischen Ausmassen vor: vier Stockwerke mit insgesamt 442 Räumen, wovon 263 Gästezimmer und 17 Gästeappartements im Erdgeschoss mit separatem Garten, total 454 Betten. Alles auf einem Grundstück von 5¾ Jucharten oder 20 700 Quadratmetern; zusätzlich auf 8 Jucharten, fünf Minuten ausserhalb gelegen, die Nebengebäude und Ställe für 80 Pferde. Und der Preis insgesamt: 1,6 Millionen Franken.

Widerstände verschiedener Art traten dem Vorhaben entgegen, und der verwegene Plan musste schliesslich fallengelassen werden. Das war also, wie gesagt, im Jahr 68. Noch vor der Bödelibahn, noch vor der Verlegung der Ländte von Neuhaus hinüber nach Därligen. Wie hätten wohl, wäre die kecke Idee verwirklicht worden, Friedrich Seiler und Eduard Ruchti die Interessen Unterseens politisch vertreten? Wäre anstelle der Bahn etwa doch die geplante Tramway, von Neuhaus hier vorbei durch das Städtchen mit Fortsetzung zum Brienzersee, erstellt worden?

Hätte Unterseen seine Stellung als Wirtschaftszentrum des engeren Oberlandes beibehalten? Und wäre wohl der Höheweg in Interlaken das geworden, was er heute ist?

Müssig, ich weiss es, all diese Fragen; ganz verdrängen aber kann man sie auch heute noch nicht.

Nach Vater Ruchtis Tod anno 77 übernahm Eduards Halbbruder Albert die Leitung des Beau-Site, das Schicksal allerdings war ihm nicht gewogen: Geltstag, 89. Käufer an der öffentlichen Versteigerung war... Eduard Ruchti. Er setzte für ein Jahr Emil Gurtner vom Hotel Steinbock in Lauterbrunnen als Pächter ein und verkaufte hierauf sein Vaterhaus mit dem inzwischen dazugekommenen Hotel Eiger nebenan an den Eigentümer des Hôtel du Louvre in Cannes, Johann Würth, mit welchem der Neubeginn in eine gunstvolle und glückliche Zukunft erfolgte.

Wir wenden uns jetzt – kommen Sie – wieder dem Städtchen zu und bummeln zuerst durch das Dorf Interlaken, von dem wir im Bahnhof-Garten kurz gesprochen haben. Man nimmt an, dass diese armselige Siedlung die älteste menschliche Niederlassung auf dem Bödeli überhaupt ist.

Noch zu Beginn des Jahrhunderts wurde es in den Karten mit «Dorf Interlaken» angegeben und galt, wie Spielmatte und Aarmühle auf der anderen Flussseite, als Vorort von Unterseen. Heute trägt es – zur Vermeidung von Missverständnissen – nur noch den Kurznamen «Dorf». Denn der Begriff Interlaken hat sich – was historisch infolgedessen nicht richtig ist – allmählich für das jenseits der Aare gelegene Gemeindegebiet Aarmühle eingebürgert. Und mit der Bezeichnung der Bahnstation «Interlaken-Bahnhof» war diese Entwicklung natürlich noch gefördert worden.

Unser Spaziergang führt am Spittel vorbei hinunter zur Aare. Hier werfen wir einen Blick flussaufwärts und erblicken durch die Bäume das Hotel Central. Auf seiner Terrasse wird Ihre Visite auf dem Bödeli ihren Abschluss nehmen.

Beachten Sie die Holzstapel auf dem «Inseli», wie die unterste Spitze der einstigen Schlossinsel heisst. Es war früher der Garten des Landvogts von Unterseen, weshalb es auch Schultheissen- oder Landvogtei-Inseli genannt wurde. Heute gehört es zur Parqueteriefabrik. Auf diesem idyllischen Fleck wollte übrigens der damals im Schloss wohnende Maler König eine Art Kursaal einrichten. Er dachte an Lauben, Ruhebänke, eine Badeanstalt; und ein angestellter Gärtner sollte die Gäste mit Erfrischungen und Stärkungen – Ziegenmolken! – bedienen. Es blieb aber bei der Idee.

Eine arme Bevölkerung wohnt hier im «Dorf». Die Gebäude sind einfach und tragen oft Schwardächer, wie beispielsweise Peter Michels Haus an der Aare, vor dem Wäsche hängt. – Zwanzig Schritte oberhalb der Kinderschar halten wir nach rechts und erreichen die Bahnhofstrasse beim Hotel Helvetia von Adolf Sterchi.

Erneut stehen wir am Parqueteriekanal, doch dieses Mal unterhalb des Fabrikgebäudes im Hintergrund, wo er verschiedene Radwerke antreibt. Am Ende des «Inselis» kehrt er wieder in die Kleine Aare zurück.

Anno 50 hatte der Bernische Grosse Rat auf Antrag der Regierung beschlossen, die bisherige Staatsdomäne in Unterseen zur Förderung der hiesigen Wirtschaft einem privaten Konsortium zu verkaufen. Dieses bestand aus den drei radikalen Persönlichkeiten Staatsschreiber Albrecht Weyermann, Niklaus Stebler – früher Amtsschaffner in Aarwangen – und dem hiesigen Amtsschreiber Johann Indermühle. Sie beabsichtigten die Gründung eines leistungsfähigen Industrieunternehmens. Friedrich Seiler – seit vier Jahren Regierungsstatthalter von Interlaken – stand ihnen bei diesem Vorhaben mit Wort und Tat zur Seite und wusste zum Wohl des Bödelis und seiner Bewohner auch hier seinen Einfluss geltend zu machen. Für etwas über 37 000 Franken konnte das Areal von 38 Jucharten oder fast 13,7 Hektaren mit den dazugehörenden alten

Wasserwerken vom Staat Bern erworben werden. Dabei war auch das etwas heruntergekommene Schloss, in welchem bis 1798 die Landvogtei untergebracht gewesen war und der bernische Schultheiss residiert hatte. 1803 bis 08 wurde es, wie schon erwähnt, an den Maler König vermietet, nach diesem an Oberförster Karl Ludwig Kasthofer und zuletzt an einen Zündholzfabrikanten Streit.
Man hatte übrigens in Bern auf Anregung von Grossrat Jakob Friedrich Knechtenhofer auch einmal mit dem Gedanken gespielt, das ehrwürdige Gebäude als Strafanstalt zu verwenden.
Zweck der Firma ist die Fabrikation von Parquetböden und Chalets sowie der Betrieb einer Bauschreinerei. Seiler war nicht nur Helfer und Pate bei der Gründung, sondern in der Folge auch tatkräftiger Förderer und Vermittler von Kunden.

Wollen wir weiterziehen, die Bahnhofstrasse hinauf? Hier gibt es weitere Gasthäuser: den Temperenzhof von Frau Gänsler, weiter oben die Wirtschaft Zur Sonne von Nicole Constant, dann rechts um die Ecke…

...das Hotel zu den 3 Schweizern. Hier treten wir ein und – Ihr Einverständnis vorausgesetzt – erklettern das Dach. Es lohnt sich! Denn von da oben können Sie die ganze Parqueteriefabrik mit ihren Nebengebäuden und Lagern überschauen.

Nach erfolgreichem Start auf dem Bödeli und nach Übernahme der Parqueteriefabrik von Aarmühle konnte das Tätigkeitsfeld ausgeweitet werden. Bald schon wurde eine Filiale im deutschen Langenargen am Bodensee eröffnet. Die jährliche Parquetproduktion wuchs auf 500 000 Quadratfuss oder 45 000 Quadratmeter. Als Hölzer dienen Tanne, Ahorn, Fruchtbäume aller Art, Bergbuche, Föhre, auch eingeführtes Eben- und Mahagoniholz sowie Eiche, deren Preis allerdings, bedingt durch den Eisenbahnbau, innerhalb kurzer Zeit um 40 bis 50% angestiegen ist. Die Bauschreinerei konnte der Schweizerischen Westbahn im Laufe von nur 18 Monaten neunzig Eisenbahngebäude liefern!
Und auch die Chalet-Herstellung kam zur Blüte. So liess Prinz Napoleon, mit welchem Friedrich Seiler seit der gemeinsamen Ausbildungszeit an der Militärschule in Thun in herzlicher, freundschaftlicher Verbindung stand, zwei Gebäude auf sein Landgut am Genfersee liefern. Auch beehrte er, nunmehr Kaiser geworden, im Jahre 63 die Parqueteriefabrik mit seinem Besuch. Und später konnten Chalets auf seine Vermittlung nach Frankreich geliefert werden, vorab in die Umgebung von Paris, zum Beispiel auf die Insel Bois de Boulogne. Sie entsprachen ganz und gar dem Geschmack der Franzosen.
Durchschnittlich werden hier 150 bis 200 Mann beschäftigt – ein Segen für das Bödeli, das darf man sagen.

Halder? Ja natürlich, da war Arnold Halder 26 Jahre als Buchhalter angestellt gewesen. Diese ebenso originelle wie feinfühlige, ebenso begnadete wie schicksalsgepeinigte Persönlichkeit hatte hier ihr Auskommen gefunden. Der gebürtige St. Galler war im Jahre 58 nach erfolgreicher Militärlaufbahn bis zum Oberstleutnant und Kriegskommissarius 1. Klasse, jedoch erfolgloser Führung einer selbstgegründeten Tapetenfabrik, auf das Bödeli gekommen, wo er im wahrsten Sinn des Wortes eine neue Heimat fand. Ein begeisterter Berggänger und offen für die vielfältigen Naturschönheiten, die sich ihm bei uns wirklich in reichem Mass offenbarten. Aber auch der Muse war er zugetan. So spielte er virtuos verschiedene Musikinstrumente, erwarb sich als Lokalpoet und Liederdichter einen guten Namen und wurde – auch dank seines geselligen und fröhlichen Wesens – in Interlaken zum Mittelpunkt musikalischer und literarischer Kreise und deren Bestrebungen. Dass er ausserdem präzise Ortspläne verschiedener Stadien von «Interlaken und Umgebung» zeichnete und bei Dalp in Bern herausbrachte, bedarf der besonderen Erwähnung. Papa Halder, wie man ihn liebevoll nannte, wohnte in einem hübschen Haus gleich neben dem Mattenwirtshaus; morgen kommen wir daran vorbei.
Als ihn ein Augenleiden zu quälen begann und er deswegen seine Stelle aufgeben musste, entschloss er sich – das war 84 – nach St. Gallen zurückzukehren. Dort starb er, fast erblindet, in traurigen Verhältnissen vier Jahre darnach. Interlaken hat ihm derart vieles zu verdanken, dass sein Name nicht in Vergessenheit gerät...
Steigen wir wieder hinab auf die Hauptstrasse; es geht ins Städtchen.

Auf diesem Platz werden die Viehmärkte abgehalten – Sie sehen, welche Auffuhr! Es gibt Markttage, an denen weit über tausend Stück der kleinen, ausdauernden Viehrasse gehandelt werden.

Nun passieren wir den Durchgang beim westlichen Eckhaus an der Oberen Gasse – ja, das mit dem steilen Dach und dem schmalen, hölzernen Anbau. Es ist eines der ältesten Bauwerke von Unterseen, und man weiss, dass seine Grundmauern gar aus der Zeit vor dem katastrophalen Stadtbrand stammen.

Niedlich, die Kinder, finden Sie nicht auch?

Hier – es heisst «Auf dem Graben» – verlief die nördliche Befestigungsmauer, noch sind Teile erkennbar. Der damals davorliegende Graben, welcher das ganze Städtchen umgeben hatte und in den das Wasser von der Aare her frei eindringen konnte, ist heute weitgehend zugeschüttet. Er wird von den Anwohnern als Gemüsegarten verwendet oder als Ort für ihre Hühnerställe und Geräteschuppen. Auch Wohnhäuser wurden da unten erbaut! Ausserdem scheint er sich als Trockenplatz für die Wäsche bestens zu eignen. Sehen Sie rechts das Stück alte Stadtmauer?

Wir bummeln um die Kirche herum und ein kurzes Stück dem Fluss entgegen. Dort drüben auf der anderen Seite der Aare: Eduard Ruchtis Hotel Victoria und die Pension Volz.
Jetzt biegen wir rechts in das kurze Habkergässli ein.

Dieses alte Doppelwohnhaus der Familie Huggler müssen Sie sich genau ansehen; es stammt aus dem Jahre 1626. Typisch sind die hölzernen Umrahmungen von Türen und Fenstern, eher aussergewöhnlich ist, dass das Mauerwerk bis zum oberen Stockwerk hinaufreicht und das Erdgeschoss sichtlich erhöht liegt.
Die Türe im ersten Stock? Durch sie werden die Heuballen eingebracht. Haben Sie die hübschen Schnitzereien an den Fensterbänken beachtet? Und rechts die zweiteilige Wohnungstüre? Das sieht man nur noch selten und an sehr alten Häusern.
Und nun richten Sie Ihren Blick vorwärts: das Stadthaus.
Nach dem schon erwähnten Stadtbrand wurde auf Geheiss von Bern mitten auf dem weiten Platz ein mächtiges Kaufhaus erstellt; es diente auch als Gasthof mit Metzgerei und Bäckerei und war

lange Zeit neben der Klosterherberge beim Schloss Interlaken der einzige auf dem ganzen Bödeli. Dieses wurde in der Folge Stadthaus, jenes Landhaus genannt.
1779 ist hier Goethe, der Dichterfürst, abgestiegen; er scheint von Unterseens «Holzhäusern mit überhängenden Dächern» offenbar sehr beeindruckt gewesen zu sein, denn er hat von ihnen in einem Brief an Frau von Stein geschrieben.
Zu Beginn des Jahrhunderts war das imposante Bauwerk – es wurde anno 19 zur jetzigen Gestalt mit seinen Arkaden ausgebaut – auch Hauptsitz der Kutscher und Fremdenführer. Denn hier führte, wie wir festgestellt haben, der Weg aller Oberlandreisenden zwangsläufig vorbei, weil es noch keine Bahn, keinen Schiffahrtskanal und also auch noch keine Bahnhofstrasse gab.
Folgen Sie mir!

Kurz nach dem Stadthaus, dem heutigen Hotel Unterseen, will ich Ihnen an der Unteren Gasse ein ganz besonderes Gebäude, die Nummer 15, zeigen:

Da wohnt, wie man sieht, die zwölfköpfige Familie des Postablagehalters Abraham Imboden. Das Postbureau befindet sich gleich nebenan; sehen Sie das Schild über der Türe? Imbodens Behausung ist mit einer für Unterseen einst typischen, von Säulen abgestützten, hohen Laube unter dem Schwardach versehen. Man nennt diese Art Dômes-Häuser. Und beachten Sie den gewölbten, mit Steinplatten ausgelegten Durchgang in der Mitte: Er geht keineswegs einfach in den Keller, sondern ist ein sogenannter Torisgang, der als höhlenartige Verbindung zum Fluss hinunterführt. Früher gab es an dieser Gasse sechs solcher Torisgänge, und wahrscheinlich bestand ihr Zweck ursprünglich darin, dass im Brandfall auf kürzestem Weg das Wasser erreicht werden konnte. Durch sie wurden aber auch das Kleinvieh zur Tränke gebracht und Abfälle in die Aare wegbefördert.

Und jetzt schauen Sie die erstaunliche Veränderung! Das altertümliche, rauchgeschwärzte Haus wurde abgerissen; an seiner Stelle entstand dieser moderne Neubau, mehrstöckig, mit hübschen Verzierungen und Balkonen. Zum besseren Verständnis vergleichen Sie Türe, Fenster und Lisenenverkleidung des Nebenhauses links. Nun konnte auch das von Imboden betreute Postbureau Unterseen hierher verlegt werden.

Wir kehren zurück, abermals am Stadthaus vorbei, und wenden uns endlich jenem Winkel im Rechteck der historischen Ortsanlage zu, der uns den wohl eindrücklichsten, den erhabensten Anblick gewährt.

Richten Sie unterwegs Ihre Augen auf den überdachten Sodbrunnen: Genauso hat ihn der grosse Komponist Felix Mendelssohn-Bartholdy, von dem noch wiederholt die Rede sein wird, anno 47 angetroffen und in einem hübschen Aquarell festgehalten.

Noch fehlt an der Westseite des Kirchturms eine Uhr, doch das unermüdliche Drängen der Bewohner vom «Dorf» wird bald seine Früchte tragen. Und prägen Sie sich das gemalte Zifferblatt auf der Südflanke ein.

Jenes hohe, vorspringende Haus neben der Kirche? Es ist das Pfarrhaus, wo Pfarrer Abraham Rudolf Walthard wohnt.

Unterseen besass nicht schon seit der Stadtgründung seine eigene Kirche, sondern nur eine kleine Kapelle, und die Bewohner waren damals nach Goldswil kirchgenössig. Erst nach dem Grossbrand 1470 erhielt es beim Wiederaufbau hier sein erstes Gotteshaus.

Erinnern Sie sich noch des Wasserunglücks bei der Höhebrücke anno 51? Im gleichen Jahr wurde das Städtchen nochmals hart vom Schicksal geschlagen: In der Nacht zum 1. Dezember stürzten nämlich das Dach und die Westseite der Kirche unter einer übermässigen Schneelast krachend ein, wobei das kunstvolle, erst sieben Jahre alte Orgelwerk zertrümmert wurde. Mit Geldhilfen aus dem ganzen Land konnte das geweihte Gebäude zwei Jahre darauf neu errichtet werden.

Darf ich Sie jetzt auf das Stadtwappen unter der Uhr aufmerksam machen? Es wurde, wenn Sie mit vorhin vergleichen, erst jüngst und nach Entwürfen des einheimischen Künstlers Fritz Gysi als kunstvoll verziertes Fresko angebracht. Ein halber schwarzer Steinbock in goldenem Feld – die Habsburgerfarben erinnern an die einst österreichische Herrschaft; und der Steinbock kommt aus dem Familienzeichen des Freiherrn Seilger von Oberhofen, des grosszügigen Stifters des Klosters. Deshalb war der gleiche halbe Steinbock auch das Klosterzeichen und identisch im Amts- beziehungsweise Gemeindewappen von Interlaken, dort allerdings in silbernem Feld. Das zweitunterste Haus mit seinen Holzsäulen wie vorhin jenes an der Unteren Gasse: ebenfalls ein Dômes-Haus.

Und endlich das Eckgebäude vor uns: Wie an der oberen Holzwand zu lesen ist, wurde es 1608 erbaut. Auffallend vorerst ist die geräumige, hier durch Steinsäulen geschaffene Vorhalle unter dem Obergeschoss.
Nein, das ist kein Torisgang. Hier ist es der gewölbte Kellereingang, wie ihn auch das Nachbarhaus – beide gehören übrigens dem Bahnangestellten Karl Schmocker – aufweist. Nicht ungefährlich für spielende Kinder.
Wir müssen weiter. Wenden wir, und begeben wir uns wieder zum Fluss, an die Schaalbrücke hinunter.

Heute ist sie eine kräftige Eisenkonstruktion, die jeder Belastung und jedem Hochwasser standhält.

Bis zum Jahr 58 hiess sie Stadtbrücke, und die massive Holzkonstruktion wurde von Steinpfeilern getragen. Ihre nördliche Hälfte war damals verschalt, gedeckt und mit einem hübschen Dachspitz versehen.

Auch an diesem Eingang befand sich einst ein Stadttor, ein anderes beim Schloss und eines beim Habkergässli, und alle wurden sie nachts geschlossen und verriegelt.

Neben der Unteren Schleuse – Kleine Aare! – fällt das überaus breite Hausdach mit Knickwalm auf: ehemals Christian Blatters Pension auf der Spielmatte, der heutige Westflügel des Hotels Du Pont.

Das Eckhaus jenseits des Flusses?

Witwe Anna Tschiemers bekannte Wollgarnspinnerei; früher war dort eine Schreinerei, noch früher eine Mühle.
Wir wenden uns nun vor der Brücke – ein Festumzug: da können Sie die adretten Trachtenmädchen bewundern – nach links in die Goldeypromenade.
Bald beginnt unsere Wanderpartie dem Harder entlang.

Werfen Sie einen Blick über das Wasser, und dort auf die Obere Schleuse.
Auf der östlichen Spitze der Spielmatte-Insel befindet sich die grosse Sägemühle.
Das vor allem aus der Gegend von Giessbach herangeflösste Rundholz kann auf der Matte – vermögen Sie dahinter das markante Dach der Parqueteriefabrik von Aarmühle auszumachen? – direkt zur Bearbeitung aus dem Wasser gefischt werden.

Und noch einmal drehen wir und erfreuen uns an diesem einzigartig malerischen Bild des Städtchens.

Hinter der Schaalbrücke das Hauptgebäude der erfolgreichen Parqueteriefabrik; schräg davor erkennen Sie «Unter den Häusern» und gleich dahinter – neben der Kamingruppe ganz knapp auszumachen – das Dach des Schlosses, in welchem heute die Büros der Fabrik eingerichtet sind.
Dort hat man von hier aus bis vor kurzem noch ein zierliches, jahrhundertealtes Türmchen hochragen sehen.
Es ist 1855 einem Brand zum Opfer gefallen und fehlt heute sichtlich im Stadtbild.

Ganz rechts hinten?
Das mächtige Walmdach des Stadthauses. Und davor am Fluss, wo allerhand Baumaterial lagert, ist Unterseens Landeplatz; da werden die aus den Uferorten des Brienzersees auf dem Wasserweg herantransportierten Waren, Hölzer und Steinquader oder -platten ausgeladen und per Achse in die Stadt oder nach Neuhaus am Thunersee für die Weiterschaffung oder aber über die Schaalbrücke nach Aarmühle befördert.

Ich werde Ihnen den Platz morgen abend von der anderen Flussseite und im Lichte der untergehenden Sonne noch einmal zeigen – eine einzigartige Perspektive!

Wäre ein durchgehender Bödelikanal zwischen Brienzer- und Thunersee – man hat ihn mehrmals ernsthaft geprüft – zur Tatsache geworden, so befände sich dort jetzt vermutlich der Hafen von Unterseen.

Wir folgen noch etwas dem träge dahinziehenden Aarefluss auf der gepflegten Uferpromenade... idyllisch, nicht wahr?
Und ein Paradies für die Angler!

Gleich biegen wir nach der Fleuristerie von Fritz Schneider – leistungsfähiger Lieferant der auf Pflanzen- und Blumenschmuck bedachten Hotels und Pensionen – links ab und steigen anschliessend an den alten Goldey-Häusern vorüber ein Stück weit gegen die Felsen des Harders hinauf.

Auf diesen grossen Augenblick, verehrter Besucher, habe ich mich den ganzen Tag schon gefreut! Hier will ich Ihnen Interlaken in seinem Rundgemälde präsentieren, und zwar zu recht früher Zeit. Noch nichts von einer Bödelibahn mit ihren Flussübergängen. Dafür viel Neues für Sie sowie einige herausragende «alte Bekannte».

An der Flanke des Kleinen Rugens, jenes dunklen Hügels, der sich so auffallend aus der Ebene erhebt, das weisse Hotel Jungfraublick, rechts vor diesem wieder das breite Dach der Parqueteriefabrik von Aarmühle.

Oberhalb der neuen Höhebrücke wird am Fluss gerade Michels Wohnhaus umgebaut.

Auch der Vater des im Zusammenhang mit der Eröffnung des Schiffahrtskanals genannten heisst Friedrich und ist Fürsprech und Mitglied des Bernischen Grossen Rates.

Von hier oben lässt sich mit etwas Phantasie recht gut vorstellen, in welcher Weise die Aare früher in ihrem ungeregelten Fluss gehemmt wurde.

Nach 1430 – manche meinen, schon achtzig Jahre früher – hatten die Klosterbrüder eine Grundschwelle schräg durch den Wasserlauf gebaut. Sie reichte vom Städtchen unweit des Schlosses bis dort hinauf, wo Sie das kräftige Buschwerk am anderen Ufer erkennen – ungefähr zwischen dem Abfluss des Mühlekanals und der Oberen Schleuse vor uns.

Ja, ein einzelnes Gebäude, die Brasserie von Adolf Finger, liegt rechts dahinter.

Der gegen 400 Meter lange Damm – eingerammte Eichenpfähle, verstärkt mit Felsblöcken und Füllmaterial – bezweckte die Erleichterung des Fischfangs.

Denn dadurch wurden die Fische, Alböcke vor allem, in ihrem Zug aufgehalten und – einziger, aber verhängnisvoller Ausweg! – in ein sogenanntes Fischfach, eine Art ummauertes Becken zuoberst an

der Schwelle gelenkt. Dort konnten sie von den Mönchen in grosser Zahl aus dem Wasser gehoben werden.

Diese Verbauungen, und überhaupt der Anspruch des Klosters auf die Alleinherrschaft über die Aare im Bödeli, führten zwangsläufig zu Streitigkeiten, hatten doch vorher die Bewohner von Unterseen zu einem namhaften Teil vom Fischfang gelebt.
Zugleich jedoch staute der Wehrrücken auch den Brienzersee zurück und hob dessen Spiegel um fast zweieinhalb Meter, was Versumpfungen bis nach Meiringen hinauf bewirkte. Das Hochwasser 1851, von welchem wir bei der Höhebrücke gesprochen haben und das auch ein Loch in die vierhundertjährigen Schwellen gerissen hatte, leitete gewissermassen deren Entfernung ein. Die Berner Regierung beschloss nun die Tieferlegung des Brienzersees sowie die Ausräumung der Sandbänke und Inseln und die Korrektion des Flusses oberhalb der Aarefälle. Zur Niveauregulierung wurden 1854 die Untere und drei Jahre danach die Obere Schleuse eingebaut. Und beide verfügen über eine Fahrschleuse, die für den Durchlass von kleinen Kähnen und für das Flössen auf vorherige Anzeige jeweils am Donnerstag zwischen 7 und 11 Uhr gezogen wird.

Schwenken Sie jetzt Ihre Augen stromaufwärts: Sie erkennen über den Bäumen den spitzen Turm der Schlosskirche von Interlaken. Dort kommen wir bald vorbei.
Neben der Oberen Schleuse die hellen Streifen im Feld? Das sind ausgebreitete Leinentücher, die man der Sonne aussetzt, damit sie ihre grell-weisse Farbe erhalten. Ihretwegen heisst das Feld «Bleiche» oder «Bleichematte», manchmal auch «Bleiki». Die Bleicherei gehört Christian Schmocker.
Dahinter verdeckt eine immense Baumkrone grossenteils ein Gebäude, das Hotel Ritschard.
Merken Sie es sich genau! Mit ihm wird eigentlich die Reihe der Hotels am Höheweg… doch nein, klettern wir weiter vorne noch etwas höher zum ersten der beiden berühmten Aussichtspavillons am Harder!

«Lustbühl» wird diese gernbesuchte Rotunde heute genannt. Früher hiess der Ort etwas weniger freundlich «Lausbühl». Offenbar hat das herrliche Wetter noch andere Besucher heraufgelockt...
In raschen Zügen wollen wir nun die Entwicklung verfolgen, und zwar vorab an Eduard Ruchtis Grand Hotel Victoria, weil Sie dort ja residieren. Im Jahre 64 beginnt der kühne Neubau, zwei Gebäudetrakte sind bereits aufgerichtet. Der Vorgängerbau, das Biedermeierhaus der Pension Victoria, ist links von ihnen – leicht verdeckt – deutlich auszumachen, ebenso die Pension Jungfrau im Durchblick zur Höhematte. Gleich werden sie abgebrochen.
Das neue Wohnhaus in der Matte gegen die Aare hin ist das Lüthi-Haus. Es wurde 1854 erbaut und gehört dem Berner Doktor Jakob Christian Lüthi, der von der Kurhausgesellschaft auch gelegentlich als Kurarzt verpflichtet worden ist.
Nun ist das Victoria – erweitert auf fünf Trakte – vorläufig fertiggestellt. Interlaken hat sein erstes richtiges Grand Hotel bekommen! Rechts daneben ist das Hotel Ritschard zum Winkelbau erweitert und mit hohem Aussichtsturm versehen worden; wir haben ihn heute früh von der Waldeck aus schon gesehen. Und links vom Victoria – als ob sie eines Tages zusammengehören würden – hat Johann Gottlieb Seiler-Sterchi im gleichen Baustil sein neues Hotel Jungfrau errichtet; der Altbau war sorgfältig abgetragen und hinter dem östlichen Trakt als Dependance wieder aufgestellt worden. Der Schweizerhof daneben ist älter.
Jenes nahe vor dem Victoria-Osttrakt stehende Gebäude mit Quergiebel? Die Pension Volz, bereits anno 57 erbaut; sie gehört dem Arzt Friedrich Volz. Übrigens: Sowohl Seilers Jungfrau als auch Ruchtis Victoria wurden vom Architekten Davinet gebaut, dessen Name vor dem Beau-Site schon einmal gefallen ist.
Vermögen Sie im Vordergrund den von der Aare abgeleiteten, mit kleinem Buschwerk gesäumten Kanal auszumachen, der an der ersten Häuserzeile – Brauerei Horn in der Mitte vor uns! – durchfliesst? Das ist der Mühlekanal. An der Walke vorbei, wo Schmockers Leintücher gewalkt werden, fliesst er weiter nach Aarmühle. Man kann ihn von hier nur schwerlich erkennen, am ehesten noch links zwischen dem Lüthi-Haus und der Aare.

Seit 74 traversiert das Geleise der Bödelibahn den Fluss. – Der Aussichtsturm des Ritschard hat sein Dach verloren; es vermochte dem Wind nicht standzuhalten. – Und Eduard Ruchti hat seinem Hotel einen weiteren Flügel mit majestätischem Turm beigefügt und gleichzeitig ein Badhaus diesseits der Pension Volz errichtet. Im Vordergrund: Brauereibesitzer Horn liess zwischen Fluss und Mühlekanal einen kubusförmigen Kühlturm erstellen und rechts – von der Sonne beschienen, mit Flachdach! – das dazugehörende Hotel Horn ausbauen. Morgen abend spazieren wir dort vorbei. Schauen Sie hinten über dem Taleinschnitt die Jungfrau, das hehrste aller Eisgebirge! Es gibt ein berühmtes Blatt vom Maler Heinrich Rieter, hier in der Goldey aufgenommen. Auch König hat einmal diese Stelle mit gleichem Vorhaben aufgesucht, ist jedoch plötzlich von herunterstürzenden Felsbrocken, die ihm den Farbkasten zertrümmerten, selbst beinahe erschlagen worden...
Am Fluss: die Eisenbahnbrücke jetzt mit Geländern und neu ein Fussgängersteg von der Bleiche herüber. Neben dem Victoria-Turm, weit im Hintergrund? Das Hotel Mattenhof; morgen!

Wir verabschieden uns vom Pavillon Lustbühl und wenden uns ostwärts – achten Sie auf herunterstürzende Steine! – dem nächsten, noch berühmteren Aussichtspunkt zu. Er liegt von hier einen knappen Kilometer entfernt. – Links vom Schweizerhof ist nun das Belvédère aufgetaucht. Beachten Sie zwischen den beiden Hotels im Vordergrund das breite, mit spitzem Giebel versehene Kurhaus. Ihm statten wir übermorgen abend einen Besuch ab.

Jenseits der Höhematte, über dem Belvédère? Das neue Schulgebäude. Und über dem Schweizerhof guckt einer der beiden eckigen Türme von Peter Obers Pension Schlössli aus den Bäumen.

Der Mühlekanal – jetzt deutlicher erkennbar – verlässt unter dem hinteren Holzsteg die Aare und erreicht diese nach seinem Lauf über die Werke von Aarmühle erst wieder unweit des Bahnhofs.

Bequem dieser befestigte Spazierweg, nicht wahr? Er ist vom Gemeinnützigen Verein angelegt worden.

Nun schenken Sie Ihre Aufmerksamkeit dem dreiteiligen Gebäudekomplex da unten. Es ist das Des Alpes, der nächste Hotelpalast neben dem Belvédère. In Kürze sollen Sie von ihm mehr erfahren.

Hohbühl! Gleich sind wir da. – Von der gemauerten Plattform aus – werfen Sie einen ersten Blick auf den Brienzersee, den Aareausfluss und den Burghügel von Ringgenberg – wollen wir uns nochmals zurückwenden und die interessante Veränderung der Aareübergänge verfolgen: Vorerst gab es nur den kleinen Steg bei der Aarzelgmatte über den Mühlekanal. Dann entstand anno 64 auf Initiative des Gemeinnützigen Vereins die hölzerne Brücke, weil der Uferweg in der Goldey zunehmend von Kurgästen für Spaziergänge begehrt wurde. Sehen Sie rechts über dem Wipfel des Pappelbaumes den Pavillon von Lustbühl? Und den Pfad durch den streckenweise kahlen Harderabhang, den wir eben gegangen sind?

Es folgte, wie vorhin erwähnt, das Trassee der Bödelibahn. Die Holzbrücke wurde morsch, sie musste zuerst gesperrt, später abgerissen werden. Als Ersatz erstellte man weiter unten, zwischen Bleichematte und Schneiders Fleuristerie, den Übergang in Eisenkonstruktion. Vom Vorgänger blieb nur der Teil über den Mühlekanal erhalten, wo eine kleine Schleuse eingebaut wurde.

Schwenken wir unseren Blick jetzt nach links.

Die reizvolle östliche Partie des Höheweges ist für Sie noch neu, bald wird auch sie Ihnen vertraut werden.

Zuerst nun zum Des Alpes unter uns; sein Name ist gross und von weither sichtbar auf das Dach geschrieben.
Von hier oben lässt sich dessen Entstehungsgeschichte anschaulich darlegen:
Erinnern Sie sich an Christian Hofstetter, der an der Höhebrücke so tragisch sein Leben verloren hat? Dieser tüchtige Mann hatte 1830 die Pension Hofstetter erstellt; sie bildet heute den östlichen Trakt des Gebäudes. Und der westliche war die von Johannes Müller sechs Jahre später erbaute Pension Müller. Im Jahr 63 konnte die Witwe Hofstetter die besagte Nachbarpension dazuerwerben und beide Häuser durch den rückseits vorspringenden Mittelbau zum Grand Hotel mit nunmehr 180 Fremdenzimmern erweitern.
Links daneben und jenseits der Strasse steht das Hotel Du Casino, nahe der Kirche das Hotel Interlaken und schräg davor, aber auf dieser Strassenseite, dessen Dependance.

Das Chalet mit dem Anbau, da unten vor dem Hotel Interlaken? Sesti, ein Souvenirgeschäft.

Jetzt ziehen wir noch etwas weiter, steigen langsam den Abhang hinunter und blicken zurück, im doppelten Sinn:
Hotel Interlaken! Noch nicht ausgebaut, zählen Sie die Lukarnen. Weit hinten am Kleinen Rugen, allerdings etwas undeutlich erkennbar: das Hotel Jungfraublick, zurzeit im Bau.
Und rechts davor neben den vier Pappeln die grosse Höhescheuer. Früher war die Höhematte zur Bewirtschaftung von Osten nach Westen aufgegliedert, und jeder Teil hatte seine eigene Scheune. Noch fehlt der Anbau bei Sesti; und der Schlosskirche die Uhr.

Die Gebäudeecke auf der linken Seite, direkt vor uns? Sie gehört zur Pension Fischer, der Vorgängerin des Hotels Beaurivage, das wir uns in Kürze ansehen werden.
Nach diesem Ausflug in erhöhte Gefilde begeben wir uns noch ein Stück ostwärts und bald wieder in die Ebene des Bödelis zurück.

56

Halten wir kurz inne: Hier erfasst unser Auge Interlakens Brienzerseehafen, in welchem eben das Dampfboot *Giessbach* vor Anker liegt. Weiter entfernt an der Ländte steht die *Brienz*. Und genau hinter dieser befindet sich die Werfthalle.

Steil vom Seeufer aufragend zeigt sich im Hintergrund wieder der felsige Burghügel von Ringgenberg.
Rechterhand, leicht von der Pappel verdeckt, kommt das Hotel Du Lac von Peter und Anna Hofmann zum Vorschein; es wird – jetzt steigen wir ganz zum Ufer hinunter – beträchtlich ausgebaut und vergrössert.

Nun liegt an der Ländte der moderne Raddampfer *Jungfrau*, und die *Oberland* hat man an den Pfählen im Fluss verankert.
Das markante Gebäude über dem Achterdeck der *Jungfrau*? Es ist das frühere Wirtshaus Zollhaus. Von dort hat ehemals eine wuchtige Holzbrücke, die Zollbrücke, über die Aare geführt. Ich werde sie Ihnen noch mehrmals zeigen können. Wenden wir…

…uns dem heutigen Flussübergang zu. Über ihn wollen wir uns am Hotel Beaurivage vorbei der Schlosskirche nähern.

Rasch noch ein Wort zu diesem Grand Hotel: Sein Ursprung geht auf einen Fischermann namens – ja, zufällig – Johann Fischer zurück, der hier 1831 die soeben erwähnte vierstöckige Pension Fischer erbaut hatte. Von diesem ging das Pensionshaus an Amtsnotar Niklaus Schild über. Heute gehört es Wilhelm Knechtenhofer, der dieses vornehme Hotel 74 erbauen liess. Er ist, nebenbei gesagt, ein Bruder von Frau Maurer auf dem Du Nord, das wir uns morgen näher ansehen wollen.

Knechtenhofers Architekt war der schon genannte Davinet, dessen Name uns noch oft begegnen wird: Der begabte Franzose war durch seine Schwester mit dem Berner Architekten Friedrich Studer verschwägert, dem Erbauer des Bundesratshauses und des danebenliegenden Bernerhofs, und konnte deshalb bei ihm auch die Berufslehre absolvieren. In der Folge versetzte Studer seinen jungen Schwager nach Interlaken, wo sich im aufblühenden Fremdenverkehr zahlreiche interessante Neubauten abzuzeichnen begannen. Studers Entschluss hat sich – wie Sie feststellen werden – als richtig erwiesen.

Jetzt überschreiten wir die eiserne Brücke und begeben uns zur Schlosskirche, welche mittlerweile endlich zu ihrer Turmuhr gekommen ist.

Auf diesem Areal also haben die Augustinermönche, ihrem guten Instinkt für die Naturschönheiten des Bödelis folgend und – wie Sie wissen – mit dem Geld des Seilger von Oberhofen, ihr Kloster gegründet. Sie gaben der Stätte den Namen INTERLACUS-MADON, nach dem benachbarten Dorf Matten, um sie vom Dorf Interlaken bei Unterseen zu unterscheiden.

Beachten Sie das im Vergleich zum Chor erstaunlich niedrige Kirchenschiff.

Das grazile Türmchen links gehört zum Alten Schloss; wir werden es uns nachher aus der Nähe anschauen.

Das Augustinerstift tat viel Gutes – denken Sie nur an das Siechenhaus am Rugen – und gelangte zu Reichtum und Macht, bald konnte es einen namhaften Teil des Oberlandes sein eigen nennen; es wurde zum grössten Grundbesitzer im ganzen Kanton.

Direkt neben dem Mönchskloster kam später auch ein – angeblich mit diesem durch einen unterirdischen Gang verbundenes – Nonnenkloster zur Gründung. Dieses musste allerdings wegen des nicht sonderlich auf das geistliche Dasein eingestellten Gebarens seiner Bewohnerinnen – man kann es deutlicher sagen: wegen des ungesitteten Wandels dieser Damen und des davon herrührenden üblen Rufes – schon vor der Reformation wieder aufgehoben werden. Auch das Leben der Mönche vermochte der Kirche nicht immer zu gefallen, und der Papst selbst musste im 15. Jahrhundert auf Veranlassung Berns eine Untersuchung befehlen, worauf die Mönche scharf zurechtgewiesen und einige Unbeugsame gar aus dem Kloster verjagt wurden.
Von einer sichtbaren Besserung kann allerdings auch nachher nicht gesprochen werden.

Wie viele? Die Zahl der Nonnen soll zeitweise bis 350, jene der Priester und Laienbrüder aber nie über 50 betragen haben.

Mit der Reformation wurde 1528 das Kapitel «Kloster Interlaken» abgeschlossen. Die alte Kirche hat man hierauf für lange Zeit ihrem Zweck entfremdet: Das Schiff wurde zum Kornhaus, der Chor zur Wagenscheune, und in der Unterkellerung lagerte man Wein.
Um die Mitte des 18. Jahrhunderts entstand auf den Klosterruinen das Neue Schloss vor uns zur Rechten; da ist seither der Regierungsstatthalter zu Hause.

Wir begeben uns jetzt zwischen dem Seitenflügel und der Kirche hindurch zu den alten Gebäulichkeiten, wo ich Ihnen den ostseits noch erhaltenen, bemerkenswerten Kreuzgang mit gotischen Masswerken zeigen will. Beachten Sie im Bogen über dem Durchgang das in Stein gehauene Klosterzeichen an der Aussenseite, innen den Berner Bär.

Hinter dem mittleren Torbogen des Kreuzgangs – wie uns dieser Knabe misstrauisch mustert! – befindet sich die Schlosskapelle. Dort hält die schottische Kirche ihre Gottesdienste ab. Die Römisch-Katholiken benützen das Schiff der Schlosskirche, die Anglikaner deren Chor; beide sind durch eine Wand voneinander abgetrennt. Man spricht davon, nächstens noch eine russische Kapelle zu errichten! Alles zum Wohle der Fremden, die das Bödeli besuchen. – Die Protestanten? Die müssen nach Gsteig oder Unterseen. – Nun geht es zum Alten Schloss, zur Klosterzeit die Wohnung des Propstes, später jene des Landvogts. Dieser war nicht nur Regierungsstatthalter, Gerichtspräsident, Amtsschaffner und Kreiskommandant in einer Person gewesen, sondern hatte auch noch die Leitung eines Altersasyls mit 16 Betten inne. Heutzutage werden hier möblierte Zimmer vermietet, wie das Schild über der Türe verrät. Wir folgen nun den alten Klostermauerresten. Halten Sie an und schauen Sie noch einmal zurück: Unmittelbar neben der Schlosskirche ist ein neues Gotteshaus entstanden, die katholische Kirche. – Über die Klosterstrasse gelangen wir in den Höheweg.

Wo die beiden Strassen sich finden, steht das Hôtel et Pension du Casino. Bereits um 1814 gab es da eine Pension Seiler, erbaut vom Amtsschaffner Peter Seiler. Nein, nicht ein direkter Verwandter der Jungfrau-Besitzer.
Auch diese Herberge wurde von Franz Niklaus König mittels Steinzeichnung zu Papier gebracht. Von Seiler kam sie an Johann Imboden, heute ist Frau Schild-Hofstetter die Wirtin. Sie ist die Witwe des Amtsnotars und zugleich die Schwester von Christian Hofstetter – Des Alpes! –, der Ihnen mittlerweile bekannt ist.
Der Seitentrakt, durch welchen der Garten abgeschirmt wird, kam erst vor kurzem an das Hauptgebäude. In diesem Hotel war anno 47, wenige Monate vor seinem Ableben, der grosse, mit dem Bödeli sehr verbundene Komponist Felix Mendelssohn-Bartholdy zu Gast. Wir kommen morgen früh nochmals hier vorbei.
Nehmen Sie ihn auf, diesen hehren Anblick des vielgerühmten Höheweges mit seinen wunderbaren Nussbäumen. Und lauschen Sie dem Rauschen in ihrem gewölbten Blätterdach.
Der Abend – man spürt es – ist im Anzug.

Wir folgen auf der Höhematte der alten Steinmauer. Da also wieder das Des Alpes. Jakob Friedrich Knechtenhofer, Sohn des berühmten Obersten Johannes Knechtenhofer aus Thun – Hotelier, erster Dampfschiffkapitän und geschickter Aquarellist – hat sich anno 55 mit Katharina Hofstetter vermählt, der Tochter des verunglückten Christian. Zehn Jahre später übertrug die Witwe Hofstetter den beiden die Gesamtleitung des Hotels. Knechtenhofer war ausserdem politisch sehr aktiv und inzwischen Grossrat geworden. Ja richtig: Parqueteriefabrik Aarmühle!

Jetzt das Belvédère mit seiner Aussichtskanzel auf dem Dach. Auch dieses Hotel erwuchs aus einer kleinen Pension – Pension Stähli – von 1830, deren Erbauer, Johann Stähli, eine Schwester des Arztes Carl Aebersold zur Frau hatte. Es wurde im gleichen Jahr wie das Victoria und erst noch durch den gleichen Architekten, Davinet, um die beiden dreiachsigen Seitenflügel vergrössert. Seit 73 steht es unter Leitung der Witwe Margaritha Müller, der Tochter des eben genannten Stähli und Schwiegermutter unseres Kapellmeisters Schleidt, wie Sie bereits wissen.

Johann Stähli, das muss ich noch beifügen, war übrigens ein begabter und anerkannter Landschaftsmaler gewesen, der sich in die berühmten Kleinmeister seiner Zeit einzureihen vermochte. Auch das Bödeli hatte also seinen Kleinmeister!

Von Stähli gibt es sogar einen Kupferstich – eine Aussicht vom Hohbühl – im Atlasband des berühmten Werkes «Reise in das Berner Oberland» von Johann Rudolf Wyss.

Zwischen den nun folgenden Magazinen ist der einladende Eingang – werfen Sie einen Blick hindurch – zum Kurpark mit dem Kurhaus… nein, erst übermorgen abend, nach meinem Plan; heute würde es zu spät.

Wir erreichen das Hotel Schweizerhof. Beachten Sie im Vorbeigehen diese Verkaufsbuden. Wähnt man sich da nicht fast ein bisschen im Morgenland?

Architekt Robert Roller aus Burgdorf hat das La Suisse, wie es auch bezeichnet wird, anno 55/56 im Auftrag von Johann Strübin-Müller erbaut. Dieser war aus Liestal zugezogen und hatte von Amtsschreiber Johann Indermühle die schöne Parzelle mit prächtigem Chalet am Höheweg erwerben können. Strübins Frau, nebenbei gesagt, ist eine Tochter von Johannes Müller – Pension Müller beziehungsweise Hotel Des Alpes – und die Schwägerin der Margaritha Müller vom Hotel Belvédère.

Besagtes Chalet wurde bei der Gelegenheit abgetragen, jedoch unverzüglich hinter dem neuen Hotel in der weiten Wiese wieder aufgestellt. Dort steht es unter dem Namen «Schweizerhaus» heute noch und dient als Nebengebäude.

1861 und 62 folgten beidseitig weitere Anbauten, wodurch es dieser harmonisch gegliederte Schweizerhof auf 120 Betten brachte.
Sein luftiger Vorbau in der Mitte erinnert ein bisschen an die italienische Architektur. Und wie hübsch das gefällige Etablissement von hohen Parkbäumen umrahmt wird.

Unmittelbar nach dem Schweizerhof kommen wir zum Châlet de la Jungfrau. Es wurde 1820 als Dependance der Pension Seiler beigefügt, welche Johann Seiler-Brunner nach seinen erfolgreichen Versuchen als Gastwirt im Eckladen wohl 1807 hier am Höheweg errichten liess; als erste, wie Sie wissen! Der dreigeschossige Landgasthof erhielt in den dreissiger Jahren den Namen seines eisgeschmückten Gegenübers: Jungfrau. Und 1864 liess der Besitzer Johann Gottlieb Seiler-Sterchi nach Plänen der Architekten Davinet und Roller einen grossen Neubau erstellen – gleich werden wir ihn in seiner ganzen Pracht zu sehen bekommen.

Übrigens: Dieser Erbauer hat im Laufe der Zeit den Vornamen seines berühmten Vaters – Friedrich – angenommen und wurde allgemein auch so genannt. Das ist recht verwirrlich und führt zu Verwechslungen. Daher will ich versuchen, Ihnen diesbezüglich Klarheit zu verschaffen: Johann Gottlieb ist also der Sohn von Friedrich Seiler-Schneider, welcher ihm, dem erst Zwanzigjährigen, bereits 1846 das Gasthaus verkauft hatte. Denn er selbst war eben zum Regierungsstatthalter gewählt worden und sah überhaupt zuneh-

mend seinen Weg in anderen Aufgaben als im Gastgewerbe. Immerhin – das muss ich hier einräumen – hatte er das Hotel seit der Übernahme von seinem Vater Johann siebzehn Jahre lang erfolgreich geleitet und wichtige bauliche Erweiterungen vorgenommen. Und auch später stand er seinem Sohn mit Rat und Tat zur Seite. Sie möchten noch mehr von diesem Friedrich Seiler-Schneider wissen? Er war in der Tat eine überragende, fast geniale Figur.

Von seinem technischen Flair werden wir nochmals im Zusammenhang mit der Bödelibahn reden, deren Initiant er nämlich auch gewesen war. 1859 hatte er bereits von einer pneumatischen Bahn von Lauterbrunnen auf den Rottalsattel im Jungfraumassiv gesprochen und als einmalige Fremdenattraktion von Schlittenfahrten mit Rentier- oder Polarhundebespannung über den Aletschgletscher. Auch zu jener Zeit entwickelte er ein Alpenbahnprojekt durch das Lauterbrunner Breithorn hinüber in das Wallis. Pneumatik, ja, das war eines seiner Steckenpferde: Schon in den sechziger Jahren ahnte er deren Einsatz für Personen- und Warenaufzüge, auch für die Beförderung von Post in Röhren. Wasserkraft – er sprach immer von der bei uns im Überfluss vorhandenen Weissen Kohle – war ein zweites: In England hat er zu deren Nutzung eingehend Ebbe und Flut studiert. Und das dritte war das Perpetuum mobile, mit dem er sich zeitlebens auseinandersetzte.

Als Oberst führte Seiler das Oberländer Bataillon 1 im Sonderbundskrieg. Zwei Jahre zuvor – nebenbei bemerkt –, im Zweiten Freischarenzug, musste er als Gefangener in Sursee die rohesten Misshandlungen über sich ergehen lassen, wobei sein Schnurrbart in arge Mitleidenschaft gezogen – wörtlich!! – wurde. Dieser demütigende Vorfall hat ihm den Spitznamen «Schnuutz-Seiler» eingetragen. Von 1848 bis zu seinem Tod gehörte er als einflussreiches radikales Mitglied dem Nationalrat an, also ganze 35 Jahre! Zum besseren Verständnis wollen wir ihn deshalb von nun an «Nationalrat Seiler» nennen. – Der Vollständigkeit halber sei hier noch ein weiterer Zeitgenosse gleichen Namens erwähnt: Friedrich Seiler-Hopf, ein Neffe des eben Genannten. Dieser war Direktor bei der Parqueteriefabrik Unterseen und einst Erbauer und Besitzer der Pension Jungfraublick – nicht des Hotels! – am Fuss des Kleinen Rugens. Am letzten Tag werden Sie sie zu sehen bekommen.

Jetzt gilt unsere Aufmerksamkeit dem Hotel Jungfrau. Ein nobler Bau mit den beiden Erkern und der weiten Säulenhalle in der Mitte. Beachten Sie rechts die Seite des Châlet de la Jungfrau!

Vor einiger Zeit hat auf der Dachspitze des Hotels die amerikanische Flagge geweht: Hier ist nämlich der Ex-Präsident der Vereinigten Staaten, General Ulysses Grant, abgestiegen. Herr Seiler liess zum Empfang des grossen Staatsmannes abends eine solenne Serenade spielen. Während sich im Park die vielen amerikanischen Feriengäste versammelten, ist der General dort oben im 2. Stock, die Hände zum Gruss erhoben, auf dem mittleren Balkon erschienen. Er war sichtlich gerührt. Doch mit einem Mal wurde sein Blick aus der Ferne gefesselt: Die Jungfrau, in silbernen Mondschein getaucht und hoch über dem Oberland thronend, hat ihn mit ihrer ganzen Pracht in Bann geschlagen. Alle Illuminationen der Welt mit Feuerwerk hätten ihn nicht stärker beeindrucken können!

Ziehen wir weiter, schon guckt das Hotel Victoria hinter dem kleinen Chalet hervor, in dem sich das Lesekabinett der Witwe Vanaz befindet. Wir treten etwas auf die Höhematte hinaus.

Hier werden Sie wohnen! Eduard Ruchti erwartet Sie, und zweifellos hat er Ihnen eines der besten seiner allesamt ausgezeichneten Zimmer herrichten lassen. Vermutlich jenes im vierten Stockwerk, dort im Attikageschoss des Mitteltraktes unter dem Uhrgiebel.
Das vorgelagerte Holzhaus links? Chalet Victoria; es gehört wie sein Pendant zum Hotel.
Als wir heute vor dem Beau-Site in Unterseen standen, da erzählte ich Ihnen von den Zielen, welche sich der junge Ruchti gesteckt hatte. Zu jener Zeit gab es hier am Höheweg eine bescheidene Fremdenpension, ein etwas heruntergekommenes Biedermeierhaus, zweigeschossig mit geschlossenen Lauben und etwa 15 Fremdenzimmern. Besitzer war Peter Ober, selbst Pensionshalter im Schlössli zu Matten. An Ober war das Haus anno 49 von einem Peter Stähli gekommen.
Noch früher? – Peter Stähli hatte die Pension 1836 zur Hälfte von seinem Vater geerbt, der auch Peter hiess und sowohl ein Bruder von Johann Stähli vom Belvédère als auch ein Halbbruder von Frau Ober war, zur anderen Hälfte sechs Jahre später von seinem Stiefvater, dem Arzt Carl Aebersold, käuflich erworben. Sie trug jetzt den vielversprechenden Namen «Pension Victoria». Der junge Stähli jedoch hatte wenig Freude an der Aufgabe eines Gastwirtes. Als – wohl deshalb – die Gästezahl laufend zurückging, entschloss er sich, nach Kalifornien auszuwandern. Das war der Grund, warum die Besitzung in die Hände von Peter Ober gekommen war.
Und nochmals früher? – Man weiss, dass es um die Jahrhundertwende ein Arzthaus war und Christian Aebersold gehört hatte. Daraus wurde in den zehner Jahren ein Pensionshaus – Pension Aebersold –, die zweite Fremdenherberge am Höheweg neben der noch etwas älteren von Johann Seiler. Als Carl Aebersold, also Christians Sohn, seinen Anteil dem jungen Stähli verkauft hatte, zog er bekanntlich hinüber in das Herz von Aarmühle, wo ich Ihnen heute morgen die Tafel «Bains à Interlaken» gezeigt habe.
Übrigens interessant, dass fast an der gleichen Stelle ein halbes Jahrhundert später wieder ein Arzthaus errichtet wurde; und wieder mit Bädern und Logiermöglichkeiten für Pensionsgäste. – Nach den Ausbildungsjahren fand Eduard Ruchti sich – wie ich Ihnen erzählt

habe – in seinem Geburtshaus in Unterseen nicht mehr zurecht. Er verliess es, erhielt sein Erbgeld vorzeitig ausbezahlt und kaufte 1856 für 90 000 Franken die Pension Victoria von Peter Ober. Den Ausschlag zu diesem weitsichtigen Schritt hatte – einmal mehr – Nationalrat Seiler gegeben. Denn zu diesem stand der 26 Jahre jüngere Ruchti schon damals in einem freundschaftlich-tiefen Vertrauensverhältnis. Und Ober war froh, in Ruchti einen tüchtigen Fachmann für das Victoria gefunden zu haben.

Der Erfolg blieb nicht aus, die Gästezahl stieg rasch wieder an. Und bald schon genügte das Haus in seiner alten Form dem jungen Besitzer nicht mehr. Da zog er – abermals auf Vermittlung von Seiler – den Architekten Davinet bei. Und dieser errichtete als Bauleiter vom Herbst 64 bis zum Juli 65 das vor uns stehende Grand Hotel Victoria; Ruchtis «Siegesgöttin». Ihr marmornes Standbild – links hinter dem Stamm des Nussbaumes – ziert die Vorfahrt.

Es bietet in 180 Logierzimmern Platz für etwa 230 Gäste und verfügt über Speise- und Réunionssaal, Lesekabinett, Damen- und Rauchsalon, alle von ausgesuchter Eleganz und hohem Komfort. Und die Türmchenuhr auf dem Mitteltrakt – mit ihrem hellen Klang läutet die Glocke eine neue Zeit ein am Höheweg!

Zwei Umstände mögen die kurze Bauzeit begründen: Zum einen wurden erstmals im Bödeli italienische Bauarbeiter zur Verstärkung beigezogen. Vor allem aber zum andern: Das Gebäude beruht auf Plänen, die Davinet nach Entwürfen seines Schwagers, Architekt Studer, im Vorjahr für das Jungfraublick am Kleinen Rugen ausgearbeitet hatte. Da es für jene Bauherrschaft, die Familie von Rappard, zu grossräumig ausgefallen war, musste sie es ablehnen. Und Ruchti konnte davon nun glücklich profitieren.

Damit beschliessen wir den heutigen Tag. Ich begleite Sie noch zur Réception, um mich zu vergewissern, dass alle Vorkehren für Ihren Empfang angemessen getroffen sind. Morgen hole ich Sie zur vereinbarten Zeit in der Lounge ab.

Gute Ruhe! Und geniessen Sie die vielfältigen und einzigartigen Annehmlichkeiten, die Ihnen Herr Ruchti und seine tüchtigen und hilfsbereiten Angestellten zu bieten gewillt und ohne jede Einschränkung zu gewähren imstande sind.

# Route des zweiten Tages

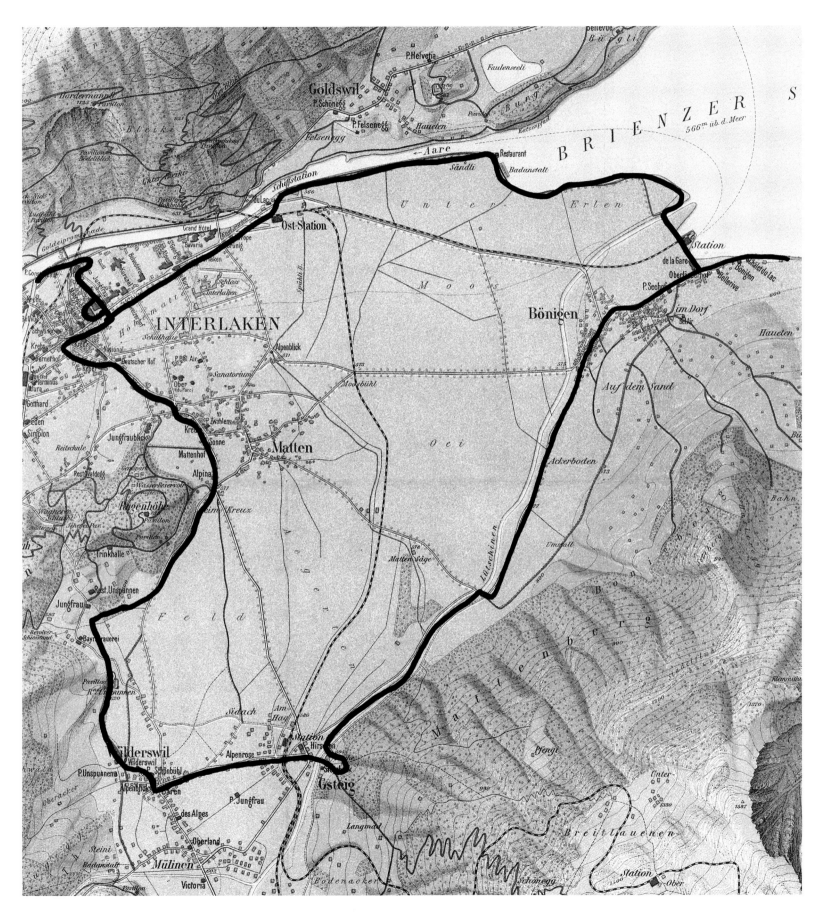

Ich begrüsse Sie, geschätzter Gast, und wünsche einen guten Tag. Aus Ihrer erwartungsvollen Munterkeit darf ich schliessen, dass Sie sich gut vom gestrigen Rundgang erholt haben. Er hat Ihnen ja wirklich einiges an Anpassung, an geistigen, aber ebenso an körperlichen Kräften abverlangt. Und offensichtlich haben Sie sich mit der aussergewöhnlichen Reiseart zurechtgefunden.
So soll es denn auch heute weitergehen.

Es fängt übrigens schon hier an, denn wir bewegen uns in einer Entwicklungsphase, welche Sie in ihrer äusseren baulichen Auswirkung erst morgen abend erleben werden.

Wenn ich Ihnen als Treffpunkt die Lounge vorgeschlagen habe, so deshalb, weil ich Sie durch einige Räume des Hauses führen und mit der Geschichte des Grand Hotels Victoria näher vertraut machen möchte.
Dieser Salon wird auch Konzerthalle genannt, denn rechts führt die Türe auf die Gartenterrassen respektive zum Musikpavillon, wo täglich zweimal Konzerte stattfinden. Zurzeit spielt ein hervorragendes ungarisches Orchester – sicher haben Sie gestern dessen Serenade genossen –, vorher war einige Jahre die acht Mann starke Kapelle Biancheri aus Monte Carlo engagiert.

Beachten Sie links die bis auf den Fussboden reichenden Tafelglasscheiben in reicher Mahagoni-Umrahmung. Sie gewähren aus dem dahinterliegenden Vestibül eine freie Durchsicht bis in den Garten. Und den Incandeszenz-Leuchter, der sich als schwach konkave Riesenrosette – ein dreifach achteckiger Stern – an die Decke schmiegt. Ein wahres Prunkstück der Bronze- und Glaskunst – aus den Ateliers von Uhlmann und Ritter in Basel.
Die 24 Milchglasbirnen durchfluten abends aus ihren von Bronzearabesken gehaltenen Glaskelchen den Raum mit einem angenehm sanften Licht.

Begeben wir uns durch die Türe hinter uns in die Halle oder – wie die meisten sagen – in die Hall.

Nein, an Platz ist da wirklich nicht gespart worden!
Wo sich früher die Wohn- und Schlafzimmer des Erdgeschosses befunden haben, wurde dieser grosszügige, von ernstem und ruhigem Reichtum geprägte Gesellschaftsraum im Stil Louis XIV. eingerichtet.
Trotz ihrer Zahl wirken die einheitlich geschaffenen Pilaster, wohl ihrer schlanken Lorbeerdekoration wegen, überhaupt nicht schwer; finden Sie nicht auch?

Der Stuck... schauen Sie: Da sind wieder die gleichen Leuchter an der Decke wie vorhin in der Lounge; sie werden von den Ketten aus Glaskristallen, aufgehängt an bronzenen Agraffen, gleichsam in der Schwebe gehalten.
Die Stuckarbeiten hat Lorenti in Bern nach eigenen Entwürfen modelliert.

Und sowohl die runden, mit Tafelglas und Seidenunterlagen versehenen Mahagonitischchen, als auch die Sessel, teils mit Rohrgeflecht, teils mit Brokatpolster, hat Zehnle & Bussinger in Basel geliefert.
Das Auffallendste jedoch ist – gerade hier in der Hall – die Anwendung moderner Glastechnik, seien es die gläsernen Scheidewände, die einen Durchblick durch die Längsachse des ganzen Gebäudes erlauben, oder seien es die riesigen Kristallspiegel von Saint Gobin, die dem ohnehin grosszügigen Raum noch einmal mehr Weite und Tiefe verleihen.
Wahrhaftig fürstliche Pracht, jedoch ohne belastenden oder überflüssigen Prunk.

Dort hinten in der Ecke? Das ist die American Bar, der «feuchte Corner», wie man ihr auch sagt. Da werden von geübter Hand mit asymmetrisch-schrägen, fast kultischen Bewegungen und erst noch buchstäblich unter Palmen all die Whiskies und Tardies und Cocktails gemixt.

Rechts neben der American Bar gehen wir nun durch die Türe...

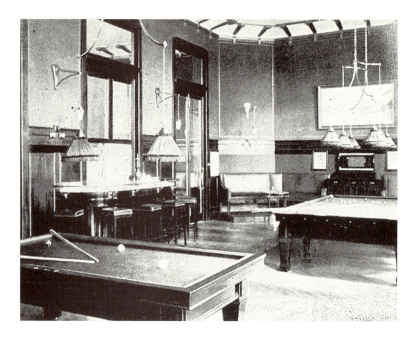

...und gelangen in das Billardzimmer.
Es strahlt mit seinen vorherrschend roten und bronzenen Farben ruhige Eleganz aus.
Das Deutsche Billard kommt von der Firma Morgenthaler & Cie, Bern und Zürich, das Englische vor uns ist ein Importstück von Burroughes & Watts in London.

Hinten links bringt uns ein Durchgang – kommen Sie – in den nächsten Spielsalon: das Skat-, Bridge- und Whistzimmer, vornehm in Dunkelblau und Gold gehalten. Auch dieses originelle Mobiliar kommt von Zehnle & Bussinger.

Jetzt überqueren wir die Mittelachse des Hauses und betreten, wieder auf der Südseite, den Damen-Salon oder Drawing-Room. Auch er imponiert durch seine kostbare Ausstattung.
Jawohl, Louis XV. Und zwar in feinster Durcharbeitung.

Wir wenden uns nach links zurück, wo man abermals die Durchsicht in die vier Treppenstufen tiefer liegende Halle und weiter in die Lounge geboten bekommt, dann nach rechts.
Besonders zu vermerken sind hier neben den von Rot und Gelb beherrschten Wänden die hervorragenden Deckenmalereien – von Chollait in Paris. Und das Ameublement, getreue Kopien historischer Möbel aus dem Rokoko, hat Schulthess in Basel hergestellt.
Die über diesen Gesellschaftsräumen liegenden Zimmer respektive Zimmerfolgen, also Suiten, – davon haben Sie sich bereits überzeugen können – entsprechen den höchsten Ansprüchen der Neuzeit, insbesondere die Nickel-, Glas- und Fayance-Einrichtungen in den Baderäumlichkeiten. Sie sind vom Haus Brunschwyler in Bern geliefert worden.

Wir folgen dem Mittelgang, den wir vorhin gekreuzt haben, durch das helle frühere Vestibül – beachten Sie unterwegs das schwungvolle Halbkreistreppenhaus sowie den von Galerien gesäumten Lichthof – und biegen darauf nach rechts in den grossen rückseitigen Anbau.

72

Zuerst werfen wir einen Blick in das Restaurant, ursprünglich als feudales Foyer des angrenzenden Saales ausgeführt. Man bezeichnet es gerne als Französisches Restaurant und hebt damit seine Vornehmheit sowohl bezüglich Ausstattung als auch seiner kulinarischen Genüsse hervor. Und ein paar Schritte weiter kommt er schon, der monumentale Speisesaal, welcher häufig ebenfalls als Ballsaal Verwendung findet. Eduard Ruchti hat, als er im Winter 81/82 diesen Anbau verwirklichte, alle Register der Architektur und der künstlerischen Möglichkeiten gezogen. Die gewaltige Wandsäulenhalle – erinnert sie nicht an römische Thermensäle? – wird von einer Folge von Deckenmulden überwölbt; schauen Sie die allegorische Ausmalung! Künstler wie Wompener, Berendsen, Kalpfell, auch Brändlin von Zürich haben sie anno 83 hingezaubert und mit dem originellen Mittel des «Trompe l'œil» durchsetzt. Mit diesem Saal hat Herr Ruchti ein Denkmal gesetzt, das ganz Interlaken mit Stolz erfüllt und dessen Pracht zeitlos ist und bleibt.
Nun wollen wir mit dem Personenaufzug zum Dach hinauffahren. Er ist anno 75 als erster im Berner Oberland installiert worden.

Hier oben bietet sich eine einzigartige Sicht nach Süden. Links vor dem Jungfraublick erkennen Sie das Hotel Deutscher Hof von Johann Borter; es heisst neuerdings auch Hotel Germania. Zuvor gab es da die Pension Rubin – seit 1835 – des Jakob Rubin, Borters Schwiegervater. Im Haus schräg davor – man sieht die Schrift gross am Dach – befindet sich Carl Lichtenbergers Photographie-Geschäft; dort sind wir ja gestern vorbeigekommen.

Rechts aussen: Der aktive Hermann Wyder hat den elterlichen Gastbetrieb nochmals erweitert und ihm jetzt den Namen Hotel National gegeben. Im Winter reist er jeweils an die Côte d'Azur, wo er auch noch «Wyders Grand Hotel Menton» besitzt.

Hinter dem Tennisplatz, welcher anno 92 auf Anregung von Eduard Ruchti angelegt worden ist, hat die Familie Wyder von nebenan im Verein mit Grossrat Friedrich Michel das Hotel Savoy, mit Kurbädern, erstellt. Es besitzt keine freie Südfassade – eine Seltenheit auf dem Bödeli – und steht Rücken an Rücken zum Deutschen Hof. – Nach der kurzen Übersicht von hoher Warte fahren wir wieder hinunter und machen uns auf den Weg.

Ruchti legt grossen Wert auf immer gepflegte und zur Sommerzeit auch mit exotischen Pflanzen bereicherte Gartenanlagen. Und wie man sieht, erfüllt Gärtnermeister Arnold Reber seine Aufgabe meisterhaft.

Beachten Sie dieses Prachtsexemplar eines Rhododendron-Baums: eine wahre Zierde der Hotelvorfahrt.

Max Känel, der nette Junge. Er ist der Sohn des Photographen Wilhelm Känel, welcher in einem Holzmagazin zwischen dem Victoria und dem Jungfrau seine Dunkelkammern und ein kleines Verkaufsgeschäft besitzt.

Um das östliche der beiden vorgelagerten Chalets biegen wir auf die Promenade ein. Vergessen Sie nicht, wie sich die Hotels hier am Höheweg gestern präsentiert haben!

Unterwegs zum Ufer des Brienzersees will ich Ihnen zeigen, was da alles im Laufe der Zeit geschehen ist. Wie die Entwicklung fortschreitet, Hand in Hand mit der jährlich weiter ansteigenden Zahl Besucher, die aus aller Herren Ländern auf das Bödeli strömen.

Vorerst jedoch – das ist mir gestern abend zu Hause bewusst gewor-

den – muss ich mich bei Ihnen entschuldigen: ich habe Sie, speziell hier am Höheweg, mit zu viel Eigennamen und Verwandtschaftsverknüpfungen überhäuft. Es geschah aus dem Bestreben heraus, die Bedeutung der familiären Zusammenhänge im Aufblühen der Interlakner Hotellerie darzulegen. Denn in ihnen dürfte eine Erklärung zu finden sein, weshalb die Kräfte zum Wohl des ganzen Kurortes zusammengelegt und nicht in sinnloser Kleinkonkurrenz verpufft werden. Heute möchte ich bei meinen Kommentaren diesbezüglich etwas zurückhaltender sein.

Wir fangen wieder beim Hotel Jungfrau an: Anfangs der achtziger Jahre – 82 – ist der linke Trakt dazugekommen, gekonnt dem ursprünglichen Bau angeglichen, welcher ja vorher nur bis zum jetzt mittleren Erker gereicht hat. Damit kam es auf 180 Zimmer mit 250 Betten. Eine beachtliche Erweiterung gegen das Victoria zu, welches – das nehme ich hier voraus, und Sie wissen es bereits von unserem gestrigen Harder-Spaziergang – seinerseits bald zum Jungfrau hin vergrössert und die einstmals klaffende Lücke bis auf einen kleinen Durchgang schliessen wird.

Nationalrat Seiler ist am 16. Januar 1883 im Alter von 75 Jahren verstorben. Und nur fünf Jahre später folgte ihm sein Sohn Johann Gottlieb – 62jährig – in den Tod. Über vierzig Jahre lang war die Entwicklung des Jungfrau von diesem bestimmt worden. Auch wenn er den Vornamen seines Vaters angenommen hatte, so stand er, was die politische Gesinnung betraf, zeitlebens in schroffem Gegensatz zu ihm: der Vater ein kämpferischer Erzliberaler, der Sohn ein besonnener Erzkonservativer. Während zwanzig Jahren hat dieser mit Eduard Ruchti die Interessen unserer Region im Grossen Rat mitvertreten. Die Reise nach Bern machten die beiden wohl oft gemeinsam, im Rathaus jedoch sassen sie weit auseinander. Denn Ruchti hatte seinen Platz im radikalen Flügel, und deshalb fühlte er sich dem Vater Seiler zeitlebens näher verbunden als seinem fast gleichaltrigen Nachbarn.

Sie erkundigen sich nochmals nach Ruchtis Personenaufzug im Victoria? Für die Einrichtung des Apparates musste ein Loch von 24 Metern in die Tiefe der Erde ausgehoben werden. In ihm wird, einem artesischen Brunnen gleich, mittels Pumpe der Wasserdruck erzeugt, mit welchem der Aufzug vom Vestibül in die Etagen gehoben wird. Selbst bei einem Versagen wäre das System gefahrlos, weil ein Heruntergehen des Apparates wegen des zu verdrängenden Wassers auf eine minime Schnelligkeit reduziert würde.

Aber jetzt wieder zum Jungfrau vor uns: Von der zahlreichen Prominenz, die da abgestiegen ist, will ich noch schnell den amerikanischen Schriftsteller Mark Twain erwähnen. Er hat am 21. August 78 bei Herrn Seiler logiert. Wenn er in seinem Tagebuch nur spöttische Worte über eine Kellnerin mit Schnurrbart, über die Schweizer Bauerntracht der Bedienung bei der Table d'hôte und über die ihm offenbar widerfahrenen unlauteren Usanzen beim Kauf von Souvenirs direkt oder via Reiseführer – das schmerzt mich ein bisschen – fand, so hielt er doch immerhin das Jungfraumassiv einer Studie in seinem Skizzenbuch für würdig. Von der er zwar – mit Sarkasmus nach wie vor – meinte, sie wäre von anderen Malern bewundert worden, ihn selbst jedoch berühre sie nicht.

Heute steht das stolze Etablissement unter der umsichtigen Leitung von Seilers Witwe Elisabeth. Die Ehe war leider kinderlos geblieben.

Wenn wir einen Augenblick verweilen und in die Zukunft gucken, so stellen wir mit Freude fest, dass, analog dem vorhin besprochenen Westflügel, 15 Jahre später auch östlich ein Trakt beigefügt wurde und das vornehme Jungfrau damit wieder seine bauliche Ausgewogenheit erhalten hat. Endgültig ist es zum Grand Hotel geworden und verfügt nun über 200 Zimmer mit 300 Betten.

Um diesen letzten Schritt jedoch vornehmen zu können, musste aus Platzgründen das Châlet de la Jungfrau weichen. Man hat es sorgfältig abgetragen und an der Alpenstrasse jenseits der Höhematte auf einem Grundstück der Witwe Seiler wieder aufgestellt.

Weiter geht es den belebten und vom munteren Klappern der Pferdehufe erfüllten Höheweg hinauf.

Achten Sie auf die Nussbäume. Es sind die grössten in der Schweiz. Ein einziger kann 40 bis 50 Klafter Holz liefern. Und die stärksten Exemplare sollen ein Alter von über 400 Jahren haben – schon die Mönche des Klosters konnten demnach unter diesen Giganten promenieren. Das vorzügliche Klima bringt sie hier zu solcher Pracht, nur hier! Sind sie nicht die schönsten aller Fruchtbäume?

Wir kommen zum Schweizerhof: um ein Stockwerk erhöht und neu mit einem schmucken Glockentürmchen über dem Mitteltrakt. Die Holzbalkone wurden durch Eisensäulen, Geländer und Steinplatten ersetzt. Und innen ist auch hier ein Personenaufzug eingebaut worden. Die Logierkraft beträgt jetzt 160 Betten.

Von Johann Strübin war das Hotel 1875 an die Söhne Hans und Eduard sowie an die Tochter Magdalena und deren Gatten Theodor Wirth, Direktor der Volksbank in Interlaken, übergegangen. Zwei Jahre darauf hat der letztgenannte gemeinsam mit seinem Schwager Jakob Betschen – ehemaligem Schiffskapitän auf dem Brienzersee und vermählt mit Mathilde – eine Privatbank gegründet, die heutige Bank J. Betschen AG. Eine weitere Strübin-Tochter, Ida, ist übrigens die Frau von Friedrich Bohren im Weissen Kreuz.

Die eigentlichen Seelen des Hauses sind Magdalena und Eduard, während sich Wirth berufsbedingt vor allem um das Finanzielle kümmert. Hans hat inzwischen das Bödeli verlassen und in La Chaux-de-Fonds eine Eisenhandlung übernommen.

Es folgen ein paar Geschäfte, dann der Eingang zum Kurhaus mit seinen Parkanlagen – schauen Sie wieder schnell hinein! Auch da sieht es heute anders aus; morgen abend werden wir uns ausreichend Zeit nehmen.

Und erneut Verkaufsmagazine... halten wir an, die wollen wir uns näher betrachten: Karl Urfer gehört die hübsche Librairie, welche den Fremden neben Büchern sonst noch allerhand bietet an Schweizer Ansichten, Postkarten, Landkarten und selbst Photographien. Er ist eigentlich Buchbinder und besitzt noch ein anderes Geschäft an der Jungfraustrasse. Hier führt er zudem eine gut frequentierte Lesestube mit Journalen aus fast allen Ländern Europas wie beispielsweise Times, Gagliani's Messenger, Journal des Débats, Indépendance belge, Neue preussische Zeitung, Kolokol, L'Europe oder Der Bund.

Nebenan gibt es bei Christian Kirschmann seltene Steine als Souvenirs zu kaufen, vorab die begehrten Bergkristalle. Dann folgen das Depot von Johann Wanzenrieds Keramischer Fabrik in Thun mit den berühmten Majolikawaren und ganz hinten noch Johannes

Grossmanns Bude für Holzschnitzereien. Es kommt zuweilen sogar vor, dass wohlhabende Ausländer zur Erinnerung an ihren Besuch in unseren Tälern ein Alphorn nach Hause schleppen; ein kleineres meist, wie jenes, das dort beim Nussbaum gezeigt wird.

Als nächstes Hotel das Belvédère: auch es um ein Geschoss erhöht, und die Aussichtsplattform auf dem Dach hat einem reichverzierten Frontispizaufbau – ähnlich jenem des Schweizerhofs – Platz gemacht. Von den heute 80 Zimmern ist die Nummer 18, die es schon im Altbau gab, besonders berühmt: es heisst Napoleon-Zimmer. Der Kaiser pflegte hier abzusteigen – warum nicht bei Seiler im Jungfrau, entzieht sich meinen Kenntnissen...

Das letzte Mal war das am 22. August des Jahres 65 der Fall, als er mit Gemahlin und Gefolge im Wagen von Luzern ankam. Eigentlich hatte er einen Ausflug nach Lauterbrunnen und Grindelwald vor, doch zog er der regnerischen Witterung wegen bereits tags darauf weiter nach Thun. Dort nahm er bei seinem Freund, Oberstleutnant Johann Jakob Knechtenhofer, im Hotel Bellevue Quartier – dem Onkel übrigens des hiesigen Des Alpes-Wirtes.

Und da kommt es auch schon, das Des Alpes. Nach dem Tod von Jakob Friedrich Knechtenhofer, dessen Ehe kinderlos war, hat es Johann Matti erworben. Zuvor war dieser Besitzer des Hotels Falken in Thun gewesen, wo er notabene auch der Initiant für einen Kursaal war; ein tüchtiger Mann!

Direkt vor uns nun das Hotel Du Nord, das vormalige Hotel Du Casino. Heute gehört es Jakob Maurer, dessen Frau Anna Elisabeth ebenfalls aus der Thuner Knechtenhofer-Familie stammt; eine Cousine des verstorbenen Des Alpes-Besitzers; und, wie Sie wissen, eine Schwester des Beaurivage-Erbauers.
Vermutlich haben die beiden sich in Thun kennengelernt, wo Maurer einige Jahre als Direktor das erwähnte Hotel Bellevue leitete. Hierauf führte er in gleicher Funktion für kurze Zeit das Des Alpes, anschliessend etliche Jahre als Pächter das Beaurivage, bis er und seine Gattin 91 dieses Gasthaus erstehen konnten. Sie haben es bedeutend vergrössert und verschönert.
Jetzt wieder auf der linken Strassenseite: das Hotel St. Georges.

Erbaut hat es der aus Oldenburg eingewanderte Photograph Carl August Lichtenberger zu Beginn der neunziger Jahre anstelle der ehemaligen Dependance vom Hotel Interlaken schräg gegenüber. Und geführt wird es vor allem von seiner Frau Elisabeth. Ein gutes deutsches Familienhotel mit 50 Zimmern, das auch schon «Reichshotel», «Hotel Fürst Bismarck und St. Georges» sowie «Reichshotel St. Georges» geheissen hat. Frau Lichtenberger plant da neben uns – ihrer Clientèle angemessen – einen Biergarten für deutsche Biere und ausserdem im Interieur ein altdeutsches Rheinweinstübchen einzurichten.
Ferner sollen östlich am Gebäude ein Turmaufbau mit Viereckkuppel angegliedert und die Mittelpartie erhöht werden.

Sehen Sie dahinter – wir sind gleich da – das hübsch verzierte Chalet? Sesti! Gestern abend habe ich es Ihnen vom Hohbühl gezeigt. Heute ist geschlossen; dafür offenbar Wäschetag. Aber wir kommen ja morgen wieder vorbei.
Sofort danach biegen wir in den Park ein...

...und werden würdevoll empfangen.

«Bavaria» heisst die Dame, die sinnbildliche Verkörperung Bayerns, welche uns hier begrüsst – hier, auf dem Bödeli! Wir haben das Grundstück der Bayrischen Brauerei betreten.

Es war Joseph Hofweber, ehemals Braumeister im Dienst des Fürsten Fürstenberg von Donaueschingen, der sich 86 bei uns niederliess, nachdem er die Aktienbrauerei Interlaken samt diesem anmutigen Restaurant und einem Felsenkeller in der Wagnerenschlucht für 800 000 Franken erworben hatte. Das Brauereiunternehmen war schon zwanzig Jahre zuvor von Christian Indermühle, dem damaligen Besitzer des nahen Hotels Interlaken, gegründet und später von seinen Söhnen Karl und Albert übernommen worden. Mälzerei und Brauerei befinden sich in den Gebäuden hinter dem Restaurant beziehungsweise der Brasserie, welche gegenwärtig von einem zugewanderten Deutschen namens Christian Heinrich Schuh geführt wird. – Sehen Sie dort oben im Brückwald die Plattform von Hohbühl? Der Pavillon steht etwas links in den Bäumen. Kommen Sie mit in die Vorhalle!

Hofweber hat sich auf die Herstellung von dunklem Bier eingestellt. Das helle wird von seinem Konkurrenten Horn gebraut, auf dessen Lagerbierkeller ich Sie gestern vom Lustbühl aus aufmerksam gemacht habe.

Aus der einstigen Brasserie Indermühle, die über elegant eingerichtete Wirtschaftslokalitäten verfügte und für feine Restauration speziell in der ersten Etage berühmt war, wurde – notabene nach Bauplänen, die Herr Hofweber selbst angefertigt hatte – das Hotel Bavaria und Bayrischer Hof mit 65 Fremdenzimmern. Verständlicherweise suchen es vornehmlich deutsche Gäste auf, die hier gewissermassen ein Stück Heimat antreffen.
Die Brauerei war kurz vor dem Hotelneubau in den Rugen verlegt worden.

Sind das nicht einzigartige Gartenanlagen? Und welch reicher Baumbestand! Ein traumhafter Park, dessen Ruhe nur vom melodisch plätschernden Springbrunnen angenehm durchdrungen wird.

Wollen wir uns zu den Gästen setzen und auch ein Bier – ein dunkles! – genehmigen?
Angesichts der frühen Morgenstunde und des langen Weges vor uns ziehen wir doch lieber weiter. Durch den Park kehren wir auf den Höheweg zurück, wo wir uns nach links wenden. Können Sie die Bavaria erkennen, hinter welcher der Turm der Schlosskirche aus den Bäumen ragt?

Noch einmal das Grand Hotel Beaurivage, wie wir es gestern abend von Osten her betrachtet haben.
Anno 95 kam es in den Besitz der angesehenen Luzerner Hoteliersfamilie Döpfner. Und vier Jahre darauf wurde es durch einen Brand bis auf den Grund eingeäschert.
Der heutige Eigentümer Albert Döpfner-Bosshard verlor jedoch den Mut nicht.

Machen wir noch ein paar Schritte vorwärts!

Durch Architekt Bernhardt Hauser – Villa Tourelle, gestern! – liess er diesen schöngegliederten neuen Bau aufstellen.
Er ist seinem Vorgänger französischer Neurenaissance-Prägung nicht unähnlich, jedoch mit um ein Attikageschoss erhöhtem Mittelrisalit, auf welchem die Schweizerfahne fröhlich flattert, und mit anderem Helm auf dem Eckturm.

Versetzt gegenüber, an der Avenue zur Brienzerseestation, sind in jüngster Zeit die modernen, mit allem Komfort ausgestatteten Fremdenetablissemente Hotel Brünig von Christian Hansen beziehungsweise Hôtel de l'Europe von Alfred Ritschard, etwas weiter hinten, imposant emporgewachsen.

Das Europe bietet 30 Zimmer an, das Brünig deren 65, und beide profitieren lebhaft vom Aufschwung des Fremdenverkehrs auch in diesem Quartier.

Genau vis à vis dem Hotel Brünig – es trägt, das liegt auf der Hand, seinen Namen nicht zufällig – führt hinter dem Grand Hotel Beaurivage vorbei die Brücke auf die Brienzstrasse hinüber.
Wir biegen dort ebenfalls ab – ein Omnibus nach dem andern klappert vom Bahnhof daher, da muss soeben ein Zug oder ein Schiff angekommen sein – und begeben uns aber nur bis zum Ufer, wo wir flussaufwärts schauen wollen.

Da haben Sie nun die obere Eisenbahnbrücke, über welche die Bahn von ihrem Abstecher in die Goldey auf das linke Aareufer zurückkehrt.

Und dahinter erhebt sich das gut gelungene neue Du Lac.
Gestern auf dem Weg vom Hohbühl habe ich Ihnen das Hotel bereits gezeigt; es war gerade im Bau.

Schräg davor, nur eine Ecke sieht man neben den Bäumen, steht das alte Zollhaus, zu welchem – jetzt sollen Sie erfahren, was für ein Anblick sich hier früher präsentiert hat – ...

...die Zollbrücke, dieses gedeckte Holzbauwerk von 64 Metern Länge, den Fluss überspannt.

Sie ist die dritte und letzte Aareüberquerung im ganzen Bödeli nach den Weissenaubrücken, welche wir von der Heimwehfluh aus in der Ferne erspäht haben, und der Schaalbrücke beziehungsweise der Höhebrücke, die Unterseen mit Aarmühle verbinden.

Und diese drei Übergänge hat es wohl immer gegeben, seit Menschen vom Unterland über den Brünig oder über die Grimsel gereist sind; spätestens jedenfalls zur römischen Zeit. Die mächtige Zollbrücke wurde um 1685 herum vom Melker Gehren gezimmert, einem Werkmeister aus dem Oberhasli. Zweifellos muss er eine Kapazität seiner Zeit gewesen sein, denn wenig später wurde er von der Stadt Schaffhausen ebenfalls mit dem Bau einer Holzbrücke über den Rhein beauftragt.

1835 hatte sie einmal Feuer gefangen, das jedoch dank raschem Handeln rechtzeitig gelöscht werden konnte. Dann, am 23. Juli 70, kam ihr Ende. Sie wurde auf Abbruch versteigert, und Käufer war – zum Preis von 2270 Franken – Zimmermeister Peter Bühler von Matten. Ja, gestern war kurz von ihm die Rede.
Und Bühler ging unverzüglich an die Arbeit. Schauen Sie sich das an.
Deutlich ist noch das Widerlager beim Zollhaus erkennbar. Nur vier Jahre hat es gedauert, bis die Eisenbahnbrücke – wie wir soeben gesehen haben – ungefähr an jener Stelle, jedoch aus einleuchtendem Grund viel schräger zum Fluss angelegt wurde.

Im Hintergrund ragt der Goldswilhubel empor, auf dessen Kuppe Sie eine turmartige Ruine ausmachen können. Morgen führe ich Sie dorthin.

Die Dampfschiffe? Links die *Brienz* und rechts der Raddampfer *Giessbach III* an den Uferpfählen beim Hotel Du Lac. Dort ist unser nächstes Ziel.

Wie herrlich erfrischend ist es, unter diesen Alleebaumpatriarchen einherzuschlendern. Nicht nur Fremden begegnet man im Englischen Garten, für die er eigentlich geschaffen wurde, auch Einheimische pflegen ihn gerne aufzusuchen und da zu flanieren.

Das zu Recht gerühmte Hotel Du Lac geht – wie so viele andere auch – auf eine frühe Pension zurück. Sie ist im Jahre 43 von den Brüdern Johann und Kaspar Michel von Brienz an gleicher Stelle neben der heutigen Dampfschiffstation erbaut worden. Es war das Jahr, da das Dampfboot *Bellevue* der Herren Knechtenhofer von Thun – jetzt unter dem Namen *Faulhorn* – zum Ärger des Brienzer Hoteliers und Weinhändlers Major David Gottlieb Matti auf diesen See versetzt wurde. Und vielleicht hat gerade auch das die Brüder Michel zum Bau ihres kleinen Gasthauses angespornt.

Mattis Ärger? Nun, er hatte schon vier Jahre lang ein eigenes Schiff, die *Giessbach*, in Betrieb und wusste genau, dass zwei damals zuviel waren. Und postwendend versetzte er im Gegenzug seinen Raddampfer auf den Thunersee, wo er unter dem Namen *Schiff Matti* den Dienst aufnahm.

Das inzwischen so stattlich ausgebaute und ab 61 von Johann Michel allein weitergeführte Hôtel et Pension du Lac geriet in der Folge in Schwierigkeiten. Anno 88 wurde es von Peter und Anna Hofmann-Gyger käuflich erworben. Die neuen Wirtsleute – sie kamen vom renommierten Hotel Beatus in Merligen – gaben dem Du Lac wieder Aufschwung. Links vor dem Vestibül steht Peter Hofmann, 45jährig. Und nur noch vier Jahre sind ihm geschenkt.
Zwei Jahre nach seinem Tod musste Anna diesen grosszügigen Um- und Ausbau allein an die Hand nehmen und darf – da pflichten Sie mir, wenn Sie vergleichen, sicher bei – stolz darauf sein. Zweifellos hatte zu Hofmanns erfolgreicher Hotelführung auch die günstige Entwicklung des Bahnverkehrs beigetragen, welche das östliche Gebiet von Interlaken zunehmend belebte.

Folgen wir weiter dem Ufer.

Und schenken Sie im Vorbeigehen den beiden vertäuten Raddampfern, der *Brienz* hier und 100 Meter weiter vorne der *Interlaken,* Ihre Aufmerksamkeit. Dann streben wir auf dem Reckweg dem See zu, die Betriebsamkeit des Höheweges – wie wohltuend! – für einige Zeit hinter uns zurücklassend.

Solche stämmige Böcke – es gibt deren etwa 15 auf den beiden Seen – besorgen den gewerbsmässigen privaten Gütertransport. Sie werden von zwei bis vier Mann bedient und verfügen über eine Tragfähigkeit von 10 bis 30 Tonnen.

Der Bock hat soeben Baumaterial, Kies oder Sand von der Mündung der Lütschine nach Interlaken gebracht und wird, bis der Wind genügend stark in das Segel bläst, die Aare hinauf gereckt, wie man sagt. Zwei Männer schleppen ihn an langen Seilen, während der dritte mit einer Stange den schweren Kahn vom Ufer wegstösst. Rechts? Das Brennholzlager für die Feuerung der Dampfschiffe. Bald erreichen wir jene Landspitze, jene Zunge, welche von der Lütschine in den Brienzersee hinausgelagert wurde und solcherart in der Frühzeit den Abfluss des Sees an die Harderflanke drängte.

Sie heisst Sändli, und in ihrer vordersten Ecke steht dieses kleine Café-Restaurant «Zum Seebad», zuvorkommend geführt von Robert Milliet. Es ist ein beliebtes Ausflugsziel, nicht minder begehrt daneben der Badeplatz für die Jungen.
Der Spazierweg begleitet nun das Seeufer und bringt uns zum Rothornblick, jener vorspringenden Stelle, vor welcher soeben ein anderer Bock vom Land abstösst.

Rothornblick! Nicht nur geniesst man von hier eine prächtige Rundsicht auf die Berge und zum Brienzer Rothorn im speziellen, sondern als brauner Streifen lässt sich auch bereits der Einfluss der Lütschine feststellen. Widerspenstig tanzend zuerst, dann aufgewühlt grollend verschmelzen sich schliesslich ihre Fluten mit dem weiten Gewässer.
Es kann vorkommen, dass sich auf dem Delta neben Sanddorn und kleinen Weiden auch hübsche Alpenpflanzen finden, deren Samen der Fluss aus den fernen Tälern herangeschwemmt und mit Erfolg ausgesät hat.

Hier also beendet er seine kurze, aber wirkungsvolle Reise, der Fluss, der das Bödeli miterschaffen hat, jener meist friedfertige, gelegentlich aber wilde Geselle, der alles mit sich fortträgt, was er erfassen und von den Ufern losreissen kann. Felsstücke, welche er zu Kieseln rollt, Holz, das sich zu nahe an die Böschung gewagt hat, Erde und Schutt von links und von rechts, und Sand, Sand, Sand...

Man schätzt, dass der Bergbach jährlich über 100 000 Kubikmeter Geschiebe in den See führt. Und hier holen die Schiffersleute in mühevoller Arbeit das Material, mit dem in Interlaken gebaut wird. Ihren Anfang nimmt die Lütschine in zwei rechtwinklig zueinanderstehenden Tälern, und erst in Zweilütschinen vereinen sich die beiden verschiedenfarbigen Alpenschwestern. Am Mettenberg hinten im Grindelwaldtal – er besteht ganz aus dunklem Schieferstein – beginnt die Schwarze Lütschine ihren Lauf. Die Weisse fliesst über einen hellen Marmor und kommt aus dem Lauterbrunnental. Übermorgen!
Gleich biegen wir in die Bucht ein.

Es ist ein liebliches Dorf, dieses Bönigen! Eine vorzügliche Lage, gepflegte Gasthöfe, reichverzierte Wohnhäuser, Obstgärten und ein sprichwörtlich mildes Klima zeichnen es aus. Und von da stammt – wie Sie wissen – der erste Hotelier in Interlaken, Johann Seiler.
Seit man die Bödelibahn bis hierher verlängert hat, ist Bönigen auch zunehmend von den Fremden entdeckt worden.
Vor uns auf der Seematte haben wir das nach dem Bahnbau aus einem bescheidenen Café Mühlemann grosszügig ausgebaute Hotel De la Gare der Schwestern Elisabeth und Anna Seiler.
Und am Ende dieses Wegstückes kommen wir zum Hotel Bellerive, hervorgegangen aus der Pension Vogel von Fritz Wiedmer. Der Erbauer Friedrich Vogel war aus Bern zugezogen, wo er zuvor den Schweizerhof geführt hatte. – Links – dorthin wollen wir uns nun wenden – liegt das Hotel Bönigen. Es wird heute von David Friedrich Elmer geführt, einem geborenen Glarner. Sein Schwiegervater Christian Seiler, von welchem er es übernehmen konnte, gehört zu einem anderen prominenten Familienzweig, den sogenannten Chappeller-Seiler im Unterschied zu den Schnuutz-Seiler.

Noch geht es ein kurzes Stück weiter auf der Uferstrasse. Vorbei am Chalet Du Lac von Peter Mühlemann gelangen wir zur Pension Schlössli auf der Züglimatte. Sie war anno 73 von Peter Paul Ober, dem 34jährigen ledigen Sohn von Peter Ober – Victoria! –, als Wohnhaus erbaut worden. Doch blieb ihm nur noch ein Jahr, den gediegenen Herrschaftssitz zu geniessen, bis auch er, fünf Jahre nach seinem Vater, vom Tod ereilt wurde.

Unmittelbar daneben befindet sich die anno 57 erstellte Pension «Zur frohen Ausfahrt», das frühere Ländtehaus. Denn die Landestelle der Dampfschiffe befand sich bis zur Eröffnung der Bödelibahn hier draussen, wo das Anlegemanöver, gerade bei hohem Wellengang, offensichtlich problemloser vor sich ging als in der Bucht. Aber eben, sie musste möglichst nahe am Bahnhof liegen, und deshalb erfolgte der Bau der neuen Hafenanlage auch zu Lasten der Bödelibahn-Gesellschaft. Übrigens – promenieren wir langsam wieder zurück –, wenn der Seestand tief und das Wasser klar ist, vermag man hier unter, bisweilen sogar über dem Wasserspiegel die Stummel der ehemaligen Ländtepfähle zu erkennen.

Diesem Hotel haben wir vorhin noch keine Beachtung geschenkt: dem Oberländer-Hof. Die Wirtschaft ist mit interessanten Holzschnitzereien verziert, und im hinteren Teil wurde jüngst ein grosser Saal angebaut, dem man die Bezeichnung «Bayrische Bierhalle» gab, denn das Etablissement war nach bewegten und schwierigen Jahren in den Besitz der Aktienbrauerei Interlaken gekommen.

Mit den Gondeln in der Seebucht lassen sich die Hotelgäste gerne gegen bescheidene Entschädigung zu einer Spazierfahrt ausführen; das Dampfboot – die *Meteor* – ist etwas teurer.
Wir folgen dem Weg geradeaus am Oberländer-Hof vorbei durch das eigentliche Dorf.

Werfen Sie zuvor noch rasch einen Blick über die Bahnhofstrasse – ja, so heisst sie – zur Station.
Den kleinen Schienenwagen, sehen Sie ihn? Auf ihm wird das Gepäck der Reisenden, welche auf das Dampfschiff umsteigen, bequem zum Ländtehäuschen befördert.

Vor uns erscheint das Schulhaus mit seinem von weither sichtbaren Uhrtürmchen, weiter hinten, jedoch links – gross angeschrieben – Bönigens Post-Bureau. Gleich danach schwenken wir ein paar Schritte in das Postgässchen ein und drehen uns um: das interessante alte Bützenhaus mit dem pittoresken Schwardach. Darüber gucken Dach und Turm des Schulhauses hervor.

In vielen der mit farbenfreudigen Malereien sowie Holzornamenten und -figuren verzierten Häusern sind Schnitzer an der Arbeit. Neben dem Gastgewerbe ist dieses Kunsthandwerk die wichtigste Einnahmequelle der Dorfbewohner.

Weiter auf der Hauptstrasse. Rechterhand – halten Sie an! Jener typische breite Böniger Blockbau – von 1757 – ist wichtig: Der erste Gastwirt überhaupt im Dorf war Hauptmann Christian Michel, welcher in seinem Vaterhaus – und das haben wir jetzt vor uns – 1797 einen Gastbetrieb mit Molkenkuren einrichtete, der zu grossen Ehren kam. Er trug den Namen Hirschen, noch heute erinnert daran das inzwischen ausgebleichte Geweih an der Fassade.

Michel hatte sein Konzessionsgesuch mit «zum Wohle der Kirchgänger von Iseltwald» begründet, welche nach Gsteig zum Gottesdienst mussten. Bei ihm – wir werden später wieder von ihm reden – hielten sich viele Nobilitäten aus dem In- und Ausland auf, so zum Beispiel König Friedrich von Württemberg und dessen Bruder, Herzog Eugen, mit Gefolge, als diese das Alphirtenfest von Unspunnen besuchten. Berühmt wurde Michels gebratener Käse auf frischem Semmelbrot, mit Lindenblütenhonig überstrichen. Dazu gab es jeweils Kirschwasser zu kosten.

Hauptmann Michel hat 1829 – das vergass ich vorhin in der Bucht zu erwähnen – das Hotel Bönigen für seinen Sohn Peter erbauen lassen und der Zeit gemäss auch dort Molken angeboten. Erst später ging es an die Chappeller-Seiler und dann an Elmer über.

Betrachten Sie den prächtigen Brunnen! Er wurde in der Nähe von Gsteigwiler gehauen.

An dieser Verzweigung trennen sich die Wege nach Matten und nach Wilderswil; wir nehmen den letzteren.

Das ist die zahme Lütschine, wie sie jedermann gerne hat, friedlich und fleissig – denken Sie an ihre geschiebereiche Ausmündung am See –, und in ihrem Wasser tummeln sich fröhlich die besten Forellen in grosser Zahl.

Dort oben gelangen wir über die Eybrücke an das andere Ufer, wo der Weg weiter den Fluss begleitet.

In jener Gegend des Eywaldes trennt sich ein kleiner Wasserlauf von der Lütschine und durchfliesst in nordwestlicher Richtung die Ebene, später erreicht er in zwei Armen die Aare.
Er wurde einst von den Mönchen durch einen künstlichen Kanal abgeleitet. Der östliche Arm betrieb lange Zeit eine Öle, die sogenannte Mattenöle, und ergoss sich unweit vom Hotel Du Lac in die Aare. Der westliche durchfloss das Klostergelände. Dort speiste er zum einen die Badstuben und trieb kleinere Radwerke an, diente zum andern aber auch zu Löschzwecken und letztlich zum Wegspülen von Unrat. Deshalb trägt er den Namen Spülebach.

Der Volksmund hat für ihn ausserdem eine sehr unfeine, vulgäre Bezeichnung, die... übrigens: Auch nach der Aufhebung des Klosters haben die Badstuben weiterbestanden, waren öffentlich zugänglich und wurden vom Wirt des nahegelegenen Landhauses, des heutigen Hotels Interlaken, gegen Entgelt gewartet und betreut.

Rechts hinter dem Eywäldchen – interessiert Sie Golf? – wollen wir den Golfplatz besuchen.

Er wurde vor kurzem als weitere Annehmlichkeit für die Hotelgäste des Bödelis angelegt und erfreut sich in der Tat grosser Beliebtheit; auch bei einigen Einheimischen.

Die Freunde dieses alten schottischen Königsspiels erhielten auf dem gut ausgeebneten Platz von 18 Holes und einer Gesamtspiellänge von 6,3 Kilometern mit 72 Pars natürlich auch ihr Klubhaus: Ankleidezimmer für Damen und Herren, ein Versammlungssowie ein Teelokal mit Veranda.

Und das ist die wilde Lütschine, entfesselt und unbändig, wie sie jedermann fürchtet. In dieser Verfassung kann sie unsägliches Unheil anrichten. Sie hat wiederholt Wiesen und Äcker überspült, auch ein Dorf: Flinsau unterhalb Gsteigwiler wurde von ihr angeblich zugedeckt und vernichtet.

Es ist wohl eine Legende, die Mönche hätten den Fluss an den Fuss des Mattenbergs gezwungen. Aber seit Menschengedenken ist man bemüht, ihn in seine Schale zu bannen. Es werden keine Opfer gescheut, durch Baumeister Friedrich Balmer – hinten auf dem Wagen, mit Hut – und seine Gesellen riesige, tonnenschwere Steinquader vom Tschingelwäldli unterhalb der Rotenfluh auf der Achse heranschleppen und in der Ufermauer verankern zu lassen.

Gegenüber haben wir jetzt die Kirche Gsteig. Pfarrhaus und Gotteshaus stehen hart am Wasser. Der winzige Pfarrort ist zugleich die grösste Kirchgemeinde des Kantons, nach welcher zehn Einwohnergemeinden kirchgenössig sind – Bönigen, Iseltwald, Wilderswil, Gsteigwiler, Gündlischwand, Lütschental, Isenfluh, Saxeten, Matten... ja, und natürlich Interlaken. Gehen wir hin.

Vor dieser 1738 erbauten Holzbrücke hat ein steinerner Schwibbogen das Wasser überspannt. Weil man also immer über einen Steg zum Gotteshaus hat aufsteigen müssen, wurde der Ort in den Urkunden des Bistums Lausanne Stega oder Steiga genannt. Daher der Name Gsteig. Bemerkenswert ist der Friedhof – kommen Sie! Hier ruhen, gebettet auf dem schrägen Kissen des Berges und gewissermassen im Tod eine herrliche Gegend überschauend, neben Einheimischen aller Schichten, Berühmte aller Länder. Der aus Ostermundigen stammende und als griechischer General gestorbene Emanuel Hahn zum Beispiel, der heldenhafte Sieger von Nauplia. Auch Peter Ober und Nationalrat Seiler haben da ihren Frieden gefunden. Oder Doktor Hans Jakob Guggenbühl, der menschenfreundliche Gründer einer Kretinenanstalt auf dem Abendberg. – Einfache, drahtgeflochtene Kreuze, behauene Holzblöcke, Obelisken, Bronzestatuen, marmorne Grabmäler…ebenso eigenartig alles wie wohl auch einzigartig.

Bald wird es an Platz mangeln; das Wohnhaus muss demnächst verschwinden. Jetzt wenden wir unseren Blick der Talebene zu.

Hinter dem Geleise erkennt man zwei hohe, helle Häuser: Das linke ist das Hotel De la Gare und gehört dem Baumeister Balmer; geführt wird es von dessen Frau Rosalie. Dort vorne bringt uns die lange, von Häusern gesäumte Kirchgasse zum Dorfzentrum links hinten, wo sich eng beieinanderliegende Dächer ducken. Danach erklimmen wir den Hügel mit dem Hotel Schönbühl – dunkle Veranda! – und spazieren weiter auf gleicher Höhe über das Feld: Schlosshotel, im Bau, markant, dann Ruine Unspunnen, und zum weiss leuchtenden, zweiteiligen Waldhotel rechts aussen.

Der Bahnhof Wilderswil-Gsteig, jawohl. Hier nehmen wir übermorgen den Dampfzug zur Schynigen Platte.

Im Abstieg wollen wir vor der Brücke einen Blick zum Gasthof zum Steinbock werfen. Er stammt, wie sein Name verrät, aus der Klosterzeit und wurde 1795 von Hauptmann Michel aus Bönigen erworben. Auf die Rückseite des Schildes setzte er gleich das Michelwappen. Da er auch den Bären in Zweilütschinen besass und Miteigentümer des Gasthauses Tracht in Brienz wurde, darf er als der erste Grossrestaurateur im Oberland angesehen werden.

Wir haben die Talebene auf der Kirchgasse – ihr Name hat sich aus einleuchtenden Gründen eingebürgert – durchquert und nähern uns jetzt dem Kern des Dorfes.

Beachten Sie die schönen Brunnentröge, für die Wilderswil bekannt ist. An ihnen besorgen die Anwohnerinnen ihre Wäsche sowie sehr oft lebhaften Austausch von Neuigkeiten; man kann dem auch Dorfklatsch sagen.

Der Name Wilderswil und Felix Mendelssohn-Bartholdy sind nicht mehr voneinander zu trennen: Des Komponisten jüngste Tochter Fanny Henriette Elisabeth, genannt Lili, hatte mit ihrem Gatten, dem Rechtsgelehrten Professor Adolf Wach aus Leipzig, wiederholt auf dem Schönbühl ihre Sommerferien verbracht. Die Gegend gefiel den beiden und ihren Kindern derart, dass der Professor eines Tages im Ried, einer Waldlichtung oberhalb des Dorfes am Weg nach Saxeten, ein Grundstück ersteigern liess.

Nach hundert Schritten erreichen wir den Bärenplatz, von welchem rechts die Staldenstrasse nach Interlaken, links die Lehngasse in das Lütschinental abzweigen.

Hinter dem Brunnen liegt das wunderschöne Doppelwohnhaus der Wirtefamilie Zurschmiede vom gegenüberliegenden Bären.
Jene runde Scheibe an der Fassade? Eine auf das alte Holz gemalte Sonnenuhr.
Etwas oberhalb des Dorfes fliesst aus dem Saxetental der wilde Bergbach gleichen Namens. Er hat den Boden hergetragen, auf dem Wilderswil angelegt wurde. Und diesem Saxetenbach ist auch das Verschwinden eines beachtlichen Dorfes namens Grenchen anzulasten, welches an seinem rechten Ufer gegenüber der Mühle gelegen hatte. Es wurde von ihm im 16. Jahrhundert überflutet und, wie Flinsau und Wyden, ebenfalls für alle Zeiten zugedeckt.

Tief hinten im Tal, im Nesslerengebiet am Fusse der Schwalmeren, haben weitsichtige Interlakner auf Betreiben und unter der Führung von Peter Ober im Jahre 1869 Quellen erworben. Das reichliche, gesunde Wasser gelangt durch Steingutröhren – bis 30 Zentimeter Durchmesser! – talwärts zuerst in die Kammeriboden-Brunnstube ob Wilderswil. Von dort wird es in gegossenen Röhren weiter zu einem Reservoir von 1150 Kubikmetern Inhalt am Kleinen Rugen geleitet. Seit 1870 also beziehen Interlaken und seine Umgebung, bis zu jener Zeit nur durch Sodwasser versehen, ihr Trink-, Dienst- und Luxuswasser aus dem Saxetental.
Sechs Jahre danach schloss sich die Wasserversorgungs-Gesellschaft mit der noch um drei Jahre älteren Gasbeleuchtungs-Gesellschaft zur «Gas- und Wasserversorgungsgesellschaft Interlaken» zusammen. Und in der Verwaltung sassen aktive Männer, deren Namen Ihnen mittlerweile vertraut sind: Eduard Ruchti, Friedrich – also eigentlich Johann Gottlieb – Seiler-Sterchi, Jakob Friedrich Knechtenhofer, Amtsschreiber Heinrich Wyder, Johann Borter vom Deutschen Hof und als Präsident Fürsprecher Friedrich Michel – der Vater natürlich –, um nur einige zu nennen.
Schauen Sie rechts oben über dem Schwardach der Dorfschmiede von Friedrich Mosimann: das Hotel Schönbühl der Familie Aemmer. Es besitzt eine weite Aussichtsterrasse. Dort hinauf wollen wir uns nachher begeben.
Vorerst jedoch wenden wir uns nach links zum Gasthaus Bären, das diesem Platz den Namen gegeben hat.

Schon 1698 war hier eine Wirtschaft mit Herberge, die einem Hans Balmer – ein verbreitetes Wilderswiler Geschlecht – gehörte. Längst ist aus ihr ein Gasthof und in jüngster Zeit dieses stattliche Hotel geworden. Seit den sechziger Jahren befindet sich der Bären im Besitz von Christian und Magdalena Zurschmiede-Sterchi, die ihn weitherum zu Ansehen gebracht haben. Durch bauliche Erweiterungen und Errichtung von Dependenzen ist er zu einer Logierkraft von hundert Gästen gekommen.

Der Bären hat viel dazu beigetragen, dass sich Wilderswil ebenfalls zu einem Kurort aufzuschwingen vermochte.

Nun geht es geradeaus weiter, und bei Anna Steiners Alpenblick – ebenfalls ein gutes Hotel, und seine exquisite Küche wird weitherum gerühmt – steigen wir zum Schönbühl hinauf.

Wenden Sie sich bitte noch einmal um: Auch dieser dreiwannige Doppelbrunnen wurde in dem kleinen Steinbruch hinter Gsteigwiler gehauen. – Praktisch, nicht wahr? Was an ihm von den Frauen gewaschen wird, kommt gleich zum Trocknen an die über den Platz gespannten Wäscheleinen.

Mendelssohns Tochter... wo sind wir steckengeblieben? Richtig! Der Wirt des Hotels Schönbühl, wo wir gleich ankommen, hat für Professor Wach im Ried oben ein Grundstück ersteigert, auf welchem dieser anno 81 ein Wohnhaus, später noch ein zweites, erbauen liess.

Der Rechtsgelehrte hat in der Folge den kostbaren Nachlass seines Schwiegervaters geordnet und betreut und hier – ja, hier in Wilderswil! – ein umfangreiches Familienarchiv angelegt.

Die Nachwelt wird der Familie Wach ewig dankbar sein. Und der Name Wilderswil ist dadurch in alle Welt getragen worden.

Wir sind angelangt und können von erhabener Warte aus unsere Augen über den weiten Talboden schweifen lassen.

Auch diese Gegend ist bekannt für ihren reichen Bestand an Fruchtbäumen.

Rechts unter uns haben wir wieder die Staldenstrasse, die sich weiter vorne gabelt. Die eine Fortsetzung führt an den Fuss des Kleinen Rugens und über Matten nach Interlaken, die andere unter der Feste Unspunnen vorüber und durch die Wagnerenschlucht.

Wir bummeln querfeldein und wollen uns auf unserem weiteren Weg vorerst an die Flanke des Tals halten. Beachten Sie deren merkwürdige, leicht abgestufte Kante. Sie bildete vermutlich das Ufer des gestern genannten Wendelsees, welcher einst nicht nur das ganze Bödeli bedeckt, sondern sich natürlich auch bis in die Täler ausgebreitet hatte.

Der Kleine Rugen muss sich damals nur als Buckelinsel aus den Fluten erhoben haben.

Längs des Abhanges ziehen wir bis zur Ruine Unspunnen und steigen dort in den Talgrund hinab, um vor dem Rugenhügel vorbei nach Matten zu gelangen.

Nicht weit von hier will ich Ihnen einen bemerkenswerten Wohnsitz zeigen; brechen wir auf.

Das prächtig gelegene Landgut heisst Villa Unspunnen. Ihr Erbauer ist kein Geringerer als Charles Edouard Boutibonne. Der in Pest geborene Künstler hat sich im Alter von 69 Jahren dieses Heim bauen lassen, nachdem er, insbesondere in Frankreich, zu grossem Ruhm gelangt war. Er galt als hervorragender Maler von Genrebildern und Porträts aus aristokratischem Milieu, und selbst die Königin von England und Kaiser Napoleon III. haben ihm Modell gesessen. Eines seiner Werke, «Les deux favoris», hängt im Kunstmuseum Bern. Hier in Wilderswil – es blieben ihm noch zwölf Jahre, bis sein Leben verlosch – hat er sich namentlich der Pastellmalerei gewidmet. Heute wird die Villa von seiner Witwe, einer vornehmen Pariserin, und den drei Töchtern bewohnt; sowie – offensichtlich – von gefiederten Haustieren.

Wir gelangen zum nahegelegenen Schlosshotel von Charles Schwyter, das – wie von Gsteig aus konstatiert – eben erst fertiggestellt worden ist. Welche Sicht bietet sich seinen Gästen!
Überhaupt die Lage: An diesem Sonnenhang, überliefern die Urkunden, befanden sich einst die Weingärten der Burg Unspunnen. Wer die Feste vor uns erbaut hat – im 12. Jahrhundert, nimmt man an –, ist ungewiss. Die einen Forscher meinen, es seien die Herren von Rotenfluh, weil deren Sitz hinter Wilderswil, einem Felsennest ähnlich als Balmburg errichtet, strategisch eher ungünstig lag. Die anderen vertreten die Auffassung, die Edlen von Thun seien es gewesen.

Verschiedene Sagen, teils fürchterlich grausame, haben sich im Laufe der Zeit um dieses geschichtliche Gemäuer gerankt. Die Burg war – das jedenfalls ist bekannt – noch um 1500 bewohnt, als sie nach mehreren Besitzerwechseln an den Staat Bern kam. In der Folge haben sich bei ihr die Bauern der Gegend recht grosszügig bedient, und zwar holten sie sich Steinblöcke für den Bau der Grundmauern ihrer Häuser. Neue Beachtung fand die Ruine zu Beginn des Jahrhunderts, als an ihrem Fuss Alphirtenfeste abgehalten wurden, auf die wir am letzten Tag Ihres Besuchs noch näher eintreten werden. Folgen wir dem schmalen Fusspfad – Vorsicht beim Kreuzen mit den anderen Spaziergängern; der Hang ist steil!

Die geplünderte und verwitterte Feste, von der noch der hohe, aber abgebrochene viereckige Turm und rechts ein angebautes rundes Eckürmchen erhalten sind, wurde im Laufe der Zeit derart von Sträuchern und sogar Nadelbäumen bewachsen, dass man sie von weitem kaum mehr zu erkennen vermag. Wer sie jedoch besucht – und für solche Spaziergänger hat man knapp darunter einen hübschen Aussichtspavillon errichtet – freut sich über das einzigartige Panorama, welches vom Eingang des Lütschinentals über die Ebene bis zu den Gestaden des Brienzersees reicht.

Achten Sie sich: Hart am vorgelagerten Gemäuer gewahrt man im Hintergrund – an der Südflanke des Rugens – eine blendend weisse, turmgeschmückte Villa im Wald. Das ist die Villa Rappard.

Und wenn wir uns noch einmal kurz zurückwenden: Hotel Schönbühl links – dort hat man anno 95 bei Fundamentsgrabungen für den Neubau fünfzehn Alemannengräber freigelegt –, dann das Hotel Belmont und in den Bäumen die Villa Boutibonne – diese Bezeichnung bürgert sich zunehmend ein – mit ihrem Türmchen. Vorbei an dem steinernen Zeugen der Vergangenheit,…

...und unser Auge entdeckt als nächstes die Pension Jungfrau. Zimmermeister Heinrich Lauener aus Matten und Gipsermeister Jakob Christen aus Wilderswil haben den chaletartigen Bau anno 95/96 aufgestellt und schon im Jahr darauf der Witwe Rosa Heger veräussert.
Die neue Wirtin fügte – welch grosszügige Erweiterung! – dem Holzhaus diesen fast städtisch wirkenden Hotelteil bei, verbunden durch einen Zwischentrakt mit Restaurant. Seither heisst es «Waldhotel & Pension Jungfrau».

Jetzt halten wir nach rechts in die Talebene und wandern Richtung Osten.

Der kleine Rugen wird heutzutage seiner gepflegten Anlagen und Promenierpfade wegen allgemein mit «Rugenpark» bezeichnet. Dort oben gucken zwei Gebäude aus dem Grün der Bäume: Links erkennt man das Dach der Trinkhalle, die wir später aufsuchen werden, rechts auf gleicher Höhe abermals die Villa Rappard. Ihr

Erbauer, der naturwissenschaftliche Autodidakt Conrad von Rappard, entstammte einer adligen Familie in Westfalen und kam 1849 als politischer Flüchtling in die Schweiz.
Bald gründete er in Wabern bei Bern das Engell'sche Institut für Mikroskopie. Bei Untersuchungen an giftigen Meeresschwämmen zog er sich eine bösartige Augenentzündung zu, die ihn regelmässig zu einer Art Lichtkur zwang. Dazu fand von Rappard die Gegend am Giessbach besonders geeignet und heilsam. Dort werden wir ihm wieder begegnen, und dann sollen Sie mehr über sein Leben erfahren.
An dieser bevorzugten Stelle und im Angesicht der hehren Jungfrau hat er sich schliesslich seinen seigneuralen Abendsitz errichtet.
Heute wird die Villa «Klein-Rugen», wie der Erbauer sie getauft hatte, von seiner Witwe und seiner Tochter Clara bewohnt. Clara von Rappard jedoch – sie zählt zu den bedeutendsten zeitgenössischen Kunstmalerinnen der Schweiz – pflegt den Wohnsitz in Verehrung ihres Lieblingsdichters Adalbert Stifter «Waldauge» zu nennen.

Wir haben Matten erreicht. Gleich am Anfang steht das schmucke Hotel Alpina von Adolf Schneider.

Und kurz danach der Mattenhof. Sie dürfen das traditionsreiche Etablissement in drei Entwicklungsstadien erleben.

Da ist in einem weiten Park von 160 Aren Fläche, an der Hauptstrasse gelegen, das Hotel von Anna Elmer-Sprenger, einer Schwiegertochter des Wirtes vom Hotel Bönigen. Sie hat es 1889 erworben. Gleich dahinter guckt die Fassade des ersten Mattenhofs hervor. Wir schauen ihn uns weiter vorne nochmals an. Aus diesem gemauerten Hotelgebäude – jetzt blicken wir in die Zukunft! – entsteht unter dessen Einbezug ein imposanter Ausbau gegen den Kleinen Rugen hin; man versieht ihn mit einem Hauptturm. Erinnern Sie sich? Wir konnten ihn gar vom Lustbühl aus erspähen. Das wird 1908 unter der Leitung von Frau Elmers Ehemann David Friedrich geschehen, dem Sohn also des gleichnamigen Böniger Wirtes, und damit gelingt ihm der Aufschwung zum Kurhaus und Grand Hotel mit 150 Betten und 80 Balkonen.

Ziehen wir etwas weiter und blicken – auch zeitlich – zurück!

All das begann mit dieser bescheidenen Pension von 30 Betten, die sich am Ende der sechziger Jahre allerdings auch schon Hotel nannte, wie die Anschrift bezeugt. Ihr Erbauer und erster Pensionshalter hiess Christian Roth, ehemals auch Gemeindepräsident des Dorfes. Anno 72 kam der Mattenhof durch Kauf an Margaritha Wyder, die sowohl eine Schwägerin des Amtsschreibers Heinrich Wyder als auch eine Tochter des Bönigers Christian Seiler war. Nicht eben einfach! Damit war sie ja auch mit David Friedrich Elmer-Seiler vom Hotel Bönigen verschwägert.

Nach dem Tode ihres Gatten Johannes heiratete sie ein zweites Mal, und zwar Gustav Cherno aus einer bekannten Dornacher Hoteliersfamilie. Während fast 14 Jahren liessen die Chernos ihr Hotel durch Pächter führen; 1882 zum Beispiel durch Jakob Oesch-Müller, dem wir beim Jungfraublick erneut begegnen werden. Und anno 89 – aber das wissen Sie ja! – wurde der Mattenhof von Frau Elmer-Sprenger erworben. Der Kreis hat sich wieder geschlossen... Beachten Sie bitte die hübschen Holzverzierungen, vor allem an den Dachrändern; unverkennbar aus der Parqueteriefabrik in Unterseen wie auch jene – gehen wir weiter – bei dem Hotel zur Sonne von Niklaus Schafflützel.

Über die hier abzweigende Metzgergasse gelangt man zum Dorfkern. Wir bleiben auf der Hauptstrasse und nähern uns – zeitlich gut im Programm – langsam Interlaken.

Links vor uns steht Coiffeur Leo Champion vor seinem kioskartigen Frisiersalon. Dahinter erscheint das sogenannte Ritschard-Haus. Dort wohnt der Tierarzt Johann Ritschard.

Auf der anderen Strassenseite: Nach dem Hotel Kreuz mit lauschiger Gartenwirtschaft vor uns folgt noch eine Pension, die, beziehungsweise deren Spruch unter dem Dach, unsere Aufmerksamkeit verdient: «Alle Dinge in der Welt sind dem Tadel bloss gestellt.» Wie wahr! Wie wahr! – Es ist die Pension Zwahlen.

Wenden wir den Blick wieder in die Hauptstrasse.

Das stattliche Bauernhaus – Roth-Haus heisst es – ist um die hundert Jahre alt. Die mit Goldswilplatten belegte kleine Treppe führt, wie im Habkergässli zu Unterseen, zur zweiteiligen Haustüre hinauf.

Vorne an der Abzweigung: Das wuchtige Dach, ebenfalls mit Gerschild, gehört zum ältesten Wirtshaus in Matten. Gehen wir hin. Man nennt es schlicht Mattenwirtshaus, obwohl es – können Sie vorne an der Ecke, wo dichter Efeu das Schild verhüllt, das Geweih erkennen? – eigentlich Zum Hirschen heisst. Seine Geschichte reicht über 400 Jahre zurück. Es ist wohl eines der schönsten Oberländer Wirtshäuser überhaupt.

Das Schild? Ein Weinbecher, eingefasst von Diagonalstäben, und der Spruch «Herein zum kühlen Wein»; dabei die Jahrzahl 1666. Seit damals befindet es sich in der Hand der Familie Sterchi, der heutige Mattenwirt – da auf der Treppe! – heisst Christian.

Schon immer ist das Gasthaus eine Tavernenwirtschaft gewesen und darf also Gäste logieren sowie warme Speisen abgeben. Der weissgetünchte Nebenbau dahinter ist die dazugehörende Schmiede.

Zwischen dem Hirschen und dem Wohnhaus von Metzger Johann Zingrich, wo abermals ein Coiffeur – Franz Echser – eingemietet ist, kann man das Chalet Sterchi erkennen: Dort wohnt Arnold Halder. Jetzt gelangen wir zur Schmiede. Sie ist die älteste im Bödeli und urkundlich bereits im 14. Jahrhundert nachgewiesen. Und an der vielbefahrenen Hauptstrasse vorteilhaft gelegen. Auch für durstige Fuhrleute, wenn sie warten müssen, bis Christian Mühlemann oder einer seiner Gesellen die Gäule neu beschlagen haben.

Hinter der Schmiede führt rechts der Weg nach Bönigen, jener geradeaus zum Schloss, wir folgen vor Halders Wohnhaus westwärts der Jungfraustrasse und verlassen gleichzeitig die Gemeinde Matten; denn hier verläuft heute die Grenze. Früher, präzis bis 1838, bildete Matten mit Aarmühle noch einen Gemeindeverband.

Halten wir kurz an, und drehen Sie sich um: Dort oben über dem Ende der jungen Allee haben wir wieder, stolz auf dem Sattlerhübeli thronend, das Grand Hotel Jungfraublick. Seine Geschichte sollen Sie erfahren, wenn wir den Rugenpark aufsuchen.

Die Laterne 209, durchnächtig.

Nach dem Parkhotel oder Hôtel du Parc hinter den blühenden Kastanienbäumen – heute früh hiess es noch Deutscher Hof beziehungsweise Hotel Germania – erreichen wir zum zweiten Mal die Kreuzung, wo sich fünf Strassen treffen. Dort werfen wir rasch einen Blick nach links in die Waldeckstrasse. Bekannte Häuser: die Pension Reber und das Chalet Bon-Séjour von Doktor Delachaux hinten.

Weiter geht es, diesmal links am Hotel National vorbei, in die Centralstrasse, aus welcher uns wieder einmal ein Umzug entgegenkommt. Das eingerüstete Haus gehört dem Stein- und Bildhauer Johann Kellenberg. Schauen Sie die Grabsteine im Garten. Und in jenem grossen Wohnhaus hinten mit dem angebauten Zwiebeltürmchen ist jetzt Hans Sommer, der frühere Buffet-Wirt, zu Hause. Ganz rechts neben Kellenberg das Etagenhaus Urania mit seinem markanten Geländer am Obergeschoss.

Bald erreichen wir den Centralplatz und kehren dort wieder in eine frühere Zeit zurück; allerdings nicht ganz in jene der Mühlebrücke und der Parqueteriefabrik.

Der Platz mit dem Kandelaber in der Mitte – zwei Gasflammen und oben elektrisch! – hiess früher, zur Zeit des kleinen Dorfes Aarmühle, einfach Dorfplatz. Nun hat sich da manches verändert, und weiterer Wandel steht bevor.

Hinter der grossen Rosskastanie versteckt sich der Neubau der Volksbank – «Change» kann man lesen. Und daneben, alle Nachbarhäuser überragend, prangt unser neues Postgebäude, in welchem die Telephonzentrale mit Lokalbatteriesystem untergebracht ist. Diese Errungenschaft ist sehr wichtig für das Bödeli.

Das Türmchen auf dem Dach? Die Telegraphen- und jetzt auch die Telephonleitungen.

Nun wollen wir in den Höheweg einbiegen. Sie haben gestern das erste Stück auf dem Weg von der Jungfraustrasse zur Marktgasse bereits ein bisschen kennengelernt.

Das Gasthaus Rössli von Friedrich Sterchi heisst neuerdings Hôtel de la Poste. Verständlich, bei diesem grossstädtisch anmutenden Gegenüber! Doch «Rössli» bleibt weiterhin geläufiger.

An der Ecke kommt das Café beziehungsweise Hotel Oberland von Wilhelm Wagner, einem eingewanderten Württemberger aus Blaubeuren. Vorübergehend war es einmal auch von Eduard Ruchti geführt worden, nachdem sein Halbbruder Gottfried, welcher hier wirtete, anno 72 im Alter von nur 28 Jahren verstorben war.

Jetzt erscheint auf der anderen Strassenseite im zurückversetzten Haus die Internationale Apotheke Seewer. Johann Seewer, anno 58 zugezogen, ist ein engagierter Interlakner geworden. Nach einer sechsjährigen Anstellung als Apotheker bei Doktor Johann Jakob Strasser konnte er von August Friedrich Dennler – der höhere Pläne entwickelte, wie wir sehen werden – diese Pharmacie erwerben. Er gehört übrigens auch zu den Gründern des Gas- und Wasserwerks von Interlaken.

Bei ihm wollen wir in den zweiten Stock hinaufsteigen.

Sie erinnern sich: gestern habe ich Ihnen im Sterchi-Haus an der Marktgasse das Post-Bureau gezeigt. Dorthin war es 1852 vom heutigen Du Pont an der Höhebrücke verlegt worden. Dann erfolgte nach 17 Jahren ein neuer Umzug, und zwar da an den Höheweg

neben das Hotel Oberland. Der Durchgang dazwischen heisst seither Poststrasse – Rue de la Poste.

Schauen Sie den Kutschenverkehr! Arrivée für das Beaurivage. Dagegen übersehen Sie lieber die Unordnung vor der Post.

Mit der Verlegung hierher geschah noch etwas Zukunftsweisendes: Damals, eben 1869, wurde auf dem Poststempel der Name «Aarmühle» durch «Interlaken» ersetzt, dem zunehmenden Sprachgebrauch entsprechend. Offiziell jedoch, also abgesegnet vom Regierungsrat des Kantons Bern, wurde diese Namensänderung erst sage und schreibe 22 Jahre später. – Nach dem baldigen Auszug der Post wird hier der Zuckerbäcker Karl Seitz eine Confiserie eröffnen.

Das zweite Haus danach, mit dem Wappen an der Fassade? Es gehört dem Uhrmacher Peter Wyder. Anschliessend das Balli-Haus... das kennen Sie ja. – Begeben wir uns wieder nach unten!

Seewers Apotheke folgt das Zigarrengeschäft von Emil Brennecke; auch er ist, wie Grunder, ein Spezialist für Havannas.

Wir kommen zum Weissen Kreuz, heute von dieser Seite.

Vor dem in den dreissiger Jahren entstandenen Gasthaus wartet die dreispännige Brünig-Post auf ihr Départ. Das ist Bendicht Horn, rechts neben dem Kutscher stehend, der Postpferdehalter von Aarmühle. Man sagt ihm hier «Horn-Benz», und er besitzt um die 70 bis 80 Tiere für die eidgenössischen Posten im ganzen Oberland.
Auf Friedrich Bohren folgte 75 David Gempeler als Kreuzwirt, ein gebürtiger Diemtigtaler, der zuvor auch einige Jahre als Concièrge im Hotel Jungfrau angestellt gewesen war.
Jetzt wenden wir uns wieder der linken Häuserreihe zu. Wo wir gestern Coiffeur Mühlemann und seine Freunde angetroffen haben, steht nun der Neubau von Friedrich Gertsch, Buchhandlung und Papeterie. Daneben das von Friedrich Räuber Vater 47 erbaute Chalet mit Drogerie sowie Spezerei- und Kolonialwarenhandlung gros et détail. Hernach die Schuhhandlung von Heinrich Dübendorfer, welcher zuvor sein Geschäft – wie wir gleich sehen werden – schräg gegenüber hatte. Und ganz hinten das Café Suisse. Es wird dem Hotel Hirschen weichen. Dort steigen wir abermals in den ersten Stock hinauf und betrachten das Holzhaus vis-à-vis.

Es verdient unsere besondere Aufmerksamkeit, nicht zuletzt, weil der prächtige Blockbau mit Ründe bald aus dem Bild des Höheweges verschwinden wird. In der Mitte verkauft Lederwarenhändler Wilhelm Passmann Reiseartikel aller Art, er brennt auch Bergstöcke, wie das Schild verrät. Daneben befindet sich nun also die alte Schuhhandlung von Dübendorfer; der geborene Zürcher hat sich bei uns als tüchtiger Handwerksmeister selbständig gemacht.
Und diesseits von Passmann besass früher der Photograph Adam Gabler sein zweites Geschäft, bevor er sich ganz auf seine Felsenburg zurückzog. Erinnern Sie sich? Ihm hat Interlaken viel zu verdanken. Und auch wir beide, Sie und ich, denn ohne sein geübtes Auge und sein künstlerisches Schaffen... doch nein, lassen wir das.
Passmanns Nachfolge übernahm der Sattler Hans Müller, jene von Gabler der Kunstmaler Friedrich Roux – das ist er, dort unten an der Ecke stehend. Roux wurde in Kassel geboren und hat sich anno 80 im Bödeli niedergelassen, wo seine Bilder Anklang finden und von den Fremden gern und viel gekauft werden.
Wir steigen hinab und kehren zurück auf die Strasse.

Noch einmal zur Zeit von Gabler: Beachten Sie auch die sinnreichen Sprüche und die beiden kuriosen Tierfiguren an der Fassade. Und die Zahl 1773, mit welcher das Baujahr des reichgegliederten Rundehauses angegeben wird.
Und so hat es vorher ausgesehen, bevor die Geschäfte umgebaut worden sind. Passmann erweist uns höchstpersönlich die Ehre, allerdings etwas misstrauisch. Nebenan ist zurzeit geschlossen.

Wir nähern uns der Höhematte. Im geschichtlichen Holzhaus von 1599 unmittelbar neben uns – es war einst die Landshelferei – führt Rudolf Jost sein Uhrengeschäft; «Omega» – können Sie es am Fenster lesen? Oben betreibt der heutige Hausbesitzer Doktor Paul Strasser als Nachfolger seines Onkels Johann Jakob Strasser die Arztpraxis. Anschliessend das Arzthaus von Doktor Albert Michel. Und schliesslich folgt abermals ein biedermeierliches Rundehaus. Im Parterre befinden sich das Geschäft «Objets d'Art» von Leuthold & Schuhmann und zuhinterst beim Nussbaum das Restaurant von Friedrich Schuh. Das sehen wir uns später genauer an. Dort begann

1807 die Geschichte des Hotels Ritschard. Es war eine Pension mit Sommerwohnungen. Bereits in den dreissiger Jahren kam die gegenüberliegende Pension Mühlemann als Dependance dazu. Möchten Sie wissen, wo Uhrmacher Jost vorher sein Geschäft hatte, bevor er im Haus von Doktor Strasser eingezogen ist? Dann wenden Sie sich bitte wieder der anderen Seite zu.

Hier zeigt er sich, recht salopp, in der Tür seines Ladens. Er kam im Jahre 57 nach Aarmühle, nachdem er in Worb bei Gysi die Uhrmacherei von Grund auf erlernt hatte. Und in diesem Geschäft fanden zur Zeit der Erbauung des Grand Hotels Victoria – es liegt unmittelbar daneben; über dem Dach des Chalets vermögen Sie einen Teil seiner Westflanke zu erkennen – häufig die Besprechungen zwischen dem Bauherrn Eduard Ruchti und dem Architekten Davinet statt. Und da wurden auch die wichtigsten Zahlungen getätigt.
Das Chalet Ritschard – links hat übrigens Georg Iffrig seine Rasierstube – muss abgerissen werden. Und Iffrig wird 1885 mit Christian Heinrich Schuh Besitzer des ganzen Hauses vis-à-vis.

Wieder ein paar Schritte weiter – schon vermag man das Chalet Victoria zu erkennen –, und wir wenden uns abermals nach links. Hinter der vorhin erwähnten Pension Mühlemann errichtete Johann Ritschard-Seiler, der Sohn des Stammvaters, 1854 ein Steingebäude, das erste weit und breit, welches 65 von Kantonsarchitekt Friedrich Salvisberg zu diesem kleinen, dekorativen, sehr stilvollen Hotel ausgebaut wurde.

Es bildet die nördliche Begrenzung eines geschmackvoll angelegten Gartens, der nachts von Gaslaternen sanft und freundlich erleuchtet wird. Welche Grosszügigkeit bei der grienbesetzten Vorfahrt, in deren Mittelpunkt ein plätschernder Springbrunnen aus dem bepflanzten Tuffsteinweiher emporsteigt!
Im Erdgeschoss des Hotels befinden sich ein Lesesaal, das Billardzimmer und ein Rauchsalon.

Jetzt müssen Sie beachten, was der Hotelier Eduard Ritschard, ein Enkel des Pensionsgründers, aus diesem Gebäude geschaffen hat.

Unter Beizug von Architekt Davinet – einmal mehr – liess er in den Jahren 72 bis 74 eine beachtliche Vergrösserung vornehmen, wobei allen Prinzipien der neuesten Hotelbaukunst Rechnung getragen wurde. Imposant, nicht wahr, dieser Querflügel und die alles überragende Turmwarte im Schnittpunkt hoch über dem neuen Haupteingang? – Jetzt ist das Ritschard ein Grand Hotel mit 248 Betten und einem Speisesaal für 250 Gedecke; und einer freskengeschmückten Wandelhalle; und eingemieteten Verkaufsmagazinen. Im Westflügel hat die Weinhandlung Ritschard & Co. – natürlich aus der gleichen Familie – Lager- und Geschäftsräume bezogen. Und hinter dem Hotelgebäude steht noch ein Badehaus mit acht Badezimmern und zwölf Wannen sowie der Dampfwäscherei.

1885 wurde die «Hotel Metropole und Monopole AG» gegründet, und im Jahr darauf hat Firmin Boyeldieu als Direktor die Leitung übernommen.

Wir kommen – noch einmal die beiden jüngsten Bauphasen des Hotels Ritschard miteinander vergleichend – zum Chalet Victoria. Das kleine Holzhaus hat Ruchti schon 1860 erwerben können.

Sie kennen es von gestern abend. Es flankiert diesseits Ihr Hotel, dessen Gäste und auch viele Passanten sich gerne bei Melchior Stump mit Photographien oder optischen Artikeln eindecken; namentlich mit Ferngläsern für ihre Exkursionen in das Hochgebirge. Im Laden daneben gibt es die weltberühmten St. Galler Stickereien in reicher Auswahl.

Gelegentlich wird das Chalet beflaggt; heute, weil Frau Major Elise Schramm wieder eingetroffen ist. Dort oben steht sie im Fenster. Seit 52 Jahren kommt die liebenswürdige Dame aus Magdeburg regelmässig in die Ferien, und jedermann kennt und schätzt sie.

Wir kehren zurück zu Ihrem vornehmen Quartier, fast hätte ich gesagt: zu Ihrem Zuhause. Und eigentlich müssten Sie sich jetzt entspannen und in Ruhe für das Diner vorbereiten. Wollen Sie, oder…? Dann führe ich Sie noch auf einen kurzen Abendbummel – eine Zugabe, die Sie bestimmt begeistern wird. Zum einen bringt er Sie auf einem phantastischen Abstecher in den tiefen Winter, zum anderen geht er durch eine liebliche Gegend, die Ihnen eigentlich nicht vorenthalten werden darf.

Während wir an dieser majestätischen Gebäudefront vorüberschreiten, will ich Ihnen mehr über Eduard Ruchti und sein Grand Hotel erzählen:
Sein Mut als junger Unternehmer wurde zunehmend mit Erfolg und Zuspruch belohnt.
Das spornte ihn an zu neuen Taten, zu Verbesserungen und Erweiterungen, ebenfalls zur Mehrung seines Grundbesitzes. Er hat sich in Interlaken zum bahnbrechenden Unternehmer emporgeschwungen.

Derzeit, 1894, verfügt das Hotel Victoria über 185 Fremdenzimmer sowie alle zu einem komfortablen Betrieb erforderlichen Räumlichkeiten wie Restaurations-, Réunions- und Lesesäle, Damen- und Rauchsalons, Spielzimmer und Billard. Wir haben uns heute früh einiges angesehen, ebenso den prachtvollen Speisesaal für 300 Personen, dem ein gut eingerichtetes Office angegliedert ist.

Mit den Nebengebäuden zusammen, die zur Victoria-Besitzung hinzugekommen sind, können jetzt also insgesamt 400 Personen, Maîtres, in 240 Zimmern logieren.
Die meisten Räume sind gross und mit Alkoven versehen, in welchen zwei bis drei Betten bequem Platz finden. Ausserdem gibt es natürlich viele weitere für die Unterbringung der zahlreichen Dienerschaft.

Durch Anschaffung eines hauseigenen Dynamos von den Siemens-Halske-Werken in Deutschland verfügte das Victoria schon im Sommer 82 über eigenes elektrisches Licht, sieben Jahre also vor dessen öffentlicher Einführung auf dem Bödeli; und Gas braucht man nur noch als Notbehelf.

Auch liess Ruchti anno 85 durch die Firma Zellweger von Uster die erste grössere Haustelephonzentrale in der Schweiz überhaupt installieren.
Aber noch eine andere bemerkenswerte und wichtige Seite von Herrn Ruchti:

Der Öffentlichkeit stellt er sein Können, sein Wissen, seine Kräfte ebenso zur Verfügung. Er ist ein unermüdlicher Schaffer mit dem Instinkt für richtige Entscheide.

Aus seiner Weitsicht heraus hat er für die Verwirklichung der Bödelibahn und damit für den Anschluss an das europäische Eisenbahnnetz mitgekämpft, und er gehörte zu deren Gründern. Als diese dem Zustrom der Feriengäste nicht mehr zu genügen vermochte, führte er eine Initiativgruppe an, welche sich für die Fortsetzung der Bahn von Scherzligen bei Thun, dem linken Seeufer entlang, nach Interlaken einsetzte. Das Resultat war die Thunerseebahn. Und bei ihr warb er umgehend mit Vehemenz und Erfolg für den baldigen Einsatz von Schlafwagen.

Gleich werden wir nach links abzweigen, wo der Fünfspänner – das muss aber eine vornehme Gesellschaft sein! – aus der Victoriastrasse in den Höheweg einbiegt.

Der Wegweiser am Zaun sagt Ihnen, wohin es geht.

Nur sechzig Schritte vom Höheweg entfernt liegt dieses komfortabel eingerichtete Haus im Schweizerstil, die Pension Volz. Sie wird vor allem empfohlen für Rekonvaleszente oder wirklich Ruhe Suchende und verfügt über 26 helle, freundliche Logierzimmer für insgesamt 30 bis 35 Personen sowie einen Speise- und einen Gesellschaftssaal.
Zudem werden warme und kalte Bäder angeboten.

Zu Beginn des Jahrhunderts gab es an dieser Stelle, wie ich gestern angedeutet habe, bereits ein Arzthaus: Hier wirkte Doktor Christian Aebersold, einer der berühmten Begründer der Molkenkuren auf dem Bödeli.
Wir haben von ihnen unter anderem schon auf der Heimwehfluh gesprochen, vom Sohn Carl Aebersold auch in Aarmühle – Bains d'Interlaken!
Doktor Friedrich Volz fungiert neben seiner Aufgabe als zuvorkommender Pensionshalter und ärztlicher Betreuer seiner Gäste auch als Krankenhausarzt. Seine Tochter Maria Magdalena ist übrigens – das vergass ich heute früh zu erwähnen – die Frau von Friedrich Adolf Strübin vom Schweizerhof nebenan.

Gäste? Durchaus!
Da ist anfangs der sechziger Jahre, nur als Beispiel, Hassan-Ali-Khan, der Gesandte des Schahs am Hofe der Tuilerien mit seinem ganzen Gefolge abgestiegen.

Dieses Gespann kommt von Fuhrhalter Johann Hirni; er besitzt auf der Aarzelg seine Ställe und Remisen.

Der Weg führt etwas weiter hinten nach halblinks, dort gelangen wir zuerst zum Hotel Horn.
Auf dessen Areal am Wasser hatte Nationalrat Seiler in jungen Jahren eine Ziegelei – landläufig sagt man Ziegelhütte – gegründet und betrieben. Er wollte damit die Abhängigkeit des Bödelis von der grossen Ziegelei in Hofstetten bei Thun aufheben.
Sie musste jedoch in den fünfziger Jahren wieder geschlossen werden, worauf hier, als Vorläuferin dieses eleganten Pensionshauses,

eine bescheidene Speisewirtschaft mit angeschlossener Bierbrauerei und Kegelbahn entstand. Sie gehörte Abraham Finger, später seinem Sohn Johann Alexander.
Anno 74 kam die Gaststätte inklusive Braupatent in den Besitz von Bendicht Horn, dem Pferdeposthalter, dem wir vorhin vor dem Weissen Kreuz begegnet sind.

Sechs Jahre darnach baute er dieses moderne, ruhige Hotel mit 40 Fremdenzimmern und gab ihm seinen Namen. Die dazugehörende kleine, aber gern aufgesuchte Speisewirtschaft trägt – wie könnte das auch anders sein? – den Namen Hopfenkranz. Hinten angrenzend ist die Brauerei... für helles Bier! Und angenehm kühles. Sie werden gleich sehen.

Ich begleite Sie jetzt an der Südfront des Hotels vorbei und zwischen den Nebengebäuden hindurch zur Aare. Dort wollen wir uns dem neuerstellten Lagerbierkeller näher widmen, den ich Ihnen gestern vom Lustbühl aus gezeigt habe.

Bierfässer, überall!
Und da haben Sie ihn, den würfelförmigen Neubau.
Können Sie die beiden Schienen erkennen, welche an der hellen Westseite zum Dach hinaufführen?
Jetzt machen wir den vorher angedeuteten Abstecher – nur in Gedanken! – in die tiefe Winterszeit: Wenn zwischen Neuhaus und der Weissenau der seichte Thunersee einfriert, dann ziehen Horns Brauereimänner aus und holen sich dort grosse Mengen Eis, mit welchem das Hopfengetränk den ganzen Sommer über in diesem Eishaus kühl gehalten wird. Denn was gibt es Abscheulicheres als lauwarmes Bier?
Sehen Sie sich den ganzen Ablauf an: Bahnen werden geritzt, Eisplatten gesägt und sauber aufgeschichtet – das ist Herr Horn im schwarzen Mantel und mit Hut; Emil Horn, der Sohn –, anschliessend per Kufenwagen hierher gefahren und über den Aufzug in den Kühlturm befördert. Das reicht bis zum nächsten Winter, in welchem – Horns alljährliche Sorge – die Uferpartie des Sees hoffentlich auch wieder einfriert. – Kehren wir zurück!

120

Anstelle der neuen Brücke über den Mühlekanal beim Kühlhaus gab es einst – wie gestern von den Aussichtspunkten festgestellt – etwas weiter oben diesen schmalen Holzsteg. Er ist mit einer abschliessbaren Türe versehen.
Achten Sie sich, wie breit hier der Mühlekanal ist. Eines Tages wird man ihn zudecken.

Nun schlendern wir gemütlich, die angenehme Abendkühle geniessend, dem Wasser entlang bis zur Oberen Schleuse.

Diese Gesamtansicht über die Aare ist die ausgewogenste, die ansprechendste vom Städtchen überhaupt. Und wie es sich lieblich und sanft in der weiten Fläche des Wassers spiegelt!

Links von der Wäscheleine dort drüben zeigt sich wieder der Landeplatz, wo die vom Brienzersee herbeigeschifften Waren und Güter jeweils abgeladen...
Unterseen könnte eine Hafenstadt sein!

Vermögen Sie dort drüben den mächtigen Brienzersee-Bock zu erkennen?
Sein Mast ist für die Passage unter der Zollbrücke in die Horizontale gelegt worden.

Und diesseits am flachen Flussufer liegen die herbeigeflössten Rundhölzer und harren ihrer Verarbeitung im nahen Sägewerk auf der Spielmatte.

Wir bummeln langsam wieder flussaufwärts.

Wie vereinbart treffen wir uns morgen an der Schiffstation. Wir werden einen Ausflug unternehmen, dem Sie mit Freude und hohen Erwartungen entgegenblicken dürfen.

Die Sonne versinkt.
Beschliessen wir den reichhaltigen Tag, und spazieren wir gemächlich zum Grand Hotel Victoria zurück.

# Route des dritten Tages

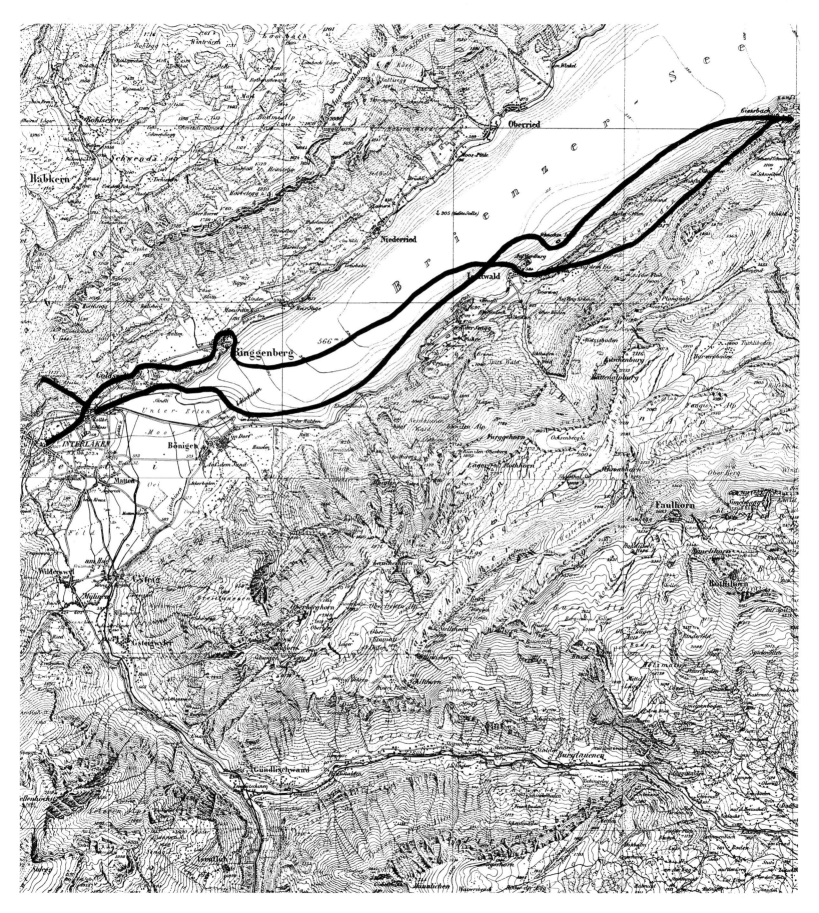

Guten Morgen, verehrter Weggenosse.
Dieser Treffpunkt zwischen dem Du Lac und dem Bahnhof Interlaken-Zollhaus eignet sich, wie Sie sehen, für ein Départ mit Schiff oder Bahn gleichermassen. Deshalb schlage ich vor, dass wir uns hier morgen und zur gleichen Zeit wieder Rendezvous geben.
Apropos Zollhaus: Es ist das alte Steingebäude links neben dem Hotel. Oder besser: man sagt ihm so. Denn das wirkliche Zollhaus, in dem bis 1830 Abgaben von den Durchreisenden verlangt wurden, befand sich auf der anderen Flussseite; das belegen frühe Karten. Und dieses 1746 errichtete Gebäude, dem die Stationen und das Quartier ihre Namen verdanken, dürfte das Zollwirtshaus gewesen sein. – Solch betriebsames Leben auf dem Platz gibt es erst, seit anno 90 die Schiffstation, nun als «Interlaken-Brienzersee» bezeichnet, wieder von Bönigen hierher zurückverlegt und die Berner Oberland-Bahnen eröffnet wurden.
Das Schiff ist da, kommen Sie! Sobald die angereisten Fahrgäste ausgestiegen und von den livrierten, Spalier stehenden Hotelportiers in Empfang genommen sind, können wir an Bord gehen.

Rund einen Kilometer beträgt die Flussfahrt, dann erreichen wir den See und wenden nach rechts.
Mit der Eröffnung des neuen Bödelibahnstückes war Bönigen zum Umsteigeort Bahn-Schiff oder umgekehrt erkoren und die Landestelle Zollhaus für sechzehn Jahre aufgehoben worden; nicht zu jedermanns Freude.

Jetzt haben wir den offenen See erreicht.
Sändli mit dem Restaurant Seebad. Und davor ein kleines Badehaus auf dem Mauervorsprung. Dort das Bootshaus des Seeclubs. Rothornblick – Lütschinenmündung – und da Bönigen. Der Bahnhof ist etwas versteckt in den Bäumen, links vom Güterwagen.
Schräg hinter der Landestelle die Pension Seiler beziehungsweise das Hotel De la Gare mit einem respektablen neuen Anbau; dann der Oberländer-Hof.

Wir drehen ab und nehmen dem südlichen Seeufer entlang Kurs auf Giessbach.

Bald dampfen wir, mit einer sanften Kurve in die Bucht, am malerischen Iseltwald vorüber, welches wir in wenigen Stunden zu Fuss nochmals besuchen werden. – Du Lac, das grosse Hotel mit den Türmen; vermögen Sie die Aufschrift zu lesen?
Nun kommt unser Reiseziel mit seiner Ländte und dem Hotel auf der Höhe in Sicht. Eben hat die *Brienz* abgelegt; wir kreuzen sie, indem wir uns rechts dem Ufer nähern. – Hier erhalten Sie den ersten Eindruck vom Giessbach. Nein, es ist nur der sogenannte Erste Fall, über welchen ein hangwärts abgeschirmter Steg führt. Er schliesst eine vierzehnstufige, schäumende Treppe ab, welche aus 296 Metern – von der obersten Brücke gemessen – als wohl graziösester, abgeklärtester Fall ihre Wassermassen in den See ergiesst.
Die Sturzkaskade zeichnet sich durch die Verschiedenartigkeit ihrer einzelnen Fälle, durch ihren Wasserreichtum sowie durch die wahre Pracht der tannengrünen Umrahmung aus. Gerade diese hat den augenkranken Conrad von Rappard dahingelockt.
Nun haben wir angelegt – freuen Sie sich auf den Besuch. – Welch ein Qualm aus dem Kamin der *Oberland* in den Himmel steigt!

Wir nehmen die Drahtseilbahn – sie ist eine Pionierleistung. Angespornt durch die Lausanne-Ouchy-Bahn liess der damalige Besitzer – die Hotelgeschichte erzähle ich Ihnen oben – 1878/79 diesen bequemen Aufzug erbauen. Fünf Brücken mussten auf der 350 Meter langen Strecke geschlagen werden. Je nach Anzahl Fahrgäste lässt man vom Bach mittels Röhren die benötigte Wassermenge zur Bergstation und in einen Behälter am oberen Waggon fliessen. Das so erzielte Mehrgewicht zieht sodann den unteren per Seil herauf. Reguliert wird die Fahrt mit dem Zahnrad und der Zahnstange; sie ist dank doppelter Bremsvorrichtung völlig gefahrlos. – Erbauer der Bahn war Ingenieur Niklaus Riggenbach, welcher sich mit der Rigibahn, der ersten Bergbahn Europas überhaupt, einen grossen Namen gemacht hatte. Nach seinen Plänen wurden weitere Projekte in ganz Europa, ja sogar in Indien und Brasilien ausgeführt. Wir sind angekommen: Gegenüber auf der Wiesenhalde erblicken wir das kleine Pensionshaus Beau-Site. Auf dessen Terrasse wollen wir uns jetzt begeben, nachdem wir dem ohrenbetäubend rauschenden Bach unsere erste Bewunderung gezollt haben.

Seit Jahrtausenden stürzte er von der Höhe hernieder, ohne dass sich die Welt um ihn gekümmert hätte. Nur der Schulmeister Johannes Kehrli aus Brienz verbrachte hier regelmässig den Sommer. Denn er war Eigentümer dieses waldumfangenen Wiesengeländes, wo er Heuvorräte einheimste oder Holz für den Winter kleinmachte. Wohl hatten vereinzelte Naturfreunde das zu jener Zeit noch nicht verzierte und verzerrte Paradies schon entdeckt, vor allem Künstler – Heinrich Rieter zum Beispiel, auch Meuron, Lory Sohn, Diday – und Gemälde angefertigt.

Das bewirkte, dass ab und zu Neugierige hierher pilgerten; Kehrli begann sie zu bewirten und gegen kleines Entgelt mit Musik zu erfreuen. Er und seine Kinder trugen Gesänge vor, er jodelte, er blies das Alphorn. Die Zahl der Besucher nahm zu, und deshalb errichtete er anno 22 ein kleines steinernes Haus mit ein paar einfachen Fremdenzimmern. Das war der Anfang.

Nach seinem Tod 1854 verkauften die Erben das Grundstück mit der im Laufe der Jahre weiter ausgebauten Pension dort drüben – gefällig, finden Sie nicht auch? Und immer wird die Fahne gehisst, wenn Besucher auftauchen –, und zwar für 70 000 Franken an die beiden Brüder von Rappard. Während Hermann meistens im Hintergrund blieb, war Conrad, von dem wir gestern gesprochen haben, die treibende und bestimmende Kraft.

Angesichts der Naturschönheit dieses Erdenflecks liess Rappard durch den beigezogenen Stuttgarter Parkgestalter Eduard Schmiedlin bessere Wege anlegen und errichtete am oberen Ende der Geländemulde ein ansehnliches, massives Pensionshaus. Bevor wir uns diesem zuwenden, müssen Sie hier vergleichen.

Erst der übernächste Giessbach-Besitzer, Karl Hauser-Blattmann aus der Zürcher Hotelierdynastie, liess im Jahre 75 das einstige Kehrli-Wirtshaus abbrechen. Er beauftragte den inzwischen zum anerkannten Hotelbauspezialisten avancierten Architekten Davinet, an gleicher Stelle diesen fünfstöckigen Palast aufzustellen. Ja, vergleichen Sie! Luxus und Ruhe reichen sich die Hand.

Jetzt begeben wir uns von der Beau-Site-Terrasse weg nach Osten zuerst zum Pensionshaus und spazieren dann rund um den Wiesengrund, um anschliessend zum Wasserfall zurückzukehren.

Es liegt etwas höher. Ein Eldorado für Ruhesuchende! Jüngst wurde es zudem zur Wasserheilanstalt, mit Spezialitäten wie schottischen Duschen und elektrischen Bädern, ausgebaut. Die Herren von Rappard also waren in den Jahren 55/56 seine Erbauer. Und damit war die Domäne auf 175 Betten angewachsen. Zur gleichen Zeit bestellten sie für den Hertransport der Gäste ein kleines Dampfschiff. Weiter beauftragte Conrad den Reallehrer Johann Rudolf Hamberger – sie waren von Wabern her befreundet –, die Wasserfälle zweimal wöchentlich mit Bengalflammen zu beleuchten. Das war für den begabten Jünger der Feuerwerkskunst der Grund, an den Brienzersee, zuerst nach Kienholz, umzusiedeln.

Der Schraubendampfer *Giessbach II* – II, weil ja schon Mattis Raddampfschiff *Giessbach* geheissen hatte – erwies sich wegen Konstruktionsmängeln als schlecht manövrierbar und brachte Rappard Verdruss und Ärger. Nun war er auf die Schiffahrtsgesellschaft angewiesen, welche bisher nur wenig Bereitschaft zur Zusammenarbeit gezeigt und weshalb er eigentlich den eigenen Dampfer besorgt hatte. Sein Interesse liess nach, und 58 entschloss er sich, den Giessbach-Besitz für 300 000 Franken zu verkaufen ... und zwar just an die «Dampfschiffgesellschaft für den Thuner- und Brienzersee» der Herren Knechtenhofer. Rappard siedelte auf das Bödeli über, wo er mit seinem Bruder von Friedrich Seiler-Hopf die Pension Jungfrublick beim Kleinen Rugen erwarb. – Schmiedlin, inzwischen zum guten Geist des Hauses geworden, hatte die Gesamtleitung übernommen, bis er nach der nächsten Handänderung Direktor des – Knechtenhoferschen! – Hotels Bellevue in Thun wurde. Das war zwölf Jahre danach. Die Besitzung ging endlich an die Familie Hauser – für 900 000 Franken. Karl junior ist heute der Giessbach-Hotelier. Und was für einer!

Richten Sie Ihre Augen zum Hotelneubau hinunter, dem man im Volksmund wegen seiner grandiosen Kuppeltürme «Louvre» sagt. Beide Häuser sind durch eine 280 Schritte lange, gedeckte Wandelbahn verbunden, welche sich hinter der Bierhalle und dem Chalet – dort wohnt der Kurarzt Heinrich Wollensack – dahinzieht.

Wir promenieren ein Stück weit den Weg hinab, biegen dann nach links und begeben uns durch die Senke zum Bach hinüber.

Das ist der Mittlere Fall, der sowohl von den Besuchern am meisten bewunderte als auch von den Künstlern am häufigsten dargestellte in der ganzen Kaskade. Hier steigen wir den steilen Waldpfad hinauf. Seien Sie vorsichtig: Durch den ununterbrochenen Sprühregen ist alles feucht und glitschig! Der Weg führt uns zu einer Galerie unter den überhängenden Felsen. Und diese bringt uns weiter zu einem kleinen Brücklein, das man – wie kühn! – hinter dem tosenden Wassersturz über die Bachrunse gelegt hat.
Wahrlich ein merkwürdiges, ein einzigartiges Schauspiel. Louis Bleuler von Schaffhausen hat es genau so gezeichnet. Und nun verstehen Sie sicher, weshalb man diesem Fall auch den Namen «Schleierfall» gegeben hat.

Erkennen Sie das Hotel? Und sehen Sie den See und das gegenüberliegende Ufer weit unten?

Auf der westlichen Flanke des Giessbachs geht der Weg wieder steil und rutschig abwärts. Passen Sie auf.

132

Bevor wir uns auf den Weg nach Iseltwald machen, werfen wir von dieser Plattform aus einen letzten Blick zum «Louvre» – er hat sich verändert. Was ist passiert?

Am 4. Oktober des Jahres 83 brach infolge eines Risses im Schornstein Feuer aus. Weil nicht rasch und genügend Hilfe zugegen war, brannte der prächtige Palast vollständig nieder. So sehr dieser Schlag den Besitzer Hauser traf, er zauderte nicht. Innerhalb von nur acht Monaten wurde das Hotel wieder aufgebaut, nur mit wenigen Änderungen: Anstelle der mächtigen Kuppeln hat man den Ecktürmen jetzt stimmungsvolle Spitzhelme aufgesetzt, die Dreieckgiebel sind zu kräftigen Giebeldächern geworden. Und bei dieser Gelegenheit wurde die elektrische Beleuchtung eingerichtet.
Zu jener Zeit war auch das Beau-Site, wo unsere Besichtigung vorhin ihren Anfang genommen hat, als drittes Hotelgebäude errichtet worden.

Jetzt verlassen wir Giessbach. Es geht nach Iseltwald hinunter.

Und noch ein Blick von dieser Seite zum Schleierfall.
Es gab auch schon zu Kehrlis Zeiten Illuminationen. Im Nachtdunkel entzündete man damals hinter dieser Hauptkaskade zur Belustigung der Pensionsgäste, welche unten auf dem Wiesenplatz erwartungsvoll emporblickten, einen Haufen Reisigholz und Hobelspäne, gelegentlich auch Stroh. Die lodernden Flammen erweckten jeweils den Anschein, als ob eine Masse flüssigen Goldes in den Abgrund hinunterstürze und aus diesem eine Wolke von Perlen und funkelnden Diamanten, Rubinen und Smaragden wieder emporsteige, um sachte im schwarzen Himmel zu verglühen.
Später hat dann also Hamberger seine Bengalflammen entzündet und die Fälle in märchenhafte Farben verzaubert.
Übrigens ist er anno 75 von Brienz weggezogen und hat – ermutigt durch seine Erfolge am Giessbach – in Oberried mit Unterstützung seiner Söhne Carl und Fritz eine Kunstfeuerwerkfabrik gegründet und vielen Menschen in dem kleinen Dorf regelmässigen Verdienst verschafft. Heute ist der Name Hamberger ein Gütezeichen, das Unternehmen besitzt weltweites Ansehen.

Schattige Waldpartien hier unter der Kühbalm und schroffe, senkrechte Felswände wechseln sich ab, und bald schon kommt die lieblichste Gegend in unser Blickfeld. Noch sind wir hoch über dem Seespiegel, und deshalb lässt sich die glückliche Gliederung des verschwiegenen Ortes so schön erfassen.

Iseltwald liegt an einer pittoresken Bucht, nach welcher sich die sonnengebräunten Holzhäuser alle ausrichten. Und auf ihrem äussersten, schräg in den See vorspringenden Felsrücken geniesst ein herrlicher Landsitz inmitten englischer Gartenanlagen feudales Gastrecht.

Links im Schoren, hart an der Bucht, sehen wir wieder das Hotel Du Lac von Ueli und Margrit Abegglen, welches ich Ihnen schon vom Schiff aus gezeigt habe.

Wir steigen zum Ufer hinunter und wollen genüsslich durch das kleine Dorf schlendern, um anschliessend an der Ländte das Dampfschiff zu besteigen und über den See nach Ringgenberg zu gelangen.

Nun ist der Uferweg erreicht, und es geht alles der Wasserlinie entlang zur Bucht; offenbar geniessen noch andere ihren Spaziergang an den lieblichen Gestaden – wie diese Dreigenerationenfamilie mit vierbeinigem Anhang…

Dahinter das grosse, weisse Gebäude? Das neue Schulhaus. Und links erhöht am Hang? Vergleichen Sie! Es ist die «Burg», welche wir vorhin auf der Halbinsel gesehen haben. Sie ist von einem späteren Besitzer durch ein neues Schlösschen ersetzt und oben «an der Mühle», wie es dort heisst, wieder aufgebaut worden.

Drehen Sie sich um: Dort draussen liegt die Schneckeninsel. Nichts hat sie heute zu bieten, ausser dass sie von einem idyllischen Zauber übergossen ist. – Ihr Name? Es wird überliefert, dass sie einst gewissermassen als Küchenprovinz des Klosters gedient hat. Auf ihr wurden nämlich die von den leckermäuligen Mönchen sehr begehrten Schalentiere – die schmackhaften Weinbergschnecken – in grosser Zahl gezüchtet.

Das Eiland wurde auch eine Zeitlang mit Bönigeninselchen bezeichnet, nachdem es als Geschenk der helvetischen Regierung an

Hauptmann Michel von Bönigen gelangt war. Später kam es gewissermassen wieder zurück an eine einheimische Familie Abegglen – fast alle heissen hier so –, welcher auch die Halbinsel gehörte.

Der ganze Besitz, die Schneckeninsel und die Halbinsel mit dem Lustschlösschen «Solitüde», stand vor wenigen Jahrzehnten im Eigentum einer Comtesse, der Gräfin Gabrièle d'Héricourt von Paris. Oft hat sie da den Sommer verbracht. Und 76 ersteigerte ihn der Oberhofner Baumeister Johann Frutiger, von welchem er bereits vier Jahre danach an Grossrat Jakob Wilhelm Knechtenhofer aus Thun überging, einen Vetter von Frau Maurer im Du Nord am Höheweg.

Dieser Insel – vielleicht auch der Halbinsel, denn auch sie soll in alter Zeit vom Ufer losgelöst gewesen sein – verdankt Iseltwald, bisweilen auch «Inseltwald» geschrieben, seinen Namen.

Wenden wir uns wieder vorwärts und der Bucht zu – Mietboote für die Fremden –, und begeben wir uns auf den Dorfplatz,…

…wo Rösi Abegglen eifrig am Waschen ist. In alten Zeiten sagte man dem Platz «Uf der Brügg», was bestätigen dürfte, dass die Halbinsel einst durch Wasser abgetrennt gewesen war.

Ganz nach Lust und Laune durchstreifen wir anmutige Winkel und Wege und atmen dazu die Ruhe des Dorfes ein. Seine Bewohner finden ihr Auskommen vor allem mit Holzschnitzerei, Fischfang und dem aufkommenden, noch leisen Fremdenverkehr.

Das sind die Abegglen-Kinder, Schuhmachers. Sie wohnen im nächsten Haus dieses verträumten Gässchens.

Auffallend und zugleich verständlich die grosse Zahl der Landschaftsmaler, die es immer wieder nach Iseltwald zieht.

Nun spazieren wir zur Seeseite hinaus und betrachten den kleinen Bootshafen: Hier wäre ursprünglich der Standort der Dampfschiffländte geplant gewesen. Doch kaum hatte man mit deren Bau begonnen, rutschte unverhofft der ganze Unterwasserabhang in die Tiefe, wodurch diese bezaubernde Bucht geschaffen wurde.

Das Schiff ist angekommen; gehen wir zur Station. Sie ist seit 71 in Betrieb und liegt jetzt gleich hinter uns.

Welch buntes Treiben – offensichtlich sind wir nicht die einzigen, die über den See fahren wollen. Haben Sie den riesigen Reisekoffer da rechts gesehen? Hübsche, wirklich adrette Reisebegleitung steigt an Bord. Womit ich natürlich nicht in erster Linie die beiden wohlgenährten Herren meine, die vom Oberdeck herunter recht kritisch die geschäftige Szene beobachten.
Die Ländte, nebenbei gesagt, wird vom Posthalter Ernst Brunner und seinen Töchtern bedient.

Jetzt hat das Dampfschiff abgelegt. Ein letzter Blick geht zur Landestelle und zum Strandhotel von Ulrich Abegglen, welcher den Übernamen «Strandueli» trägt.
Ganz rechts? Das Wohnhaus mit Glätterei von Marie Anderhalden.

Damit verabschieden wir uns von Iseltwald. Möge ihm die friedliche Ruhe erhalten bleiben!

Wir steuern hinaus in den offenen See.

Er ist nicht ganz so reich an Fischen wie der Thunersee, jedoch ist deren Fleisch schmackhafter. Der Hecht wird gross und schwer, der Albock ist wegen der Vorherrschaft der Trüschen eher selten geworden. Neben diesem bärtigen Räuber kommen Aale und Forellen zahlreich vor. Häufig, aber weniger wertvoll ist der Brienzlig, ein kleiner weisser Fisch, dem Hering nicht unähnlich. Wie dieser wurde er früher eingesalzen auf den Markt gebracht. Ehemals soll er so zahlreich vorgekommen sein, dass die Bewohner von Brienz ihre Schweine damit mästeten.

Eine andere Nachricht besagt, dass im Winter 1776 ein Dutzend prächtiger Schwäne – Singschwäne natürlich – den See besucht haben. Sie hätten ihre Visite später wiederholt, wobei einer von einem eifrigen Jäger – Hauptmann Mühlemann – erlegt und dem Museum in Bern übergeben worden sei.

Unser Schiff stampft mit seinen kräftigen Schaufelrädern Ringgenberg entgegen. So lässt sich heute die elegante Fremdenwelt durch die grünblauen Fluten spazierenfahren oder von einer sehenswerten Stätte zur anderen bringen. Und wenn sie nach der Saison abge-

reist ist, dann – natürlich auch bei weniger Dampfschiffkursen – wechselt das Bild der Passagiere. Dann sind es die einfachen, einheimischen Leute, welche auf diese bequeme Weise nach Interlaken und Brienz reisen oder in ihre Uferorte zurückkehren.

Die Bewohner von Oberried und Niederried am nördlichen Ufer erlegen fast jeden Winter in den Bergen Adler und auch Geier von der grossen Gattung, Lämmergeier genannt.

Am 12. Juli 1763 ist ein dreijähriges Mädchen, Anna Zurbuchen, in der Gegend von Habkern von einem Lämmergeier fast 500 Meter fortgetragen worden. Dort wurde es, nachdem der Vogel hatte verscheucht werden können, wie durch ein Wunder und beinahe unversehrt gerettet. Bis zu seinem Tod im hohen Alter hat man ihm – es lebte später in Goldswil, verheiratet mit dem Schneider Peter Frutiger – deswegen Geier-Anneli gesagt.

Die Oberfläche des Brienzersees beträgt fast 30 Quadratkilometer, der Inhalt über fünf Kubikkilometer Wasser. Und seine grösste Tiefe misst 261 Meter. Natürlich ist der Hauptzufluss die Aare, dann folgen die Lütschine und der Giessbach.

Bald erreichen wir die Ländte, wo soeben die *Brienz* abgelegt hat. Sie erkennen neben der Kirche eine kräftige, fast gleich hohe Ruine. Das sind die Überreste des einstigen Schlosses, welches aus dem 12. Jahrhundert stammt und Wohnsitz der wegen ihrer Tapferkeit berühmten Freiherren von Ringgenberg gewesen war. Ihr Ursprung – das mag erstaunen – geht in das Wallis zum Geschlecht der von Raron zurück, welche auch hier Güter besessen hatten. Der wohl bekannteste Stammesgenosse war Johannes I., der Minnesänger, von dessen Liedern einige in die berühmte Manessische Handschrift aufgenommen worden sind.

Doch nicht nur Tapferkeit und Dichterkunst, auch harte Unterdrückung ihrer Untertanen scheint einige von ihnen ausgezeichnet zu haben. Speziell Petermann, ein Enkel des Minnesängers, war verhasst. Als er eines Tages zum Fischen ausfahren wollte, wurde er überfallen und über den Brünig entführt. Gleichzeitig plünderten die erzürnten Leibeigenen das Schloss und brannten es nieder. Das war 1381. Dreihundert Jahre lang blieben die Trümmer unberührt, denn es fehlten die Mittel für einen Wiederaufbau.

Bis 1671: Die Bewohner des Dorfes, des beschwerlichen Predigtganges zur Kirche Goldswil überdrüssig, beschlossen die Errichtung eines eigenen Gotteshauses, und zwar da oben in den steinernen Resten der Burg. Den westlichen Wehrturm machten sie zum Kirchturm, den Hofraum zum Schiff und einen Teil des Palas zum Chor. Mehr als die Hälfte der Arbeit wurde ohne Entschädigung geleistet. So sind die Ringgenberger auf aussergewöhnliche und sparsame Art zu ihrer eigenen Kirche gekommen. Und wie gefällig sie sich da oben macht! Das mag auch daher kommen, dass die Bauleitung in den Händen des landesweit anerkannten Steinmetzen Abraham Dünz gelegen hatte. Von ihm wurde übrigens drei Jahre später auch die Kirche in Unterseen renoviert. Es kann noch beigefügt werden, dass in der Mitte des vorigen Jahrhunderts ansehnliche Gesteinsmengen der immer noch verbliebenen Burgruine für den Bau des Neuen Schlosses in Interlaken verwendet wurden.

Sobald wir angelegt haben, steigen wir zuerst nach rechts auf eine Anhöhe, um von da die Uferpartie zu überschauen. Anschliessend begeben wir uns um den Hügel herum und zur Kirche hinauf.

Da unten befindet sich seit alter Zeit die Schlossmühle. Eine wichtige Mühle. Und auch eine berühmte, denn etliche grosse Künstler haben sie, beziehungsweise ihre Vorgängerin, festgehalten.

Das jetzige Mühlegebäude – seit Generationen im Eigentum der Familie Grossmann, heute von Melchior – wurde Ende der dreissiger Jahre erstellt. Jährlich werden bis zu 70 000 Kilogramm Getreide, namentlich Gerste und Dinkel, gemahlen. Die dazugehörende Bäckerei beliefert die umliegenden Ortschaften, auch auf der anderen Seeseite. Und bisweilen machen sich die jungen Bootsleute auf ihren Brotschiffen ein Gaudi daraus zu wetteifern, wessen Gebackenes noch warm in Bönigen ankommt.

Vermögen Sie die Spitzen der Weidlinge beim Schiffsscherm auszumachen? Dort sind kleine Häfen, wo die Böcke oder auch das täglich kursierende Postschiff von Brienz anlanden und ihre Waren ein- oder ausladen können.

Anno 88 wurde die Dampfschiffländte errichtet. Und der neue Besitzer Gottfried Käser, Müller- und Bäckermeister, hat die Schlossmühle in ein Wirtschafts- und Pensionsgebäude umgewandelt und ausgebaut, das den Namen Seeburg trägt. Er erhofft sich vom überall zunehmenden Fremdenverkehr an dieser verträumten und geschützten Stelle, abgeschieden und dennoch zu Wasser und zu Land leicht erreichbar, auch seinen kleinen Anteil.

Aus der Jahrhunderte dauernden Mühlezeit ist ausser prächtigen Veduten von Johann Jakob Wetzel, Samuel Weibel und anderen berühmten Zeichnern nur der Mühlestein übriggeblieben. Dort unter den neu angepflanzten Laubbäumen vor der Seeburg liegt er.

In dem am Hang in die Bäume gekuschelten Gebäude werden geschnitzte Möbel mit Intarsien hergestellt; ein neuer und anscheinend erfolgreicher Zweig der Holzwarenindustrie, der in Ringgenberg Fuss gefasst hat.

Nun geht es zur Kirche.

Wir haben den Burghügel umwandert und soeben die Schlossweid durchstreift. Fällt Ihnen auf, dass der Turm gleich breit ist wie die Kirche selbst? Das hat sich aus der Nutzung des Wehrturms ergeben. Und schauen Sie davor den mächtigen Kastanienbaum. Zu jener Höhe hinauf steigen wir jetzt.

Hier oben will ich Ihnen zweierlei zeigen: einmal im Chor die Orgel. Auf ihr hat anlässlich seiner letzten Schweizerreise Felix Mendelssohn-Bartholdy gespielt; der frische, helle Klang des damals erst zehnjährigen Instrumentes soll ihm besonders gut gefallen haben. Und – treten wir wieder hinaus – den Friedhof. Er wird seitlich von den abbröckelnden mittelalterlichen Wehrwänden und hinten vom östlichen Wehrturm umschlossen. Ausser dem melodischen Gesang einer gut aufgelegten Amsel, der aus dem verfallenen Gemäuer zu vernehmen ist, erfüllt reine Ruhe den Hof und mahnt zu Einkehr und Besinnung. Kennen Sie anderswo einen von seinem Rahmen her heiligeren Totenacker?

Wir steigen wieder hinunter und erklimmen die nächste westliche Anhöhe.

141

Hier auf dem «Bürgli» müssen Sie kurz Halt machen und zurückschauen. Von dieser Stelle aus zeigt sich wohl am anmutigsten das Dorf, welches früher einmal Ringgenwil geheissen hat. Der «Ringgen» ist eine halbrunde Schnalle; sie ziert in Silber auch das Gemeindewappen. Rechterhand erkennt man durch die Äste das Pfarrhaus, wo Pfarrer Rudolf Studer wohnt. Der Ort ist ja mit dem Bau seiner Kirche zum Pfarrdorf geworden und hat Goldswil abgelöst, mit dem er übrigens eine Gemeinde bildet. Eine der drei Turmglocken stammt noch von Goldswil, ebenso die Bibel und eine Sanduhr. Und der wohlklingende Stundenschlag tönt weit über den See und zeigt auch den Bönigern die Tageszeit an.

Nehmen Sie dieses prächtige Rundgemälde – wie die Felsen dort senkrecht in den See abstürzen! – in sich auf. Und wenden Sie den Blick auch noch etwas links gegen den Ortskern zu.

Ein schönes, ein harmonisches Dorf...

Und dennoch müssen wir jetzt Abschied nehmen. Es geht weiter über die Anhöhe. Bald entdecken wir einen geheimnisvollen, kleinen See und steigen zu ihm hinab.

Goldswil-Seelein ist der Name dieses reizvollen, reich mit Seerosen bewachsenen Gewässers; oder auch Faulenseelein, weil es – scheinbar – keinen Abfluss hat; er verläuft unterirdisch. Der See soll ausserordentlich tief sein, und auf seinem Grund liegt – wie die Sage berichtet – eine silberne Glocke. Beachtlich ist auch sein Fischreichtum: Schleien von 1–3 Pfund Gewicht, doch sie schmecken schlammig und sind höchstens nach mehrtägiger Wässerung geniessbar; Egli, bis zweipfündige, dann auch Hasel und Bläulinge, welche mehr als Köder der Angler im Brienzersee dienen; und Edelkrebse sowie viele fette Seemuscheln von der Grösse eines Gänseeis.

Die Idylle kann jedoch trügen und sich in mörderische Grausamkeit wandeln: Am Neujahrstag 96 – der See war zugefroren – vergnügten sich wie jeden Winter die Dorfkinder auf dem Eis. Da geschah es: die Eisdecke brach unvermutet ein, drei Mädchen konnten nicht mehr gerettet werden und fanden hier den elendiglichen Tod.

Schauen Sie dort oben auf dem Kamm des jenseits sich erhebenden Hügels: Das ist die von weither sichtbare Ruine, eines der eigenartigsten Wahrzeichen unserer Gegend.

Bummeln wir rechts dem Ufer entlang – Vorsicht, das Gelände ist sumpfig – und erklimmen die Erhebung.

Mehr als diese Rudera der alten Kirche von Goldswil ist nicht übriggeblieben. Kärglich und dennoch standhaft schaut der Turm wie ein steinerner Mahner, sich hoch aufrichtend, über das Bödeli und den Brienzersee. Die Kirche war eine der ältesten im ganzen Aaretal, 11. oder 12. Jahrhundert, und die Ruine bezeugt die romanische Baukunst. An den Turm war ein Schiff von 28 Metern Länge und 7 Metern Breite angebaut gewesen, umgeben vom Friedhof, und die ganze Anlage eingefriedet von einer Mauer. Lange Zeit waren hier Ringgenberg, Ried, auch Habkern – stellen Sie sich diese Wegstrecke vor! – und, wie wir ja wissen, Unterseen kirchgenössig, jetzt sind es die Goldswiler in Ringgenberg. Alles, auch der Weg, ist heute verwachsen und kaum mehr unterhalten. Und wozu dieser eiserne Zaun dient, dessen Tor ohnehin nur angelehnt ist, kann ich Ihnen auch nicht sagen. – Machen wir einen kleinen Bummel durch die Trümmer der einstmals geweihten Stätte, dann steigen wir hinab und wandern Interlaken entgegen.

Nach viel Neuland am unteren Brienzersee kehren wir zurück in vertrautere Gefilde. Links vom Fluss – das weite Feld heisst Untermoos – erstreckt sich die Ebene des Bödelis, wie sie einstmals von der Natur erschaffen wurde. Hier können Sie sich ausgezeichnet vorstellen, welche Erhebungen zur Zeit des Wendelsees – 25 Meter über dem heutigen Wasserstand – aus den Fluten geragt haben. Die Fläche wird nur von der geradegezogenen Bönigenstrasse durchschnitten; bald legt man neben sie auch den Schienenstrang der Bödelibahn.

Die anmutige Uferpartie mit den jungen Bäumen am neu angelegten Fussweg zum Seebad erschien nicht immer so gepflegt. Sumpfig war sie, mit wilden Schilfbeständen, die dem Wasser folgend weit in das Land hineingriffen, wie man es an einigen Stellen des anderen Ufers heute noch antrifft.

Zur Linken, aber bereits hinter uns, gibt es mehrere kleine Steinbrüche: da kommen die begehrten und schon wiederholt genannten Goldswilplatten her. Ein schwarzer Tonschiefer – eine Art Leberstein – für Treppen- und Bodenplatten von 9 bis 15 Zentimetern Dicke, auch für Simse, Feuerherde und Brunnenbecken.

Noch in den fünfziger Jahren wurden dort 40 bis 50 Arbeiter beschäftigt. Doch seit man die Steinplatten durch den billigeren Zement ersetzen kann, ist die Verdienstquelle am Versiegen. Dafür sammeln Goldswiler zunehmend Kräuter oder graben Wurzeln und leben ganz schön vom Handel mit Arzneimitteln.

Genau hier wollen wir anhalten, wie das am 4. September des Jahres 47 auch Mendelssohn-Bartholdy getan und ein wunderhübsches Aquarell angefertigt hat.

Wir haben die neue, etwa zu jener Zeit in Angriff genommene ausgebaute Brienzstrasse erreicht und gelangen auf dieser langsam wieder in die Nähe von Interlaken. Wahrlich: welch ausgewogenes Bild! Die Zollbrücke vor der Schlosskirche; und links das alte Du Lac. Am Hang des Kleinen Rugens das Hotel Jungfraublick, wo wir uns übermorgen umschauen werden.

Das im Fluss vertäute Dampfschiff? Die *Interlaken*. Und neben ihr festgemacht, wenn ich mich nicht täusche, die leere Schale des unglückseligen Schraubendampfers *Giessbach II* der Herren von Rappard.

An der Schiffstation Zollhaus liegt nun vorne das Raddampfschiff *Giessbach,* hinten beim Du Lac die *Interlaken.*

Das Grundstück, welches sich vor uns zwischen Fluss und Brienzstrasse gegen die Holzbrücke hinzieht, heisst von alters her «Sackgut». Weil dessen Besitzer, ein Herr Rimps, den Namen etwas vulgär fand, nannte er es «Tiefenau». Und zur Bekräftigung setzte er am Brückenkopf der alten Zollbrücke... dort übrigens muss das alte Zollhaus gestanden haben... ein Granitpostament mit der Aufschrift «Tiefenau». Die Säule – sie steht jetzt noch – konnte jedoch nicht verhindern, dass man nach wie vor vom «Sack» spricht.

Da haben wir abermals etwas näher den Schiffshafen mit den Werftgebäuden links – beachten Sie wieder die Holzstapel für die Feuerung der Boote – und dem Raddampfer *Giessbach* vor dem Hotel. Ja, hinter dem Pappelbaum guckt das Zollhaus beziehungsweise das Zollwirtshaus hervor.

Wandern wir weiter. Es geht aber nicht über die Holzbrücke und zurück zum Höheweg. Denn gleich müssen Sie einen Zeitsprung vorwärts vollziehen; richten Sie Ihr Auge gegen den Abhang.

Von dieser eben erst eröffneten Bergbahn lassen wir uns auf den Harder fahren – hoch oben am Horizont erkennt man den spitzen Turm des Restaurants, dort ist unser nächstes Ziel.
Wohlan, steigen wir ein.

Die Idee einer Harderbahn war schon 1890 erstmals vorgelegt worden, und zwar von den rührigen Grossräten Eduard Ruchti und Fürsprecher Friedrich Michel, doch musste das Projekt zurückgestellt werden. Um volle 15 Jahre.
Und jetzt ist das kühne Vorhaben Tatsache geworden.

Die Bauarbeiten – unter anderem fünf Brücken und ein 208 Meter langer Tunnel durch den Guggerschopf – wurden der Firma Frutiger in Oberhofen übertragen.
Oberbau, Triebwerkanlage und die Lieferung der Wagen besorgten, wie schon bei der Heimwehfluhbahn, die von Roll'schen Eisenwerke, und die elektrische Ausrüstung kommt von Brown Boveri in Baden.

Der Abgangsstation müsse – so war gefordert worden, da sie in Interlaken doch sehr ins Auge falle – architektonisch besondere Sorgfalt geschenkt werden, wogegen die Bergstation durchaus in einfacherer Bauart gehalten sein dürfe. Übrigens liegt diese auf dem Gemeindegebiet von Untersee, und somit hat das Städtchen doch auch einen Bahnhof.

In nur 20 Minuten Fahrzeit bringt uns die Standseilbahn bequem auf 1300 Meter über Meer – oder 725 Meter über das Bödeli. Und zwar nach menschlichem Ermessen ohne jedes Risiko.
Denn die Wagen verfügen über zweierlei Bremsen:
Die eine bedient der Kondukteur bei allfällig gewünschten Halten während der Fahrt;
Die andere wirkt automatisch im unwahrscheinlichen Fall eines Bruchs des Seils, das auch bei Maximalbelastung noch eine achtfache Sicherheit bietet.

Freuen Sie sich auf die Rundsicht!

Auf diesem kurzen Waldpfad gelangen wir zum Restaurant. Am Abend leuchtet bisweilen ein überstarker Gasscheinwerfer in die Tiefe und erreicht mit seinem gespenstischen Strahl den ganzen Talboden.

Das will ich noch rasch zum Bahnbau beifügen: Als rechte Hand von Fritz Frutiger – einem Sohn des Johann, den ich heute schon bei der Schneckeninsel erwähnt habe – wirkte Ingenieur Louis Lüthi von Solothurn. Dieser erlebte auf dem Bödeli nicht nur die Verwirklichung der kühnen Bahn – er hat auch noch die Tochter Rosa des Peter und der Anna Hofmann vom Du Lac als Gattin heimgeführt.

Auf der Aussichtsempore steht den Gästen ein Zeissfernrohr zur Verfügung; es gehört dem Harderwirt Alfred Beugger, dessen Namen Sie vorgestern beim Hotel St. Gotthard bereits gehört haben.
Zuerst schauen wir nach Osten. Vollziehen Sie unseren gestrigen Spaziergang nach.

Und jetzt... wenn das nicht überwältigt. Welch ein Panorama...
Das gibt es sonst nirgends!

Haben Eduard Ruchti und Friedrich Michel nicht recht gehabt? Sie meinten damals nämlich, den Besuchern von Interlaken fehle eine rasch und leicht erreichbare Generalübersicht auf das Bödeli und die Alpen; und dafür würde sich der Harder vorzüglich eignen. Jetzt haben wir sie – vollkommen.

Das fängt hinten bei den Eisriesen Mönch, Jungfrau, Gletscherhorn, Ebnefluh und Mittaghorn an, denen sich näher zu uns hin die Sulegg und die Schwalmeren anschliessen.
In der Mitte die Kerbe des Lauterbrunnentals, wo wir morgen hinfahren.
Dann rechts das Saxetental, aus welchem die Bödelibewohner ihr herrliches Wasser... können Sie sich eigentlich vorstellen, woher das Wasser kommt, das hier im Restaurant Harderkulm aus den Hähnen fliesst?

Es legt einen sehr, sehr weiten Weg zurück. Gefasst wird es nämlich bei Quellen, die hoch auf der jenseitigen Berglehne des Habkerntals entspringen. Von dort schiesst es durch Mannesmannröhren hinunter in das Tal des Lombachs und wird diesseits, ein Riesensyphon bildend, durch seine eigene Kraft bis hier herauf wieder hochgedrückt. Eine Verletzung der Röhren im Talgrund, wo sie unter dem Lombach durchgelegt sind, hätte zur Folge, dass das Wasser ob seinem gewaltigen Druck wie Dampf herauszischen würde.
Wahrlich ein merkwürdiges technisches Meisterwerk!

Da unten konstatieren Sie augenfällig, welche zentrale Bedeutung auf dem Bödeli der Höhematte zukommt, deren breite Fläche einzig durch eine kleine Allee halbiert wird. Ich weiss, ich bin Ihnen ihre Geschichte immer noch schuldig. Und vor ihr leuchtet die Reihe der Hotelpaläste am schnurgeraden Höheweg. Gewahren Sie das Victoria? Und das Jungfrau daneben? Pension Volz, Hotel Horn? Den Eiskeller gibt es noch nicht.
Deutlich erkennt man etwas weiter oben den Holzsteg über den Mühlekanal und über die Aare. Und das Trassee der Bödelibahn.

Schräg hinter dem Steg? Ja, dort kommen wir gegen Abend noch hin: der Kurpark mit seinen symmetrischen Anlagen – achten Sie auf den kreisrunden Weiher – vor dem Kurhaus. Dahinter der Schweizerhof. Und links das Belvédère. Dann das Des Alpes.
Jenseits der Höhematte das Schulhaus. Und vor der Kirche an der südlichen Strassenseite das Hotel Interlaken, welches ich Ihnen auch erst heute, aber bald, zeigen werde. An der rechten, entfernteren Ecke der Höhematte das Hotel Wyder. Das Savoy steht noch nicht, aber der Deutsche Hof lässt sich ausmachen.

Auch der Turmbau des Mattenhofs fehlt. Dafür ist das Jungfraublick klar zu erkennen; jetzt stellt man fest, wie es auf einem vom Kleinen Rugen vorspringenden Sporn liegt.

Die Kirche Gsteig weit hinten neben der Strasse. Und wie leer das ganze Westquartier noch wirkt, obschon der Schiffahrtskanal bereits angelegt ist.

Wenn Sie die Augen noch mehr nach Westen richten, dann finden Sie neben dem Schiffahrtskanal und dem eingeschalten Aarefluss wieder die gerade Verbindungsachse zwischen der Weissenau und Unterseen… jetzt zeichnen sich auch die Heimwehfluhbahn und oben das ausgebaute Café von Friedrich Mühlemann deutlich ab. Von dort steigt der anfangs tief bewaldete Rücken des Grossen Rugens zum Abendberg und weiter bis zum Morgenberghorn auf über 2200 Meter.

Kehren wir zurück zur Bahn.
Es geht wieder hinab in den Grund und dort, mit Ausnahme des längst fälligen Abstechers zum Kurhaus, heimwärts zum Grand Hotel Victoria… oder nein, heute könnten wir den Tag auf der Terrasse des Hotels Jungfrau beenden.

Vis-à-vis der Talstation bringt uns die Brücke auf den Höheweg, wie er sich hier früher einmal präsentiert hat. Gasflamme Nummer 43, halbnächtig, und zwar nach Mitternacht.

Nach einem Seitenblick zum Grand Hotel Beaurivage, wie es Architekt Davinet für Wilhelm Knechtenhofer errichtet hatte und welches, wie Sie wissen, ein Raub des Feuers werden wird, erreichen wir bald das Hotel Interlaken.

Das einstige Landhaus, hervorgegangen aus der Klosterherberge, war – wie Sie wissen – das älteste Fremdenetablissement auf dem Bödeli. Darum ist die dort oben angeschriebene Jahrzahl 1591 eigentlich irreführend; sie sollte sich auf die Erneuerung des Gasthauses durch Klosterpropst Louis Ross im Jahre 1491 beziehen. Bummeln wir langsam westwärts.

Im Anschluss an die Reformation kam die Herberge natürlich in Regierungsbesitz, und ab 1659 ging sie in private Hände über. Nur ein paar Namen will ich erwähnen, welche Ihnen inzwischen da oder dort schon begegnet sind: Johannes Müller; er errichtete ja weiter vorne auf der anderen Strassenseite in der Folge die Pension Müller, welche längere Zeit auch als Dependance betrieben und bekanntlich später ins Des Alpes eingebaut wurde.

Auch Doktor Carl Aebersold war hier einmal Pensionshalter. Nach ihm kurze Zeit der junge Peter Ober, auch Johann Strübin als Pächter, der nachmalige Gründer des Schweizerhofs. Und anno 66 wurde unter Christian Indermühle, dem Braumeister, das Hotel Interlaken kräftig erweitert, aufgestockt und in Interlaknerhof umbenannt.

Gucken wir nochmals zurück, wie es zuvor ausgesehen hat mit seinem herrlichen Blumengarten bis zum Höheweg und neben der ehrwürdigen Kulisse der nahen Schlosskirche.

Grosse Berühmtheiten haben dem Gasthaus die Ehre erwiesen: Zum Beispiel am 1. Juni 61 die Gemahlin des Prinzen Peter von Oldenburg mit ihrem 36köpfigen Gefolge.
Lord George Gordon Byron stieg 1816 ab, und Felix Mendelssohn-Bartholdy, dem es offensichtlich sehr behagte, logierte in den Jahren 1822, 31 und 42 hier.
Jetzt zur Strassenseite gegenüber:

Heute ist offen! Das Chalet Diana von Thomas Zryd, welcher es von Emil Egger-Brügger gekauft hat, stammt aus der Zeit der ersten Pensionen am Höheweg, nämlich von 1837. Gehen wir deshalb nochmals ein paar Schritte zurück, auch in der Zeit.

Der verspielte Holzbau gehört Clement Sesti. Er übernahm das Vorläufermagazin mit der vielversprechenden Bezeichnung «Au Temple de Minerve» – können Sie links neben SESTI noch einen Teil der alten Anschrift entziffern? – von einem J. Wyder. Und dieser hatte wohl als erster auf dem Bödeli begriffen, was die Fremden als Souvenirs heimzubringen begehrten: nämlich Holz- und Gemshornschnitzereien aus Ringgenberg, Iseltwald und Bönigen, auch aus Brienz, seltene Steine sowie Töpferwaren von Heimberg.

Das Geschäft galt zu jener Zeit als bestrenommierte Schnitzwarenbude im ganzen Berner Oberland. Es war nur eingeschossig, dafür mit einem Türmchen versehen, auf dessen Spitze ein geschnitzter Alphornbläser stand – lebensgross.

In der Folge liess Sesti seinen Souvenirtempel zum Preis von 25 000 Franken von der noch jungen Parqueteriefabrik Unterseen ausbauen und wurde dafür anno 57 an der Industrie-, Kunst-, Literatur- und Landwirtschaftsausstellung in Bern auch prompt mit der Ehrenmeldung «für zierliche Oberländerhäuschen» ausgezeichnet.

Gleich daneben: Das alte Hotel St. Georges war nach mehreren baulichen Erweiterungen am Bettag des Jahres 1906 bis auf den Grund niedergebrannt.
Doch Lichtenbergers zögerten nicht: Wie Phönix aus der Asche entstanden an seiner Stelle und nach Plänen des Interlakner Architekten Alfred Vifian dieser prunkvolle Neubau mit dem Namen «Hotel Royal», zudem – im Hintergrund – eine ebenfalls von ihrem Eckturm beherrschte Dependance. Auf sie hat man die Bezeichnung «St. Georges» übertragen.

Jetzt erscheint wieder das Grand Hotel Des Alpes, wie wir es bereits kennen.

152

Man flaniert auf der Höhepromenade! Manchmal scheint der köstliche Duft der Nussbäume in den Strömen von Eau de mille fleurs und Patschouli der vornehmen und modisch herausgeputzten Damenwelt fast gänzlich unterzugehen.

Die Geschichte der Höhematte hängt eng mit dem Kurhaus zusammen, dem wir uns heute widmen werden.

Im Hintergrund kommt das Belvédère in Sicht. Und vor diesem zeigen sich zwei schmucke Verkaufsmagazine: zuerst jenes von Prell & Eberle, Buchhandlung und Postkarten, daneben mit den beiden Türmchen … das wollen wir uns gleich von nahe anschauen.

Links vor uns? Der Blumenkiosk von Caroline Ryser: frisches Obst, Bouquets auf Bestellung und Alpenblumen, deren Versand die Verkäuferinnen gerne für ihre Kunden besorgen. Natürlich wurde auch dieses Häuschen von der Parqueteriefabrik gefertigt.

Jetzt aber über die Strasse: Das Chalet Belvédère ist an die renommierte Firma Mack aus Vevey vermietet. Sie besitzt auch in Montreux eine Filiale und kennt sich ausgezeichnet im Geschmack der Touristen aus. – Vermögen Sie vorne die Tafel KURSAAL zu lesen?

Hier treten wir durch das einladende, von Kassenhäuschen flankierte Portal in den Kurpark ein.

Unweit des Eingangs begrüsst uns vom hohen Sockel aus Felsblöcken herab die Bronzestatue eines Bergsteigers. Und auf der anderen Seite des Weges gibt eine aus Pflanzen und Blumen hergerichtete, mit langen Zeigern versehene Uhr die Zeit an.
Dahinter überragt sie – Walter Reusser, der Kursaalgärtner, müsste dort wieder einmal Hand anlegen – ein kleiner, hübscher, von tönernen Zwerglein bewohnter Pavillon.

Jetzt erzähle ich Ihnen die Geschichte des Kurhauses. Sie erinnern sich: Was der Maler König 1805 in Gedanken auf dem «Inseli» in Unterseen vor sich gesehen hatte, ist gute fünfzig Jahre später, zumindest von der Idee her, hier am Höheweg Wirklichkeit geworden. Und wie!

Die ersten Versuche mit Molkenkuren der Ärzte Aebersold, Blatter

und Balmer verliefen, wie ich Ihnen am Ankunftstag angedeutet habe, erfolgreich – übrigens darf durchaus auch Hauptmann Michel in Bönigen zu den Pionieren gezählt werden.

Molken? Sie sind ein Nebenprodukt der Käsezubereitung und werden auch Schotten genannt.
Besonders geeignet ist die Ziegenmilch, weil sie – wie Doktor Johann Jakob Strasser in seiner Veröffentlichung über unseren Kurort vermerkt – in bezug auf Verdaulichkeit nahe an die Eselinnen- und Frauenmilch kommt.

Sie wird ganz heiss oder mutterwarm verabreicht, ist nicht für jeden Gaumen angenehm und schmeckt kräftig nach Alpenkräutern. Wie diese ist sie von vielfältig heilsamer Wirkung und speziell bei Magen- und Darmkrankheiten, bei Obstipation und bei Lebererkrankungen angezeigt. Doch es empfiehlt sich, sich erst nach ärztlicher Beratung einer Molkenkur zu unterziehen, die ja einige Wochen dauern sollte.

Wir müssen uns nun weit in die Vergangenheit zurückziehen, und zwar zum ersten Kurhaus, das – wie Sie lesen können – Molkenkuranstalt heisst und dessen Park – wie Sie konstatieren müssen – noch von keinem Gärtner gepflegt wird.

Es war im Jahre 58, als weitsichtige Bürger für 60 000 Franken Land auf der Aarzelgmatte erwarben mit der Absicht, hier ein Kur- und Konversationshaus für die Fremden zu errichten. Unter ihnen befanden sich die Hoteliers und die Besitzer der Verkaufsbuden am Höheweg – mit einer Ausnahme: Geldwechsler Isidor Jackowski-Ueltschi, ein aus Wilna stammender und in Erlenbach im Simmental eingebürgerter Pole. Sein Name war bereits zweimal gefallen. Anstatt der Aufforderung nachzukommen und der anno 62 gegründeten Kurhausgesellschaft ebenfalls beizutreten, stellte dieser im nachfolgenden Winter der Berner Regierung das freche Gesuch, auf der Höhematte ein Bankgebäude errichten zu dürfen. Das war für die Interlakner ein Alarmzeichen! Man erkannte, dass das der Beginn einer Überbauung der Höhematte sein könnte, was wohl für das Bödeli verheerende Folgen gehabt hätte.

Das Gesuch wurde deshalb in Bern auch abgewiesen.

Immerhin hatte man hier die Gefahr erkannt, und 37 beherzte Interlakner bewarben sich unverzüglich um den Erwerb der ganzen Höhematte für 150 000 Franken. Sie verknüpften damit die Bedingung, dass dieselbe mit einem Servitut belegt werde, welches auf alle Zeiten eine Zerstückelung und Überbauung verunmöglichen soll. Trotz des Gegenangebots von 200 000 Franken eines Herrn Bützberger wurde der Vertrag mit der genannten Dienstbarkeit am 25. Januar 64 dem Grossen Rat vorgelegt, wo er mit 97 zu 18 Stimmen gutgeheissen wurde. Wollen Sie wissen, wer dieser Herr Bützberger war? Grossrat und Nationalrat Johann Bützberger, Fürsprecher in Langenthal und ... Schwager von Isidor Jackowski.

Warum ich das just hier erzähle: Weil die massgeblichen Männer sowohl in der Kurhausgesellschaft wie in der Käuferschaft der Höhematte weitgehend identisch sind; und weil die Verwaltung der Höhematte bald der Kurhausgesellschaft übertragen wurde.

So also präsentiert sich die Molkenkuranstalt, unser Kurhaus, in ihrer ganzen Grösse, in ihrer ganzen Ausgewogenheit und Pracht!

155

Bald wird vor ihr ein riesiger Weiher angelegt, aus dem die Fontäne des Springbrunnens durch den Druck vom Reservoir auf dem Kleinen Rugen über zehn Meter in die Höhe getrieben wird, um ermattet und dennoch fröhlich plätschernd in das Becken zurückzufallen. Er ist uns vorhin schon vom Harder aus aufgefallen.

Von den Persönlichkeiten, welche mit ihrer weitsichtigen Jahrhunderttat den Grundstein für die Prosperität von Interlaken gelegt haben, sind Ihnen viele mittlerweile bekannt: Peter Ober, der bei diesem Husarenstreich die treibende Kraft gewesen war und auch prompt zum ersten Verwaltungsratspräsidenten der Kurhausgesellschaft von Interlaken gewählt wurde, die Hoteliers Eduard Ruchti und Friedrich Seiler natürlich, auch Johann Strübin, Jakob Friedrich Knechtenhofer und seine Frau Katharina, Heinrich Wyder, die Ärzte Johann Jakob Strasser und Friedrich Volz; erinnern Sie sich an Karl Urfer, den Buchbinder? Auch er, sowie Negotiant Friedrich Räuber Vater und Apotheker Dennler.

Das geschah – vergessen Sie das nicht – zu einer Zeit, da die Hotellerie am Höheweg erst am Aufkeimen war. Ein Akt von grossartiger Voraussicht und Gemeinschaftssinn edelster Güte. Alle nachfolgenden Generationen werden sich an solcher Initiative ein Beispiel nehmen!

Die erste Kuranstalt mit Lokalen für Lektüre, Konversation, Restauration, Musik und Spiele konnte im Sommer 1859 eröffnet werden. Geldgeber für den Bau und die Einrichtungen war ein Ausländer gewesen, Baron und Artilleriehauptmann D'Azène du Plessis. Er soll das Geld von der aus Spanien verbannten Königin Maria Christina erhalten haben, der vierten Gemahlin König Ferdinands, wofür er ihr Gründungsaktien seiner Casino-Unternehmung abgetreten habe. Das Hauptinteresse des französischen Abenteurers lag nämlich beim Hasardspiel für eine Demimonde à la Monte Carlo, die Molkenkuren kümmerten ihn wenig. Als die Berner Regierung das Geldspiel bereits nach wenigen Monaten vorübergehend verbot, geriet du Plessis in Schwierigkeiten und wurde gar zahlungsunfähig. Woraufhin er verschwand. Und so gingen Casinogebäude und Mobiliar an die Grundeigentümer über.

Die angelieferte, stets frische Ziegenmilch wird von Doktor Volz täglich sorgfältig begutachtet und geprüft, und die Verteilung der Molken an die Kurgäste erfolgt erstmals morgens um 6 Uhr 30. Wie Sie sehen, ist das Gebäude im Mitteltrakt bereits umgebaut und erhöht worden; anno 68. Auch gibt es seit 72 einen Musikpavillon, wo morgens von 7 bis 8, nachmittags von 4 bis 5 und abends von 8 Uhr 30 bis 10 Uhr 30 den Kurgästen aufgespielt wird.
Der Springbrunnen steigt nun bis auf 36 Meter Höhe. Und die Gaslaternen hat man teilweise durch prächtige, auch mehrarmige Kandelaber ersetzt. Damit erhält der Kurpark nachts etwas Märchenhaftes, und die Gäste strömen in Scharen herbei. Wenn dann noch Hambergers Feuerwerkskaskade dreistufig sprühend vom Kursaaldach fliesst oder die Ägyptische Palme, das Römische Kerzenbouquet, Mörsergranaten, Tourbillons und Salamander-Raketen zischend und knatternd den schwarzen Himmel aufreissen, dann wird die Begeisterung unbeschreiblich. Interlaken – vergessen Sie nicht, was inzwischen am Höheweg an Hotelneubauten alles entstanden ist – hat den Schritt zum Weltkurort gemacht!

Vor und in diesen Galerien an der gesunden Luft – zweifellos leistet auch diese ihren Heilungsbeitrag – erfolgt die Verabreichung der Molken. Das also ist die begehrte Zentralstätte der Hotelgäste Interlakens, der Sammelpunkt aller Fremden geworden.

Nachdem anfangs verschiedene Musiktruppen, auch blinde Flötenbläser, in einer Ecke der Galerie gespielt hatten, sind, seit es den Musikpavillon gibt, zehn Hofmusiker aus Darmstadt fest engagiert. Hier – nebenbei – haben am Abend des 3. August 77 Dom Pedro d'Alcantara, der Kaiser von Brasilien, mit der Kaiserin Dona Teresa Christiana und Gefolge Tee getrunken.

Anstelle dieses Pavillons im Freien wurde dem Kurhaus im Zuge noch anderer baulicher Erweiterungen eine richtige Orchesterbühne in der Mitte vorgebaut.

Rechts aussen können Sie sie erkennen.

Begeben wir uns durch die von Holzpfeilern getragene, inzwischen verbreiterte Galerie zum Ostflügel.

Nochmals von hier die grosse Bühne im Hauptteil des Neubaus.

Wollen wir beim kleinen Spielsaal hineinschauen? Das nennt man Jeu de chemin de fer, also Eisenbähnchen-Spiel, am mittleren Tisch. Der Raum war eigentlich als Billardsaal geplant.

Jetzt traversieren wir den Neubau. Im Westflügel will ich Ihnen den pompösen Fest- oder Bankettsaal zeigen. In Wirklichkeit ist es der grosse Spielsaal, gelegentlich auch als Spiegel- oder Marmorsaal bezeichnet, wo mit Eifer und Einsatz um Geld gespielt wird.

Schauen Sie die mächtige Tonnendecke; und an den Wänden den Arabeskenschmuck und die Marmoreinlagen auf den Pfeilern; und die drei fürstlich ausgestatteten Kristallkronleuchter.
Alles das Werk des beauftragten Architekten Paul Bouvier aus Neuchâtel, der schon an der Landesausstellung 96 in Genf durch sein von ihm geschaffenes Schweizerdorf aufgefallen war.
Ein genialer Holzbau-Künstler!
Da haben Sie das Jeu des petits chevaliers oder Pferdchenspiel auf dem runden Tisch. Die Einheimischen nennen es Rösslispiel.

Der Kaiser von Brasilien war damals mit seinen insgesamt 17 Begleitpersonen, worunter Kammerherr, Leibarzt und Geheimsekretär, von Luzern über den Brünigpass nach Meiringen gefahren. Am Nationalfeiertag hatte er die Grosse Scheidegg überquert und anschliessend im Schwarzen Adler in Grindelwald übernachtet. Von dort besuchte er das gewaltige Eismeer.
Die Reise ging weiter auf den Männlichen, wo die hohe Gesellschaft dejeunierte, und über die Wengernalp und Lauterbrunnen traf sie gegen Abend in Interlaken ein.

Eduard Ruchti hatte sein Victoria für den Empfang der kaiserlichen Gäste angemessen hergerichtet; auf dem Uhrentürmchen flatterte die brasilianische Fahne.
Nach dem Diner liessen es sich seine Majestät mit Gefolge nicht nehmen, dem Kurgarten, wie erwähnt, einen kurzen Besuch abzustatten.

Hinten im Saal ist der Durchgang zur Rotunda; kommen Sie mit.

159

Der kuppelgekrönte Mittelbau des neuen Kursaals ist das Verbindungsglied zwischen Halle, Festsaal – die Türe ist noch offen –, American Bar und Foyer des Theatersaals.

Zuerst sehen wir uns die Bar an: auch sie voller Schmuck und Eleganz. Beachten Sie den kunstvoll geschreinerten Schanktisch und den grünen Baldachin, welcher sich feierlich über dem Throne des in Amerika gedrillten Barmixers wölbt. Und links und rechts daneben finden sich lauschige Trink- und Spielecken.

Da kann man oftmals erleben, wie der noch vor wenigen Stunden etwas abgeflattert von einer Exkursion zurückgekehrte Alpentagfalter sich in einen energiestrotzenden, frisch ausgeschlüpften Salonnachtschwärmer verwandelt hat und sich ausgiebig in das Casinoleben stürzt.

Tempora mutantur! – Vom Ziegenmolkenausschank ist seit den achtziger Jahren nicht mehr die Rede.
Offensichtlich wird hier zurzeit Billard gespielt.

Nach dem besagten Abendtee im Kurgarten kehrten die kaiserlichen Gäste, verfolgt von neugierigen Blicken der herbeigeströmten Einheimischen, zum Victoria zurück. Ruchti überraschte sie dort mit einer Serenade und liess hierauf ein grossartiges Feuerwerk abbrennen: Der Namenszug des Kaisers erglänzte in einem Verwandlungsstück in verschiedenen Farben und Feuern und war schliesslich vom brillantesten Glorienschein umstrahlt. Die Schlussscene bildete die bengalische Beleuchtung des Hotels, welches dadurch von weither sichtbar einen lebendigen und grossartigen Anblick bot.

Unvergesslich, jener Abend!

Und auch das Kaiserpaar fuhr – trotz der vorangegangenen beschwerlichen Reise – offenbar beeindruckt und gerührt von seinem Besuch in Interlaken tags darauf weiter.

Morgen will ich Ihnen noch vom Besuch des Königs Tschulalongkorn berichten.

Wir begeben uns wieder zur Rotunda und dort gleich rechts in das Foyer des jüngsten Erweiterungsbaus.

Der Theatersaal! Ein Prunkstück auch er: die Stukkaturen, die Schnitzereien, zum Teil hübsch vergoldet, die reichen Malereien an der Decke – und dort hinten die mächtige Empore, geschwungen in der Form eines Hufeisens.

All das grossartige Neue, welches wir uns jetzt zusammen angeschaut haben, ist im Laufe von zehn Jahren geschaffen worden.

Doch auch – kehren wir zurück durch den Park – der weite Kurgarten gewinnt von Jahr zu Jahr mit seinen Blumenbeeten, Palmen und Bosketts an Pracht und Üppigkeit. Drehen Sie sich rasch noch einmal um und nehmen Sie den glanzvollen Anblick unseres heutigen Kursaals in sich auf. Wenn Franz Niklaus König geahnt hätte…

Damit verlassen wir die Anlagen und biegen auf dem Höheweg nach rechts, um uns…
Natürlich, das Kurorchester im Pavillon dort vorne auf der Höhepromenade:

Vorhin habe ich Ihnen von den zehn deutschen Musikern erzählt, welche die erste Kurkapelle gebildet haben. Sie waren von Wilhelm Schleidt zusammengeführt worden, einem 22jährigen virtuosen Salonviolinisten aus Neckarsteinach, der damals als Solorepetitor am Grossherzoglichen Hoftheater in Darmstadt angestellt gewesen war.

Und so kam er nach Interlaken, nahm sich bekanntlich eine angesehene Interlaknerin zur Frau, blieb in Interlaken und wurde Interlakner ganz und gar. Seit 79 ist er nun Kapellmeister – dort, ja, dort sehen Sie ihn in voller Aktion – des Kurorchesters, das damals auf 20, bald auf 25 Mann verstärkt wurde und heute einen Bestand von 43 Musikern aufweist.

Schleidt war ein Glücksfall für Interlaken: Nicht nur leitete er mit Glanz und Gloria die Kapelle und hatte eine sichere Hand bei der Wahl seiner Musiker, er wurde auch Leiter des Männerchors Frohsinn, gründete den Konzertchor Cäcilia und ist schon seit Jahrzehnten Bezirksdirektor des Oberländischen Sängerverbandes. Zudem gibt er während der Saison jeden Sonntag als Organist in der Kirche von Unterseen beliebte Konzerte zugunsten der Armen. Er ist auch ein Meister der Komposition, namentlich für Orchesterstücke der Unterhaltungsmusik, die längst Eingang in das Repertoire der grossen Kapellen gefunden haben. Aber auch zwei lokale Werke, «Gavotte im schönen Bödeli» und «Ein Sommerabend in Interlaken», sind seine Schöpfungen.

Der Musikpavillon auf der Höhepromenade war 1893 errichtet worden; auch auf Anregung von Herrn Schleidt und, wie Sie feststellen, für ein sehr dankbares und aufmerksames Publikum.

Entfernen wir uns langsam. Die rassigen Musikklänge begleiten uns noch ein Stück Weges. Jetzt müssen Sie aufpassen!

Sie kennen das Victoria, Sie kennen das Jungfrau und Sie kennen die klaffende Lücke, welche die beiden Hotels trennt.

Wir haben gestern morgen von Eduard Ruchtis Mut und Weitsicht gesprochen.

Anno 93 erwarb er von Magdalena Strübin die ehemalige Pension Volz sowie ein hinter dem feudalen Speisesaalanbau des Victoria gelegenes Ökonomiegebäude mit Waschküchen, Badezimmern, Pferde- und Schweineställen samt Erdreich. Ihr Vater, Doktor Friedrich Volz, war sechs Jahre zuvor gestorben, und sie schätzte sich glücklich, Ruchti als Käufer gefunden zu haben.

Bereits zehn Jahre früher hatte ihm Berta Ober-Beha, die Schwiegertochter von Peter Ober, das Chalet östlich vor dem Hotel käuflich überlassen.
Und das Chalet Victoria – Frau Major Schramm! – war ja bereits seit 60 in seinem Besitz. Noch eine kleine Parzelle Mattland zum Hotel Jungfrau hin verkaufte ihm der Fuhrhalter Johann Hirni. Damit war die Victoria-Liegenschaft ein schön abgerundetes Grundstück geworden.

Jetzt tat Eduard Ruchti, inzwischen 61jährig, einen grossen Schritt: Er wandelte seinen ansehnlichen Privatbesitz in eine Aktiengesellschaft um, bestellte einen entschlossenen, zielbewussten Verwaltungsrat mit dem Advokaten Emile Gaudard von Vevey als Präsidenten und machte sich selbst zum Administrateur Délégué, zum unermüdlich aktiven Delegierten des Verwaltungsrates.

Noch im gleichen Jahr 1895, im Dezember, verkaufte die Witwe Elisabeth Seiler-Sterchi an Ruchtis Gesellschaft die ganze Jungfrau-Besitzung, zu der notabene in der Zwischenzeit auch das Lüthi-Haus mit seinen Nebengebäuden und grossem Umschwung gekommen war.

Nur gerade vier Monate später erhielt der Verwaltungsrat vom beauftragten Architekten Davinet die Pläne für den Ostflügel-Erweiterungsbau am Hotel Jungfrau vorgelegt und beschloss – wie wir ja gestern früh kurz schon konstatiert haben – dessen Ausführung; im Frühjahr 97 war er vollendet.

Und wieder auftragsgemäss legte Davinet im Herbst 99 Pläne für einen östlichen Erweiterungstrakt am Hotel Victoria vor. Und bereits im Winter wurde er – beachten Sie die Baustelle – vollendet und mit diesem imposanten Kuppelturm wirkungsvoll abgeschlossen. Er wird auf alle Zeiten zum leuchtenden Wahrzeichen der Hotelunternehmung Victoria-Jungfrau! Und auch von Norden, wie wir vorgestern auf dem Lustbühl festgestellt haben, verfehlt es seine Wirkung nicht.

Die Lücke zwischen den beiden Häusern hat sich damit bis auf einen Durchgang von knapper Strassenbreite geschlossen. Und die zwei ohnehin schon seit Anbeginn durch die Identität des Architekten gleichsam blutsverwandten Grand Hotels am Höheweg haben ziemlich genau in der Mitte ihrer Gesamtfront eine strahlende Krone aufgesetzt erhalten, die weithin über das ganze Bödeli vereinte Kraft, Harmonie und Noblesse verkündet.

Habe ich übertrieben, oder pflichten Sie mir bei?

Man erwartet uns. – Und da wollen wir uns hinsetzen zu den Hotelgästen, die von gestern schwärmen, das Heute geniessen und von morgen träumen.

Bald senkt sich die Nacht auf das Bödeli, über die Seen, in die Täler. Eine aber wird für eine geraume Weile alle überdauern, wird sich zart mit den allerletzten Strahlen der Sonne drapieren, während gleichsam als Propyläen die Vorberge – schwere, schräge Vorhänge links und rechts der erleuchteten Szene – mit der Nacht verschmelzen: die Jungfrau! Aus kühler Distanz von achtzehn Kilometern schenkt und bewahrt sie als ergiebiger Goldbrunnen Interlaken das Leben. Sie ist zudem gewissermassen der Koh-i-Noor der ganzen Alpenwelt, unser «Berg des Lichts». Hier auf der Terrasse des nach ihr benannten Grand Hotels werden Sie es erleben: Die Stimmen der fröhlich plaudernden Menschen um uns, aber auch draussen auf der Höhepromenade, werden bald flüsternd, und dann verstummen sie ganz. Und ihre Blicke sind vom gleichen Wunder gebannt, bis des gewaltigen Schauspiels letzter Akt leise und trotzdem für die Zuschauer allzu plötzlich sein Ende nimmt.

Ihre Höhe beträgt 4158 Meter. Erst 1811 wurde sie bezwungen, und zwar mit Hilfe der Lötschentaler Gemsjäger Joseph Bortis und Alois Volker von Johann Rudolf und Hieronymus Meyer, den Söhnen des Aargauer Helvetikers und Schöpfers des «Meyer'schen Schweizeratlas». Leider – ein Schönheitsfehler für uns Berner – von der Walliser Seite her. Die Zahl derer jedoch, die es auch versuchten und die sie sich als Opfer genommen hat, geht in die Hunderte.

Anstatt Ihnen mehr von dieser weissen Aristokratin, von dieser Primadonna assoluta der Berner Alpen zu erzählen und zu schwärmen, sollen Sie hören, was Philipp Albert Stapfer anno 1812 über sie gesagt hat: «Die Jungfrau, widerstrahlend von himmlischer Klarheit, scheint nicht dieser Erde anzugehören. Umsonst würde derjenige, welcher fähig ist, das Erhabene zu fühlen, Ausdrücke suchen, um darzulegen, was er empfand, als zum ersten Mal dieses Gebirge in seiner vollen Majestät vor seinen Blicken sich erhob. Die Worte schleppen matt hinter einem Gefühl nach, das schneller als alle Gedanken ist.» Dem ist von meiner Seite nichts mehr beizufügen. Wir sehen uns wie vereinbart morgen früh. Haben Sie gute Ruhe und leben Sie wohl.

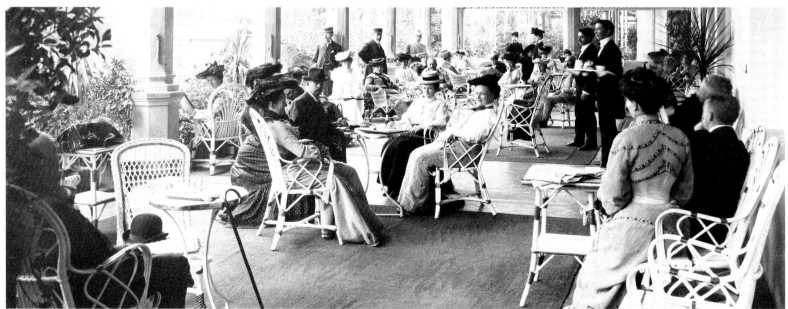

# Route des vierten Tages

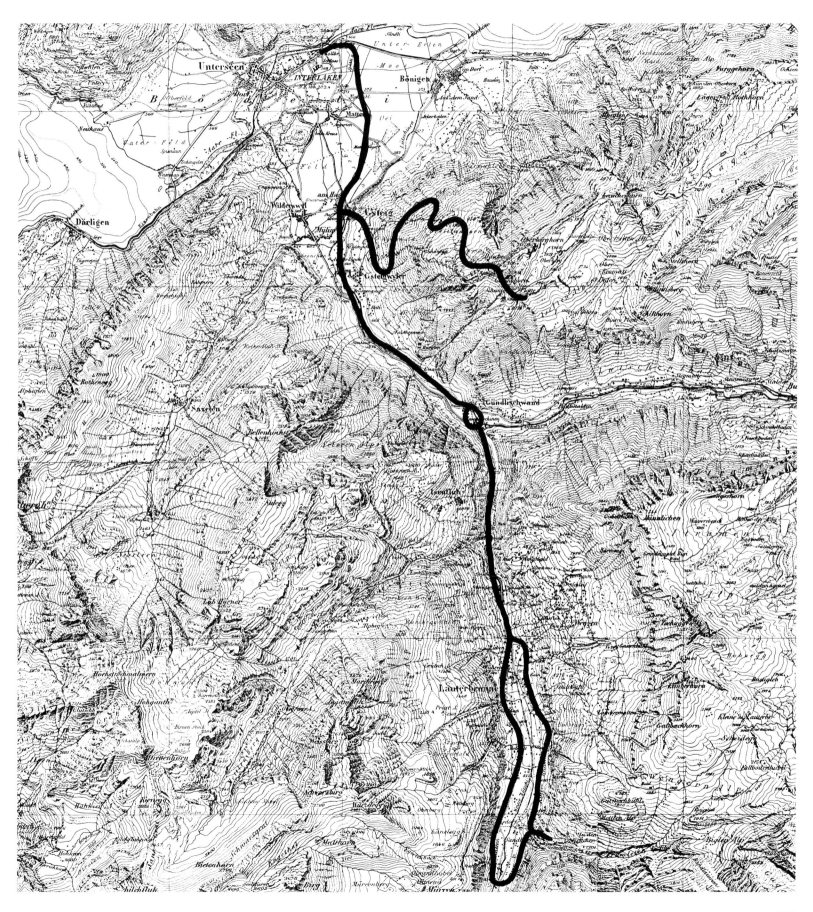

169

Ich begrüsse Sie zum neuen Reisetag, lieber Weggefährte. Dem wiederum strahlenden Ausflugswetter entsprechend sind die Fremden früh auf den Beinen und wechseln auf diesem günstigen Sammelpunkt ihre Verkehrsmittel – Dampfboot, Eisenbahn, Kutsche oder Hotelomnibus – zur verheissungsvollen Weiterfahrt.

Gestern haben wir uns der Schiffstation dort drüben zugewandt, heute begeben wir uns – keine 200 Schritte von jener entfernt – zur Bahn. Der weite Platz dazwischen, wo die Omnibusse in Reih und Glied auf ihre Kundschaft warten, war früher unberührtes Mattland. Mit «früher» meine ich bis zur Geleiseverlängerung nach Bönigen und bis zum Bau dieses im Augenblick noch recht verschlafen wirkenden Bahnhofs Interlaken-Zollhaus, benannt nach dem... doch davon haben wir gestern morgen gesprochen.

Wohlan denn; gehen wir hin! Eingestiegen wird auf der anderen Seite. Beachten Sie im Vorbeigehen die Berglokomotive, eine hinten leicht erhöhte, dreifach gekuppelte Tendermaschine.

170

Und da geraten wir bereits in das fröhliche Kunterbunt der Reiselustigen. Wahrhaftig: Das Völkergemisch scheint hier noch ausgeprägter zu sein als auf der Höhepromenade. Dort eine eher distinguierte Zurückhaltung, hier jedoch individuelle Zielstrebigkeit, unverbindliche Wortwechsel, eine Spur von Nervosität und natürlich Spannung und Erwartung – zu Recht! – in den Gesichtern. Und unter Reisetoilette lässt sich wirklich sehr Verschiedenes verstehen, je nach Herkunft, Ausflugsziel und Wesensart.
Schauen Sie im Hintergrund über dem Waggon: Da grüsst uns nochmals die Turmruine von der Höhe des Goldswilhubels.
Wir müssen jetzt einsteigen; gleich geht es für das erste Teilstück los. In weitem Bogen durchfahren wir die Ebene nach Süden.

Sie fragen nach dem komplizierten Namen Tschulalongkorn: Es war im Mai 97, als der König von Siam – er war es nämlich – anlässlich eines offiziellen Besuchs in Bern einen Abstecher in das Oberland unternahm. Der sympathische hohe Gast mit Gefolge erreichte in Begleitung von Bundespräsident Deucher, Regierungspräsident Friedrich von Wattenwyl und vielen weiteren schwarzbefrackten Herren Interlaken am späten Nachmittag. Nach einer Spazierfahrt durch das Bödeli stieg die Gesellschaft im Grand Hotel Victoria ab. Eduard Ruchti liess in seinem Prunksaal ein Bankettmenü servieren… soll ich es Ihnen aufzählen?
Consommé double Royal, Suprême de truite à la Victoria, Filet de boeuf Ribeaucour, Poulet sauté mascotte, Langouste parisienne, Fond d'artichauts à la Reine, Sorbet Majesté, Faisan de Bohême en casserole, Salade Caprice, Bombe Orientale und Gâteau Fédéral, Fruits et Dessert; dazu auserlesenste Weine, Château Haut-Brion 1877 zum Beispiel. – Heute könnten wir bei Frau von Almen in Trümmelbach essen!
Das Kurorchester sorgte für die Tafelmusik, dazwischen wurden von den hiesigen Chören Lieder vorgetragen, die der König ganz besonders estimierte. Nach dem Bankett folgte ein Besuch beim Kursaal, wo – trotz Regen – ein vom Pyrotechniker Hamberger arrangiertes Feuerwerk abgebrannt wurde. Am Tag darauf…
Wir sind in «Wilderswil-Gsteig» angekommen. Hier wechseln wir die Bahn, denn…

…wir wollen uns auf die Schynige Platte fahren lassen.

In nur achtzig Minuten wird uns dieses rauchende und fauchende Klettergefährt auf 1970 Meter Höhe bringen. Dort werden Sie den höchsten Punkt Ihrer ganzen Visite erreichen und mit einer Aussicht belohnt werden, die oft als die hervorragendste im Berner Oberland bezeichnet wird.

Schon rattern wir los über das holprige Zahnradgestänge. Die Schynige Platte-Bahn – am 14. Juni 1893 feierlich eröffnet – verfügt über sechs zweiachsige Lokomotiven, sieben Aussichtswaggons und einen offenen Güterwagen.
Mehr als die Hälfte der 7436 Meter langen Strecke verläuft in Kurven, die Steigung beträgt im Durchschnitt 19%, im Maximum 25% und die Spurweite nur 80 cm.

Da öffnet sich der Blick über den Thunersee; wir kommen zur Zwischenstation Breitlauenen, bereits über 1500 Meter hoch. Unweit von ihr rechts am Hang steht eine bescheidene, aber empfehlenswerte Pension für Rekonvaleszente – oder auch für Gesunde, welche eine kräftige Alpenluft in ruhiger Gegend den geräuschvollen Kurorten vorziehen.
Nach kurzem Halt, der auch zum Nachfüllen des Wassertanks für die Lokomotive dient, nimmt die Kletterpartie ihren Fortgang.

Bei jeder Fahrt steht auf der vordersten Plattform ein Schaffner und beobachtet aufmerksam das Trassee.
Denn nicht ungefährlich ist der häufige Steinschlag. Bereits kleine Felsstücke, die sich in der Zahnstange verfangen, könnten den Zug zum Entgleisen bringen.
Sowohl beim Rothenegg-Tunnel, den wir im unteren Teil durchfahren haben, als auch beim Grätli-Tunnel in der oberen Streckenhälfte befinden sich an den Eingängen Vorhänge. Diese werden von Bahnangestellten jeweils zugezogen, sobald der Zug in den Berg eingefahren ist. Dadurch kann die äussere Luft nicht nachströmen; der Rauch des Dampfrosses bleibt zurück und vermag so die Passagiere in keiner Weise zu belästigen.

Chrüterwang heisst diese Stelle, und die paar Tannen vor uns – es sind die letzten auf der Strecke – bilden das Schattwäldli. Sobald wir den Grätli-Tunnel passiert haben, werden die Augen der Reisenden auf einen Schlag überrascht und gefesselt: es ist das Panorama von Eiger, Mönch und Jungfrau mit ihren nicht minder schönen Trabanten zu beiden Seiten, unter welchem sich die Tiefe des Lauterbrunnentals auftut.

Bergstation Schynige Platte! Fast 2000 Meter über dem Meeresspiegel. – Ist Ihnen das glänzende Gestein, insbesondere auf dem letzten Streckenstück, nicht aufgefallen? Seine kahlen, hellgrauen Tonschieferplatten scheinen – «schynen» – im Sonnenlicht weithin ins Tal hinunter, besonders wenn sie vom Regen benetzt worden sind. Ihnen verdankt der Aussichtspunkt seinen Namen.

Wir nehmen die Treppe und steigen vor dem Hotel Bellevue auf die dahinterliegende Anhöhe. Das Hotel Schynige Platte, dem die meisten mit uns Angekommenen auf dem unteren Weg zustreben, befindet sich ein paar Minuten entfernt hinter der Böschung. Wir werden es nachher von der Rückseite her erreichen.

Halten wir an und drehen wir uns um! Dort unten zieht es sich wieder hin, das tiefeingeschnittene Lauterbrunnental, das Ziel unseres Reisetages. Knapp über dem bewaldeten untersten Ausläufer des Männlichengrates ist der Staubbach gerade noch erkennbar. In wenigen Stunden werden Sie ihn vor sich haben. – Über der Szene dieser Kranz von Eisgebirgen: dominierend in der Mitte das Breithorn, rechts daneben das Tschingelhorn. Und dazwischen ist die weissleuchtende Wetterlücke, ein der Sage nach früher öfters begangener Gletscherpass, der das Berner Oberland mit dem Wallis verbindet. – Malerische Begegnung! Seit es die Bahn gibt, hat die Zahl der Berggänger sprunghaft zugenommen. Bequem erreicht man in vier Stunden den berühmten Faulhorngipfel oder am Fuss des Gummihorns vorbei in dreissig Minuten die Daube.

Schon seit 1864 gab es dieses Gasthaus Alpenrose mit 20 Betten. Es ging am 1. Januar 96 zusammen mit der Pension Breitlauenen sowie der ursprünglich als selbständiges Unternehmen gebauten Bahn für 3,5 Millionen Franken an die Berner Oberland-Bahnen über.

An seiner Stelle wurde zwei Jahre darnach dieses massiv gemauerte Berghotel ersten Ranges errichtet. Es erhielt nun den Namen des Aussichtspunktes und steht, zusammen mit dem Hotel Bellevue und dem Kurhaus Breitlauenen, unter der Leitung von Fritz Kaufmann. Die beiden Berggasthäuser hier oben verfügen über 30 Zimmer mit 60 Betten sowie über Acetylenlicht, Telephon und ein eigenes Postbureau.

Dort unten in der Ecke auf der nach Süden vorspringenden Terrasse? Ein riesiges Fernrohr für die Gäste; Sie werden es gleich von nahem sehen und wohl auch benützen.
Steigen wir hinab!

Deren zwei sogar – auch ein fahrbares. Jetzt fällt der Blick in das östliche Lütschinental; ganz hinten liegt das Gletscherdorf Grindelwald.
Hier auf der Sonnenterrasse wollen wir etwas verweilen und uns bei einem Trunk der herrlichen Rundsicht erfreuen.

Dieser Ausblick auf die drei untrennbaren Bergriesen über der breiten Pyramide des Männlichen musste vor dem Bau der Bahn mit einem vierstündigen Aufstieg verdient werden, zu Fuss die Rüstigen, zu Pferd oder Maultier Schwächere und Ältere.

Ein Führer war nicht nötig, doch Buben aus den Dörfern im Tal übernahmen gerne für 1 bis 2 Franken die Begleitung und zeigten ihnen den Weg.

Schauen Sie jetzt abermals in das Grindelwaldtal hinab, das von der Schwarzen Lütschine in vielen Windungen durchflossen wird: Hoch über seinem Ende ragen rechts das Schreckhorn auf, links das von Malern gerne zum Sujet genommene Wetterhorn und zwischen ihnen hinter dem breiten Eisband der Berglistock. Charakteristische Merkmale des Schreckhorns sind übrigens zwei von weither sichtbare Firnfelder knapp unter seinem Gipfel. Sie werden «die weissen Täubchen» genannt oder «die Augen», aber auch «die verfluchten Nonnen» oder «die verdammten Seelen».

Nun kehren wir, die viel schmälere Sonnenterrasse des ganz in Holz erbauten Hotels Bellevue traversierend, zur Station zurück. Wir müssen wieder ins Tal.

Soeben ist abermals ein Zug eingetroffen; täglich verkehren acht Kurse hin und zurück, am Samstag sogar neun.

Stellen Sie sich dieses zauberhafte Panorama noch im Wechsel der Tagesbeleuchtungen vor, wenn Sonnenaufgang oder -untergang, Gewittereffekte oder Alpenglühen über demselben spielen.

Jetzt geht es los, einsteigen!
Auf sanft ratternder Fahrt lassen wir uns Kurve um Kurve über Breitlauenen mit ständig änderndem Ausblick – da kommt der kurze Stollfluh-Tunnel, noch zweieinhalb Kilometer – zurück nach Wilderswil-Gsteig bringen. Dort wechseln wir wieder den Zug und dringen in das Tal der Lütschine ein, welche, wenn die Felswände näher zusammenrücken, fast die ganze Talsohle einnimmt.

Nach weiteren zwei Kilometern – schon bald haben wir auf die andere Flusseite gewechselt – taucht linkerhand diese sehr alte, gedeckte Holzbrücke auf.
Sie heisst Steinhauerbrücke und verbindet den Weg, der von Gsteigwiler nach Gündlischwand führt, über den tosenden Bergbach mit der Fahrstrasse am linken Ufer.

Auf ihr haben die Steinhauer – daher der Name – von einem Bruch vorzüglicher Steine drüben in der Kohlei mittels kleiner Rollen tonnenschwere, dort gehauene Brunnentröge transportiert. Und solchen wahrhaftigen Prachtsexemplaren sind wir mehrmals in Wilderswil, aber auch in Bönigen begegnet.
Ich habe Sie vorgestern speziell darauf aufmerksam gemacht.

Als es zum Bahnbau kam – entschuldigen Sie den Anachronismus! – musste sie weichen. Sie wurde abgerissen und durch einen schmalen Fusssteg ersetzt. Damit ist auch der Steinbruch eingegangen.
Ihre mächtigen Widerlager allerdings werden noch lange Zeit dem nagenden Wildwasser trotzen und, wie die zeitlosen Brunnentröge in den Dörfern auch, an sie erinnern.

Nochmals gute zwei Kilometer Fahrt längs des grau-sprudelnden Bergstromes durch malerische Fels- und Waldpartien auf einem Trassee, das vorsichtigerweise erheblich über dem Flussbett angelegt worden ist.
Jetzt weitet sich die Talsohle wieder, und da, wenige Meter rechts der Eisenbahnbrücke, vereinigen sich die beiden – sagen wir hier besser: die zwei Lütschinen und geben dem Ort seinen klangvollen Namen.

Zweilütschinen ist ein Weiler und gehört zum nahen Gündlischwand am Eingang des Grindelwaldtals. Er besteht aus ein paar Wohnhäusern, dem traditionsreichen Gasthof, den ich Ihnen gleich zeigen werde, und neuerdings der Bahnstation mit der Reparaturwerkstätte der Berner Oberland-Bahnen.
In alter Zeit soll da auch eine Kapelle gestanden haben.

178

Bahnhalt! Da werden die Wagen nach Grindelwald abgehängt.

Wir benützen die Gelegenheit des Fahrtunterbruchs und begeben uns über die Holzbrücke auf die andere Lütschinenseite. Links an der Strasse taucht zuerst das Stallgebäude auf. Bei ihm haben früher die Reisenden ihre Pferde ausgewechselt, bevor sie nach Grindelwald oder Lauterbrunnen weiterzogen.

Das ist das Hôtel et Pension de Zweilütschinen, der Bären, ehemals nur Bär genannt, von Fritz Kaufmann. Ja, denn nach seinen Jahren als Gastwirt auf der Schynigen Platte ist er hierher in seinen Geburtsort zurückgekehrt. – Erinnern Sie sich an Hauptmann Christian Michel von Bönigen? Er kaufte anfangs des Jahrhunderts von Jakob Wettach dieses alte Gasthaus und erhielt anno 12 das Tavernenrecht, worauf er sein Schild unter dem First anbringen liess: Diesseits steht «Herein zum kühlen Wein» wie beim Mattenwirtshaus, jedoch mit dem Bären. Und rückseits prangt, wie auch beim Steinbock in Gsteig, das Michelwappen.

Wir müssen zurück zur Bahn, gleich fahren wir weiter.

Oberhalb des Steinschlagwaldes, welcher sich rechterhand den Hang hinaufzieht, liegt auf 1100 Metern Höhe das Dörfchen Isenfluh. Dorthin zweigt kurz nach Zweilütschinen ein steiler Bergpfad ab. Es soll seinen Namen von Eisenerzen erhalten haben, die an der Fluh, auf welche es gebettet ist, rötlich zu Tage treten. Und in der Tat sind nahe des erwähnten Weges Ruinen eines über zweihundertjährigen Schmelzofens zu erkennen. Der Bergbau in der Gegend wurde jedoch bald wieder eingestellt, angeblich wegen ungenügender Qualität des Erzes.

Nein, erschrecken Sie nicht! Dieses plötzliche Abbremsen und holprige Weiterfahren des Zuges zeigt an, dass wir auf einer Zahnstangenrampe eingehängt haben. Es ist das erste der beiden Zahnradstücke zwischen Zweilütschinen und Lauterbrunnen; das zweite folgt bei der nächsten stärkeren Steigung erst kurz vor unserem Fahrtziel.

Eröffnet wurden die Berner Oberland-Bahnen – man nennt sie auch einfach Tal-Bahn – am 1. Juli 1890, also nur drei Jahre vor der weit aufregenderen Schynigen Platte-Bahn. Sie verfügen heute über 27 Wagen mit insgesamt 1080 Sitzplätzen, in der II. Klasse mit Rohrgeflechtstühlen nach Wiener Art, in der III. Klasse mit Lattensitzen, und haben bereits im ersten Betriebsjahr 130 000 Reiselustige befördert.
Täglich verkehren auf ihrem über 23 Kilometer langen Trassee im Sommer fünf bis sechs Züge nach jeder Richtung, im Winter deren zwei.
Die Fahrtzeiten? Von Interlaken-Zollhaus nach Lauterbrunnen 40 Minuten, nach Grindelwald 1 Stunde 20 Minuten.

Kurz vor dem sogenannten Sandweidli überrascht uns eine fast 300 Meter senkrecht aufsteigende Wand: die Hunnenfluh. Wie ein kolossaler Wachtturm steht sie da, die merkwürdig geründete Felsenmasse mit ihren eigenartigen Querrippen. Sie hat den Namen nicht etwa von den wilden Horden Attilas, wie man meinen könnte. Sondern er ist eher vom alten Wort Hüne abgeleitet, und demnach könnte sie auch als Riesenfluh bezeichnet werden.

«Im Loch» heisst die Gegend, der Steg ist die Lochbrücke. Und dort vorne, nicht weit vom Speicher mit dem Schwardach – schauen wir auch zeitlich vorwärts – wird das hochmoderne Elektrizitätswerk der Jungfraubahn entstehen, jenes kühnsten aller kühnen Bergbahnprojekte, zu dessen Bau der Bundesrat bereits 1894 die Konzession erteilt hat. Vom Scheitelpunkt der Wengernalp-Bahn-Strecke aus soll in gewagtester Kletterfahrt eine Zahnradbahn das Jungfraumassiv mit seinen Eiswüsten erklimmen, teils gar im Innern der Felsen. So unglaublich die Idee heute erscheint, sie ist nicht neu. Als erster überhaupt hat sich schon 1859 ein Mann mit diesem Gedanken befasst und ihn mit der ihm eigenen Vehemenz vertreten. Sie wissen es: Nationalrat Friedrich Seiler.

Die dunkle, steil abfallende Bergwand im Hintergrund? Die Westflanke des Schwarzmönchs. Und der spitze Felskopf auf ihrer Höhe heisst Mönchsbüffel; an ihm üben sich die verwegensten Kletterer. Abermals hat das Zahngestänge eingehängt.

Über die letzte Steigung des Tripfistutzes erreichen wir bald den Bahnhof Lauterbrunnen.

Wir sind angekommen, und da ist er.
Auf der Baustelle vor uns werden die Geleise für die vorhin erwähnte Wengernalp-Bahn gelegt.
Das dominierende Hotel Steinbock, grosszügig abgewinkelt und mit hübschen Verzierungen versehen, ist auf den Ruinen des ersten richtigen Wirtshauses von Lauterbrunnen, des Talhauses, entstanden. Denn jenes war 1791 mit dem ganzen Dorfteil in einer verheerenden Wassersnot vom ausbrechenden Greifenbach fortgeschwemmt worden.
Besitzer und Wirt ist Grossrat Alfred Gurtner, dessen Bruder Emil, wenn Sie sich erinnern, anno 89 vorübergehend Eduard Ruchtis Vaterhaus – das Beau-Site in Unterseen – geführt hat.
Wir steigen hinter dem Stationsgebäude gegen den Steinbock zu das Narrengässchen hinauf und wollen uns zielstrebig durch das langgezogene Dorf zum berühmtesten aller Wasserfälle begeben.

Vorüber geht es am neuen und sehr gepflegten Adler von Christen von Allmen; auch dieser ist Grossrat.

Wenn wir uns rasch umdrehen: im Hintergrund die Südfront des Hotels Steinbock mit seinem Aussichtsturm. Links vor uns das Chalet Adler, die Dependance des Hotels gegenüber.
Da – nehmen Sie einen ersten Augenschein vom Staubbach!
In diesem reichverzierten Wohnhaus besitzt Hans Huggler-von Allmen, von Beruf Schnitzer, ein bekanntes Souvenirgeschäft; auch Export. Geführt wird es von seiner Tochter Gretel – dort steht sie in ihrer schmucken Tracht.
In den kleinen Magazinen nach dem Brücklein, unter welchem der schon genannte Greifenbach freundlich sprudelt, wirkt Schuhmacher Josef Sigrist. Und am anschliessenden Haus von Gottfried von Allmen hängt unter der Traufe eine Tafel «Hier sind lebende Gemsen zu sehen»... auch eine Fremdenattraktion, die etwas Geld einbringt.
Auf der anderen Strassenseite: Jenes hohe Wohnhaus gehört Kaspar Gertsch, Negotiant und Kutscher; unten betreibt seine Frau einen Gemischtwarenladen. Genau wieder gegenüber und hinter den alten Bäumen steht das Hotel Oberland. Folgen Sie mir dorthin.

Rechts die Bude? Ein kleines Spitzen- und Postkartenmagazin von Hans und Rosi von Allmen.

Jetzt wird es kompliziert, denn wir steigen gleich tief in die Vergangenheit: Wo sich heute das Hotel Oberland von Peter von Allmen befindet – kommen Sie rasch auf die Gästeterrasse und merken Sie sich als Orientierungshilfe das breite Dach 150 Meter vor uns; es gehört zum Hotel Kreuz von Christian Stucki; und kehren wir wieder auf die Strasse zurück –, da steht dieser mächtige Ahorn. Und hier mündet spitzwinklig ein oberer Weg in die Hauptstrasse ein. Mit dem Bau des Hotels Oberland werden sowohl die Weggabelung als auch der Baum verschwinden.

Neben dem zweiten Telegraphenmast – von links –, präzis vor der Ecke jenes Hauses mit hellem Unterbau, erkennen Sie eine kürzere, dicke Stange: einen Wegweiser.

Wir treten ein paar Meter links in das Feld und in der Zeit abermals etwas zurück – das sieht man am Strassenzaun und am Fehlen der Telegraphenmasten –, dann zeigt sich die Stange deutlicher. Dorthin – behalten Sie das Kreuz im Auge – wollen wir jetzt vorrücken.

Es ist der Wegweiser «Mürren 2 ¾ Stunden»; ein lohnender Ausflug übrigens. Beidseits der Fahrstrasse Kartoffeläcker: diese Erdfrucht, welche auch in rauhem Klima gut gedeiht, bildet neben Milch und Käse die Hauptnahrung der einfachen Talbevölkerung.

Bemerken Sie den Schweifelhag vor der Abzweigung und die Schwardächer auf den zerstreut liegenden Wohnhäusern und Scheuern?
Im Weiterbummeln müssen Sie auch die verwitterten Holzhäuser von altertümlicher Bauart oder die Scheune oben am Weg beachten; und linkerhand, kurz vor dem Kreuz, den hölzernen Brunnen. Nicht solcher Brunnen wegen, versteht sich, ist die Gemeinde zu ihrem Namen gekommen. Er bezieht sich auf die ungezählten lauteren, also hellen, klaren, sauberen Wasserquellen respektive Brunnen in der Gegend.

Und jetzt öffnet sich der Blick in eine sanfte Senke zu jenem auffallend weissen Gebäude weit hinten: Es ist das Schulhaus.

185

Eines Tages wird es durch einen grösseren Bau ersetzt, der bis auf die übernommenen Grundmauern ganz in Holz konstruiert ist.

Nun taucht auch die Pfarrkirche auf. Wir folgen weiter dem leicht gewundenen Weg, lassen die Abzweigung nach links, den Kilchstutz, vorläufig ausser acht, und streben geradeaus dem Staubbach zu. Wie Sie feststellen, schützen sich andere Besucher des nämlichen Ziels mit Schirmen vor dem weithin getragenen, hauchfeinen Sprühregen. Den Namen dieses alle Katarakte unseres Landes an Höhe übertreffenden Falles kann man sich hier leicht erklären.

Bevor der Wasserlauf die letzte Felskante erreicht, um dann fast 300 Meter in die Tiefe zu stürzen, heisst er Pletschbach. Oben noch schmal, breitet er sich in seinem Fall – so hat es Lord Byron verglichen – einem wallenden, weissen Rossschweif ähnlich aus. Der jetzt durchsichtige Sturz wird durch den Widerstand der Luft dermassen aufgegliedert, dass er – spüren Sie es jetzt auch auf Ihrem Gesicht? – in Millionen und Abermillionen von Wasserperlen zerfällt, in welche, sofern die Sonnenstrahlen sie erfassen, alle Farben des Regenbogens gezaubert werden.

Der elsässische Poet Adolf Stöber hat einmal gesagt, die Winde hätten der lichtverklärten Jungfrau ihren Schleier geraubt und an dieser Felszacke des Pletschbergs aufgehängt; blendend weiss und mächtig gross, wie aus reinstem Silber gewoben, am unteren Saum mit Diamanten ohne Zahl übersät, wehe er herab.
Viele Dichter, auch berühmteste, haben den Staubbach besungen. Ich werde darauf noch zurückkommen. Die Künstler hingegen, so meine ich, vermögen die Weichheit in der Bewegung des Gusses nur unzulänglich und infolgedessen nie treffend in steifen Stillstand zu verwandeln. Und dennoch haben es die meisten versucht.

Geniessen Sie das einmalige Naturschauspiel!
Und beachten Sie den im Laufe der Jahrtausende aufgetragenen Hügel, in dessen Trichter sich der Fall ergiesst.
Weiter hinten erkennt man den Spissbach und vorne an der Felsnase den Buchenbach.

Treten wir nach dieser unvergleichlichen und unvergesslichen Impression den Rückweg an.

Wir sind am Hotel Edelweiss vorbeigekommen – es gehört der Wirtin Susanne von Allmen – und erreichen gleich den Kilchstutz, welcher hinter dem laubenversehenen Wohnhaus von Lehrer und Gemeindeschreiber Christian Graf jäh rechts abzweigt.
Der niedere Holzbau im Hintergrund mit dem Schwardach... kommen Sie.

Wir schauen ihn uns von vorne an.

Heute ist im rechten Teil eine Wirtschaft, die Weinhalle von Christian Brunner, links eine Wohnung. Doch früher war es das Pfrundhaus, erbaut anno 1658.
In ihm haben als Gäste von Pfarrer Johann Unger der Herzog Karl August von Weimar und der Dichterkönig Johann Wolfgang von Goethe zweimal übernachtet, vom Samstag, 9. Oktober 1779, bis am Montag.
Und genau dort links auf der Holzlaube – der Blick nach Süden war damals noch nicht verbaut – erhielt Herr von Goethe angesichts des Staubbachs die Eingebung zum «Gesang der Geister über den Wassern»... «Des Menschen Seele gleicht dem Wasser. Vom Himmel kommt es, zum Himmel steigt es...» ich sehe: Sie kennen es.

Möge dieses ehrwürdige Haus noch lange Zeit die Erinnerung an den grossen Gast wachhalten!

Gucken wir nochmals nach Süden.
Dort sind wir vom Staubbach hergekommen, jetzt biegen wir genau der Weinhalle gegenüber in den Kilchstutz ein und streben der Talsohle zu.

Links? Eine Spitzenklöpplerin vor ihrer Verkaufsbude.
Solche Spitzen, eine Spezialität dieses Tales, lassen sich nicht schlecht den Fremden verkaufen.
Auch wenn Musterschulen für das Kunsthandwerk, wie es sie in

Frankreich, Preussen oder Österreich schon längst gibt, hierzulande fehlen, hat es doch und vor allem dank der gütigen, leider viel zu früh verstorbenen Frau Pfarrer Stauffer einen gewissen Aufschwung gefunden.
Die Frauen und Kinder verfertigen die ganz feinen Spitzenmuster, «American lace» genannt, und erzielen mit dieser Heimindustrie zumindest einen kleinen Gewinn. Sie wird sich aber nie zu einem solch weitverbreiteten Hausverdienst aufschwingen können, wie dies im sächsischen und böhmischen Erzgebirge oder gar in Italien der Fall ist.
Und schon gar nicht, wenn die Klöpplerinnen zu einseitig arbeiten und sich einzig auf das sogenannte Pfauen- beziehungsweise Rosenblattmuster beschränken oder aus Bequemlichkeit nur den gewöhnlichen Baumwollfaden anstatt das starke, dauerhafte Leinengarn benutzen.

Beachten Sie die Tafel im Garten von Lehrer Graf: «Trümmelbach». Das ist unser nächstes Ziel.

Schon nach wenigen Schritten kommen wir zum Hotel Staubbach im Rohr – so heisst dieses Grundstück. Es gehört Christian von Almen – mit einem l geschrieben, im Unterschied zu den vielen anderen von Allmen im Tal.

Hier, – welch ein Betrieb vor dem Gasthaus und auf der grossen Laube – hier mieten wir eine Kutsche und lassen uns in fröhlichem Trab durch den oberhalb des Dorfes sich breit öffnenden Talgrund fahren. Denn der Trümmelbach – den müssen Sie erleben! Er wird nach dem Giessbach und dem Staubbach das dritte nicht minder spektakuläre Naturschauspiel fallenden Wassers sein und sich von jenen in seiner Form abermals gänzlich unterscheiden. Merken Sie sich das Hotelgebäude, von welchem aus die Gäste natürlich einen herrlichen Blick auf seinen Namengeber geniessen, bitte genau. Wir werden nach unserer Spazierfahrt hierher zurückkehren.

Nun besteigen wir das bequeme Gefährt, und los geht es weiter den Kilchstutz hinab und über die Eybrücke. Das Haus – Schwardach! – gleich danach ist die Mühle von Rudolf Graf; auch die Salzbütte von Lauterbrunnen befindet sich da.

Im Trab über den Fluss, dann links scharf abgebogen und ein Stück weit den Wengenweg hinauf.

Die Wengernalp-Bahn hoch über der Lütschine, schauen Sie! Mit ihrer Fertigstellung 1893 – die Eröffnung fand nur sechs Tage nach jener der Schynigen Platte-Bahn statt – wurden die beiden Endpunkte der Berner Oberland-Bahnen, also Grindelwald und Lauterbrunnen, um Lauberhorn, Tschuggen und Männlichen herum gleichsam mit einem eisernen Gürtel verbunden. Dabei überklettert die Bahn auf 2061 Metern die Kleine Scheidegg. Und von dort soll ... das habe ich Ihnen doch schon im Zug erzählt.

Mit dieser WAB – halten Sie sich das noch einmal vor Augen – wurde, innerhalb nur dreier Jahre, nach den Berner Oberland-Bahnen, der Lauterbrunnen–Mürren-Bahn, der Thunerseebahn und der Schynigen Platte-Bahn die fünfte Bahn zur touristischen Erschliessung des Berner Oberlandes eröffnet – welcher Glaube, welche Zuversicht!

Noch ein Stück weiter den Weg hinauf ...

steht. Links daneben gibt es neu das Restaurant Kaufmann. Es wird von Elisabeth, der Frau von Peter Kaufmann geführt, denn er selbst arbeitet als Lokomotivführer bei der Wengernalp-Bahn. Und auf der anderen Seite vom Schweizerhof gibt es neu das Haus von Bäckermeister Friedrich Binoth.

Wenden wir unsere Kutsche, kehren wir zurück zur Talstrasse. Die dem Heiligen Andreas geweihte Kirche – als Pfarrer wirkt hier Karl Stauffer, dessen Frau ich oben am Kilchstutz erwähnt habe – ist erst 1832 fertiggestellt worden. Doch hatte sie schon im 15. Jahrhundert eine Vorgängerin, obschon das Dorf damals nach Gsteig kirchpflichtig war. Diese eigenständige Kühnheit erregte grossen Unmut bei den Klostermönchen in Interlaken, hatte aber schliesslich zur Folge, dass die Regierung von Bern Lauterbrunnen bald zu einer unabhängigen Pfarrei erhob.

Neben der Mühle vor uns steht das herrschaftliche Wohnhaus von Peter Huggler, dem Verwalter des Elektrizitätswerkes. Er hat es von Christen Graf erwerben können, dem Besitzer der Säge links daneben. Dort biegen wir gleich in die Strasse nach Trümmelbach ein.

...halt! Hier wollen wir unseren Blick über das Tal schicken: Der grossartige Steinbock zur Linken, zwischen diesem und dem Bahnhof die Post; Fritz Lauener heisst der Posthalter. Und dann rechts: Die Bergbahn Lauterbrunnen–Mürren, zwei Jahre vor der Wengernalp-Bahn eröffnet, im August 1891. Sie fährt als Drahtseilbahn 1440 Meter weit auf die Grütschalp, von wo eine andere Bahn die Passagiere auf einer kurvenreichen, horizontalen Strecke von über 4 Kilometern südwärts nach Mürren bringt. Vor kurzem noch ein Dorf von Hirten, schwingt sich auch Mürren auf seinem Hochplateau zusehends zum Kurort auf. Übrigens ist der Fussweg dorthin links oberhalb der Felswand deutlich im Hang zu erkennen.

Schauen wir uns vergleichsweise einige Veränderungen an: Über dem Bahnhof, links neben der Talstation, hat Christen von Allmen – nein, nicht der Adler-Wirt – einen neuen Gasthof mit dem wohlklingenden Namen Silberhorn erbaut. Und direkt unterhalb der Talstation, wo vorhin die Wäsche zum Trocknen hing, ist ein weiteres grosses Hotel – flaches Dach – entstanden: der Schweizerhof. Beachten Sie, wie er genau in der Fortsetzungslinie des Bahntrassees

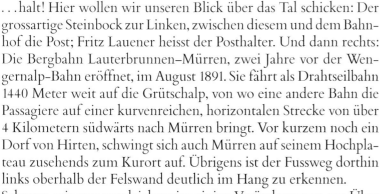

Begegnung unterwegs, hier bei der Chabisscheuer: eine Spitzenklöpplerin mit ihrer Ware. Und natürlich «Antifritzli», wie ihn die Einheimischen scherzhaft nennen – auch ein von Allmen. Gegen ein paar Batzen – schauen Sie, wie er einladend den Hut vorhält – bläst er für durchreisende Fremde gerne einige Stösse in das Alphorn und verkauft so gewissermassen das von den Schiltwaldflühen widerhallende Echo. Wenn die Passanten aber achtlos vorüberziehen, dann – dann hat er die Unsitte, ihnen einen missmutigen, kräftigen Hornstoss nachzublasen, was vor allem die weiblichen Reisenden jeweils fürchterlich erschreckt und die Pferde zu jähen Sprüngen verführt.

Fahren wir weiter. Schon kommt der Weiler Sandbach mit dem Hotel Trümmelbach in Sicht.

Früher hatte hier – das ist ja die Poststrasse nach Stechelberg am Ende des Haupttals – Johann Berg eine Pintenschenke besessen, bis sie anno 76 Christian von Almen-Heim, der Wirt des Hotels Staubbach, durch Kauf übernehmen konnte. Ihm ist die Erschliessung der Trümmelbachfälle zu verdanken, obgleich sie dem Ortskundigen

längstens bekannt und schon im letzten Jahrhundert von Reiseschriftstellern gebührend gewürdigt worden waren. Es gibt, nur als Beispiel, eine romantische Schilderung der berühmten Dänin Friederike Brun vom Mai 1791.

Auch hat man bei der Planung der Berner Oberland-Bahnen erwogen, das Trassee bis nach Trümmelbach zu führen.

Nach Christian von Almens Tod 1882 wurde das begonnene Werk von seiner Witwe Margaritha, einer äusserst tüchtigen Frau und Mutter von acht Kindern, erfolgreich weitergeführt. Sie liess den Zugang zu den Fällen verbessern und anno 88 dieses prächtige, im heimeligen Schweizerstil vollendete Hotel errichten. Und der Bach hat ihm seinen Namen gegeben.

Dort an der Ecke sitzt sie übrigens, Frau von Almen, im Gespräch mit einer Besucherin.

Wir nehmen nun den Weg rechts – lesen Sie das Schild – und begeben uns in das Berginnere. Hören Sie das ferne, aber immer stärker werdende polternde Dröhnen in der Wand?

Die vorhin erwähnte Dichterin Brun hat in ihren «Prosaischen Schriften»... – können Sie mich verstehen? Ja? – Sie hat den Namen des Trümmelbachs auf das Schlagen des Wassers an den marmorartigen Felspfeilern zurückgeführt, welches ein dem Ton der Trommel ähnliches Getöse erzeugt. Es gibt – hören Sie mich? – auch eine Version, die meint, er käme von «trümmeln», im Kreis herumgehen, wovon es einem «trümmlig», also schwindlig werden kann. In der Tat dreht sich der Sturz höher oben durch den Schlund in die Tiefe, und dieser Wirbelbach wurde von Engländern deswegen gelegentlich «Corkscrew-Fall» genannt, «Korkenzieherfall».

Christian von Almen hat den Wassersturz in seiner Unberührtheit angetroffen. Erst mählich wurden Stufen und vibrierende Holzstege angebracht, anfangs bis zum Rand des Gusses, später gar über diesen hinweg. Und es verlangt vom Besucher einige Überwindung, sich über die Bretter zu bewegen. Wofür er am Eingang gar noch einen Obolus von 50 Rappen entrichtet..., der sich aber lohnt!
Steigen wir hinauf? Die Verständigung wird zwar noch schwieriger, weil der donnernde Strom jeden fremden Laut verschlingt.

Hier scheint mir die englische Bezeichnung «Corkscrew-Fall» gar nicht abwegig. So also wird das Berginnere bequem und zugleich packend dem Besucher zugänglich gemacht; an die Felsen geschmiedete Brücken, festgebaute Treppen und Estraden sind ihm dabei behilflich. Schauen Sie – hoffentlich stört es Sie nicht, dass wir so kräftig angesprüht werden und uns der Wind so kalt und feucht ins Gesicht bläst –, schauen Sie hinab in den ausgewaschenen Hexenkessel, in die wilde Werkstätte der Natur. Dieser Höllenrachen der Mittleren Fälle ist die Arbeit von Tausenden von Jahren, während welchen der Bach mit dem sich überall entgegenstemmenden Felsen in leidenschaftlichem Ringkampf steht...
Die Quelle? – Die Quelle! Es sind all die Schmelzwasser, welche nordseits von den Hängen der Wengernalp und südseits aus den Gletscherwänden von Eiger, Mönch und Jungfrau im Trümmletental zusammenfliessen und zum Abschluss durch dieses gigantische Rohr gejagt werden. Im Gegensatz zu den Bächen auf der anderen Talseite, welche alle über die Felswand hinwegfallen, hat der Trümmelbach eine tiefe Schlucht im Berginnern ausgeschliffen. Das konnte geschehen, weil sein mitgeführtes Gesteinsmaterial aus den an Mönch und Jungfrau auftretenden Graniten von harten Quarzen durchsetzt ist. Und die wirken in der Kalkwand wie Schmirgel. Begeben wir uns wieder hinunter.
Und treten wir hinaus in das sonnenbeschienene Blumenfeld südlich des Hotels; an die wohlige Wärme; an die angenehm trocknende Luft. Und hier vor uns: das ist er. Zahm und unschuldig, lieblich und sanft läuft er durch den Wiesengrund – von fröhlichen Forellen durchschossen – der nahen Lütschine entgegen. Wer würde erahnen, welche Kräfte dieser doppelgesichtige Geselle in seinem felsigen Versteck entfesselt? Er steht – sind Sie mit mir einig? – seinen luftigen Brüdern am Brienzersee und jenseits des Tales an Grossartigkeit wahrhaftig nicht nach.
Wir kehren zu unserer Kutsche vor dem Hotel Trümmelbach – auch diesen Namen werden Sie wohl nie mehr vergessen – zurück, wenden das Gefährt und fahren noch 300 Meter die Landstrasse hinauf bis zur Stegmattenbrücke. Dort überqueren wir die Lütschine, um über den Weg auf der gegenüberliegenden Talseite nach Lauterbrunnen zurückzukehren. Langsam geht der Tag zur Neige.

Drei Kilometer Trabfahrt auf gutem Feldweg. Er ist gesäumt links von Schweifelhag und rechts von nicht minder sorgfältig ausgeführtem Schreithag, beides alte und bewährte Formen im Tal. Sehen Sie den Kirchturm?
Ägertenbachfall, Buchenbachfall, Spissbachfall, und bereits kommen wir wieder in die kleine Senke, welche der alle seine diesseitigen Nachbarn übertreffende Staubbach auf dem letzten Wegstück vom Schuttkegel zur Lütschine hinunter ausgefressen hat.
Und da empfiehlt sich vor weiteren Souvenirmagazinen gut postiert abermals ein Alphornbläser – erst noch mit selbstgebasteltem Tonverstärker. Sehen Sie sich das an!

Können Sie sich den Staubbach im tiefen Winter vorstellen? Begeben Sie sich rasch in Gedanken dahin und betrachten Sie in Ihrer Imagination den zu Eis erstarrten Fall. Die Felswand erscheint durchsichtig hellblau glasiert, und die gefrorenen Säulen, die Zapfen, erreichen gegen zehn Meter Länge. Oft wird es Frühling, bis der mächtige Gletscherberg wieder weggeschmolzen ist.

Nun wieder hinein ins Dorf, dann rechts ein zweites Mal ein Stück den Kilchstutz hinunter. Und beim Hotel Staubbach nimmt unsere Kutschenfahrt durch den Talkessel ihr Ende.

Vergleichen Sie jetzt das Gebäude mit vorhin!

Das Hotel Trümmelbach wurde, wie gesagt, von Christian von Almens Witwe Margaritha mit Erfolg weitergeführt. Später unterstützte sie ihr Sohn Friedrich tatkräftig; leider verstarb er jung – im Alter von nur vierzig Jahren. Und dann wurde es von dessen Sohn Friedrich Werner übernommen. Inzwischen waren noch die berühmten Berghotels auf Wengernalp und der Kleinen Scheidegg dazugekommen. Gleichzeitig haben Margarithas andere Söhne Johann und Peter diesen Gasthof im Rohr ausgebaut und um eine Etage erhöht. Um mehr Sonnenlicht auf der Südseite einzufangen, wurde zudem der Dachfirst um 90 Grad gedreht.

Doch nicht genug!
Als anno 90 die Berner Oberland-Bahnen, ein Jahr darauf die Bergbahn Lauterbrunnen–Mürren und zwei Jahre später die Wengernalp-Bahn eröffnet wurden, da liessen die beiden optimistischen Brüder – einen weiterhin stark ansteigenden Fremdenverkehr mit den entsprechenden Logierfrequenzen erwartend – auf ihrem Grundstück etwas weiter oben zur Dorfstrasse hin gar noch ein zweites Hotelgebäude erstellen, viergeschossig.

Bevor wir querfeldein am Hang wieder zur Bahnstation bummeln, wollen wir mit einem zweifachen Blick zurück Abschied nehmen vom Staubbach – noch einmal entfaltet er prächtig seinen Perlenschleier – und auch von der Weinhalle genau darunter, wo der berühmte Herr von Goethe übernachtet und für die Nachwelt aller Zeiten ein grossartiges Gedicht geschrieben hat. Dieses ehrwürdige Haus – das will ich noch erwähnen – ist übrigens von Johann Ludwig Aberli auf seiner berühmten Umrissradierung «Chute d'eau apellée Staubbach» zentral und präzis wiedergegeben.

Wir müssen zum Bahnhof.

Eng am Fuss der kahlen Felswände, von welchen immer wieder Steinbrocken abbrechen und auf das Trassee stürzen, klettert die Wengernalp-Bahn bergauf.

Können Sie unten am Wasser und dann links vom Trassee und wieder weiter oben im Zickzack den Wengenweg ausmachen, von welchem aus ich Ihnen die Veränderungen am Fuss der Mürrenbahn erklärt habe?
Die Gegend jener Häusergruppe heisst Im Stocki.

Wir folgen jetzt dem Geleise zur Station, wo die Dampfrosse bereits zischen und ungeduldig auf die Abfahrt warten.

Richtig: Es ist das Hotel Suisse hinter dem Bahnhofgebäude, der Schweizerhof.
Noch! Denn in Kürze wird, bei einer Verlängerung der Schienenanlage um 44 Meter, die Talstation der Mürrenbahn in dieses geräumige Haus verlegt werden.

Steigen wir ein, und nehmen wir Platz – auf bequemen Rohrgeflechtstühlen nach Wiener Art!
Mit adretter Begleitung und rasch und sicher bringt uns die Bahn vorerst dem linken Ufer des Flusses entlang zurück auf das Bödeli. Bald schon wird die Nacht hereinbrechen.

Ein reicherfüllter Tag war das, auch der heutige. Sicher wäre es – da pflichten Sie mir wohl bei – eine Sünde gewesen, auf den Ausflug zur Schynigen Platte und in das Tal der Weissen Lütschine zu verzichten.
Die neu hinzugekommenen Eindrücke hätten im Gesamtbild, das Sie von Ihrem Besuch im engeren Oberland erwartet haben, eine unverzeihliche Lücke hinterlassen.

Ich treffe Sie morgen wie abgemacht vor dem Grand Hotel Victoria-Jungfrau auf der Höhepromenade. Noch habe ich Ihnen allerhand Neues und Sehenswertes zu zeigen und zu erklären, bevor Sie gegen Abend Ihre Heimreise antreten müssen.

# Route des fünften Tages

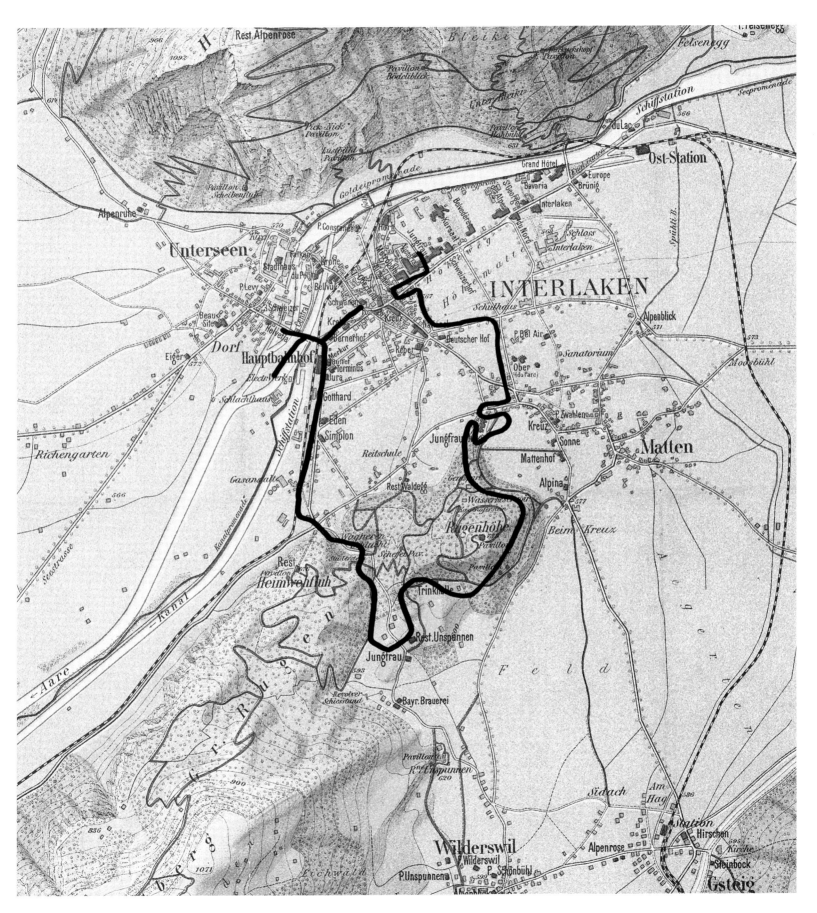

Guten Morgen, verehrter Kamerad. Mit Freude habe ich festgestellt, dass Sie schon geraume Weile auf dem Höheweg respektive der Höhepromenade unterwegs sind. Ist sie nicht die lieblichste Erbschaft aus der mönchischen Zeit und ebenso berühmt wie Santa Lucia in Neapel oder der Hydepark in London?

Recht haben Sie wahrlich gehabt, das bunte Leben auf dem grossartigen Boulevard etwas zu studieren. Alles bewegt sich hier in kosmopolitischem Gewirr zwanglos durcheinander, Vorurteile jeglicher Art kennt man nicht. Deshalb treffen Sie Menschen aller Schichten und Stände, aller Länder und Sprachen, jeden Alters. Den schlichten Landmann und den emporgeschossenen Briten, den gemessenen Russen, den schnurrbärtigen Franzosen, den sinnenden Deutschen, den leutseligen Amerikaner und den redseligen Italiener; das Landmädchen begegnet der eleganten Pariserdame und der vornehm-kühlen Engländerin. Emire grüssen Herzoge, europäische Fürsten und Grossfürsten indische Maharadschas; Schriftsteller, Dichter, Komponisten und Künstler mit grossen Namen plaudern mit den einheimischen Kutschern.

Und dazwischen brausen alle Sprachen bunt und babylonisch ineinander, kreuzen sich Hotelomnibusse mit leichten Kaleschen, bescheidene Einspänner mit schweren Reisewagen.
Haben Sie Herrn Schleidt und das Kurorchester beim Morgenkonzert gesehen? Und Herrn Couttet mit seinem Teleskop, das er für ein paar Batzen den Fremden zur Verfügung stellt? Und all die Moden, Kostüme, Toiletten? Überzieher mit Reverskragen, schnittige Reitröcke oder Paletots bei den Herren, breit gefaltete Kleider aus Organdy, Strassenanzüge aus gemusterter Mousseline, Oberröcke mit Stoffrüschen über gewespeten Taillen bei den Damen mischen sich in halbleinene Gewänder, Trachten und Talare. Haben Sie auch die niedlichen Esel angetroffen, auf welchen Ferienkinder sich gerne mietweise von Einheimischen spazierenführen lassen? – Die Ruhebänke sind ausschliesslich der Fremdenkolonie reserviert. Und die Männer von Polizeiinspektor Johann Oehrli überwachen das Einhalten dieser behördlichen Verfügung zuverlässig und diskret. – Wir unternehmen nun aus der Tiefe der Vergangenheit heraus einen Abstecher in den westlichen Höheweg.

Mächtig der Nussbaum an der Ecke der Höhemattemauer; rechts – nach dem Chalet Ritschard mit Schwardach – erhebt sich die Pension Mühlemann. Sie muss um 1870 der Erweiterung des Hotels Ritschard weichen. Wir gehen ein paar Schritte vorwärts.

Schon zweimal war von ihm die Rede: Christian Heinrich Schuh. Nach seiner Tätigkeit als Wirt hatte der ursprünglich aus Grünigen bei Stuttgart Zugewanderte in diesem Chaletanbau – aus der Parqueteriefabrik! – zuerst eine Holzwaren- und Kunsthandlung gegründet. Er brachte das Geschäft rasch zu Ansehen und Blüte. Aus dem Verkaufsladen wurde später ein Café. Und als sich Schuhs Sohn Friedrich zum Confiseur und Restaurateur ausgebildet hatte, entstand dieser renommierte kulinarische Treffpunkt. Jeder Interlaken-Besucher kehrt einmal ein – und dann ist es sicher nicht zum letzten Mal. Das Schuh geniesst heute Weltruf. Aber auch die Ortsansässigen fühlen sich hier wohl.

Schauen Sie jetzt in die Strasse. Rechte Seite. Oberhalb der Bäume lesen Sie am Dach ebenfalls CONFISERIE. Dort geschieht bald eine auffällige bauliche Veränderung.

Auf den Mauern der Confiserie Michel und Adlerhof – sie gehört zum gleichnamigen, rückseits an der Aarzelgstrasse gelegenen Gasthaus – ist das moderne Hotel Splendide entstanden: siebzig Betten, jeder Komfort wie Personenaufzug, elektrisches Licht und zentrale Heizung. Der Besitzer Johann Michel oder Hans, wie er sich lieber nennt, war schon immer stolz auf seine Biere Eberlbräu und Pilsner Urquell, die er im Restaurant offen ausschenkt.

Hinter dem Splendide folgt, nur durch ein Feuergässchen getrennt, das Hotel Hirschen. Dort sind wir – es war noch sein Vorgänger, das Café Suisse – vor drei Tagen in den ersten Stock gestiegen, um das gegenüberliegende Geschäftshaus – Gabler und so weiter – zu mustern. Dann kommt Dübendorfers Schuhladen, dann Räuber… das kennen Sie ja alles schon.

Möchten Sie noch schnell zum Hirschen vorgehen, um sich das prächtige Gasthausschild anzusehen? Dann schenken Sie im Vorbeigehen diesem Genfer Uhrenpavillon von Louis Formé-Bécherat einen Blick. Teuer; für die anspruchsvollste Kundschaft. Aber wirklich nur die besten Schweizer Uhrenmarken.

Hier also das Hotel Du Cerf, im Besitz von Christian Lauener. Auch er ist ein geachteter und tüchtiger Wirt, der die Standesehre hochhält. 45 Zimmer, 55 Betten; ebenfalls komfortabel ausgestattet und zentral gelegen. Sehen Sie jetzt das schmucke Schild?

Wir wenden und kehren zurück, denn auch was links an der Strasse folgt, ist Ihnen bereits bekannt.
So hat Michels Confiserie ausgesehen, bevor der Ausbau zum Splendide geschah. Sehr beliebt war speziell in den Sommermonaten die luftige Gästeterrasse im ersten Stock. Übrigens: Erinnern Sie sich – Heimwehfluh! – an den Namen Karl Bühler, Baumeister und Grossrat? Dessen Frau Magdalena, eine geborene Lauener, ist die Schwester von Michels Gattin Margaritha.
Um den Nussbaum herum, an der Ecke des Schuh, biegen wir jetzt auf das weite freie Feld. Und jedesmal ist man von neuem ergriffen vom Antlitz der Jungfrau, das – sich vom ersten bis zum letzten Sonnenstrahl des Tages ständig im Mienenspiel wandelnd – über die dunklen Vorberge herniedergrüsst.

Bummeln wir langsam über den gepflegten Fussweg südwärts.
Zur Rechten das Hotel National. Hermann Wyder ist nicht nur als initiativer Hotelier erfolgreich. Er ist Mitglied des Bernischen Grossen Rates, war längere Zeit Gemeindepräsident von Interlaken und einflussreicher Verwaltungsrat – um nur drei Mandate zu nennen – der Kurhausgesellschaft, der Harderbahn und der Dampfschiffgesellschaft. Nebenbei: Seine Frau Ida ist eine Tochter von Bendicht Horn, dem Brauereibesitzer und Hotelier auf der Aarzelg.
Nun also rechts dem National vorgelagert das Gemeinde-Amtshaus. Bis 76 wurde es als Schulhaus benützt; das bestätigen im Innern auch die heftig abgetretenen Treppenstufen. Wenn wir zeitlich nach vorne schauen und etwas auf die Höhematte hinaustreten, dann erhebt sich vor uns das neuerrichtete Hotel Savoy.
Zu diesem wäre noch zu vermerken, dass es über ein hervorragendes Französisches Restaurant verfügt und – wie es in seinen Annoncen immer wieder hervorhebt – von vollständig feuersicherer Bauart sei. Im weiteren, dass sein Name auf Herzog Peter II. von Savoyen zurückgeht, dessen mächtige Hand im 13. Jahrhundert auch hierzu-

lande zu spüren gewesen war.
Der Tennisplatz? In der Tat stellt er nach dem Buchstaben eine – harmlose – Verletzung des Höhematten-Servituts dar. Nach dem Fortschrittsdenken der Hoteliers jedoch – Ruchtis Antrag war ja auch ohne Anfechtung von den Aktionären angenommen worden – ist er eine wichtige und notwendige Anlage für den Fremdenplatz Interlaken.
Wenden wir uns: Was wäre der Höheweg ohne die Höhematte? Und was wären diese Hotelpaläste ohne Höhematte? Versuchen Sie sich das vorzustellen! Sie ist mehr als einfach eine grosse Wiese.
Und darum wird sie auch nur mit Vorbedacht betreten; und fast mit der gleichen Zurückhaltung, die man beim Eingang in eine fremde Kirche empfindet. Trotzdem: Bei ganz besonderen Gelegenheiten darf sie benützt werden, aber nur mit Bewilligung des Verwaltungsrates. Zum Beispiel für Pferderennen. Auch eine Schiessbude wurde einmal gestattet, 1893, doch trug diese zur Unterhaltung der Fremden wenig bei und wurde bald wieder abgebrochen.
Doch jetzt schauen Sie da!

Der grosse Aeronaut Spelterini – man konnte es in den letzten Tagen den Affichen entnehmen – hat die Höhematte gewählt, um von hier aus über die Alpen nach Italien zu fahren. Seit Tagen wartete er auf gute Windverhältnisse; jetzt scheint es soweit zu sein. Er liess extra auf der Schynigen Platte oben eine Signalfahne postieren, die ihm nun offenbar günstige Strömungsverhältnisse anzeigt.

Langsam, erst fast kriechend, dann in kaum merkbaren Sprüngen, bläht sich die Ballonhülle auf und erhebt sich stückweise vom Boden. Das zieht die Schaulustigen an.

Und wenn sich auch noch die Musikgesellschaft Interlaken einfindet und mit rassiger Marschmusik das Schauspiel betont, dann strömen die Leute in Scharen herbei, um das spannende Geschehen zu verfolgen.

Kapitän Eduard Spelterini, Mitglied der «Académie d'Aérostation Météorologique de France», heisst eigentlich Eduard Schweizer und stammt aus Bazenheid.

Jetzt – das ist er – klettert er mit seinem Reisegefährten, einem mutigen Journalisten vom Daily Mirror namens Armand Console, in

den Korb. Gehen wir hin. – Sehen Sie, «E.S.» auf den Sandsäcken? Er ist ein richtiger Kapitän. Wogegen die Miene von Console nicht gerade Todesverachtung ausstrahlt.

Wenn wir uns beeilen, können wir das eindrückliche Spektakel – kommen Sie mit, schnell! – vom Turm des Hotels Savoy weiterbeobachten. Wir nehmen, damit es rascher geht, den Personenaufzug. Grossartig! Gleich wird es soweit sein. Die Zuschauer haben sich, einen Ring um den Schauplatz bildend, etwas auf Distanz begeben. Jetzt sieht man links den dicken Schlauch, durch welchen das Gemisch von Leuchtgas und Wasserstoffgas in die riesige Hülle eingeströmt ist.

Spelterini hat sein Startkommando gegeben. Das stumme Gefährt hebt ab. Senkrecht steigt es in den Himmel, und dort bestimmen die Winde, wohin die Fahrt tatsächlich geht. Es ist der 537. Aufstieg von Kapitän Spelterini. Welch ein Bild – vor dieser einmaligen Kulisse! Das hat sich wirklich gelohnt. Ich will Ihnen, wenn wir wieder unten sind – dieses Mal nehmen wir die Treppe – bald noch eine andere sportliche Szene auf der Höhematte zeigen.

Wenig östlich vom Hotel Savoy steht die Villa Choisy, dieses von Zierwerk und einem entzückenden Aussichtstürmchen geschmückte Landhaus. Erinnert es Sie nicht auf den ersten Blick an die Pension Schlössli in Bönigen? Es wurde um 1870 von Johannes Hegel erbaut und diente einige Jahre auch als Fremdenpension. Heute gehört es dem englischen Arzt Thomas Clarke, dem früheren Leiter der medizinischen Hochschule in Leeds. Er hat es 81 erwerben können und sich mit seiner Frau Anna hier niedergelassen. Ein edler Mann, ein Wohltäter.

Prägen Sie sich beiläufig den Bau des Hotels Jungfraublick ein.

Wollen wir noch ein paar Schritte um das Landhaus herumspazieren? – Dort oben auf dem Balkon, das ist er, Doktor Clarke, die Hände auf die Brüstung gestützt. Sein Sohn Charles ist ein draufgängerischer Bergsteiger, Rocky Mountains und so... Wir kehren zurück auf die Höhematte, zur Südecke an der Mittelallee.

Gastrecht erhalten hier auch sportliche Grossanlässe wie dieses Schwingfest. – Noch einmal werfen wir einen Blick über das Blütenfeld zur Hotelreihe am Höheweg hinüber:

Ursprünglich war die ganze Höhematte von einer Steinmauer eingefriedet; sie stammte aus der Zeit des Klosters. Denn hier besassen die Mönche ihre nahegelegene Weide für das Vieh. Wir haben die Mauer vorhin und am ersten Abend gesehen. In jüngster Zeit wurde sie weitgehend abgetragen, jene am Höheweg im Jahre 80.
Was sagen Sie zu Eduard Ruchtis Hotelreich? Er ist mittlerweile auch zum grössten Anteilbesitzer an der Höhematte geworden, 28%, was bei einer Gesamtfläche von 149740 Quadratmetern das schöne Stück von fast 12 Jucharten ausmacht. – Anno 72, nachdem nun das Druckwasser vom Rugenreservoir floss, wurde ernsthaft geprüft, mitten auf der Wiesenfläche als neue Attraktion einen Springbrunnen von über 60 Metern Strahlhöhe einzurichten, abends beleuchtet durch bengalische Flammen aus Hambergers Feuerwerklaboratorium in Brienz. Man liess dann davon ab…
Abermals muss man fragen: Was wäre der Höheweg ohne die Höhematte? Was wohl? – Eine Strasse. Bestimmt belebt, weil sie das westliche Interlaken mit dem östlichen verbindet; aber eben nur eine Strasse wie ungezählte andere. Jetzt ist er zweierlei: Verbindungsachse auch. Vor allem jedoch eine Art Strandpromenade. Die Fremden kommen, um darauf zu flanieren, um zu sehen und gesehen zu werden. Und statt dass sie über eine Wasserfläche den Sonnenuntergang bewundern, wie sie das an allen guten Strandpromenaden können, bewundern sie über diesen grünen Wiesenteppich das Gemälde der Jungfrau. Das, verehrter Freund, gibt es nur hier! Und was wären die blendenden Hotelpaläste ohne die Höhematte? Sie wären wohl gar nicht dort. Und es gäbe auch viele der anderen Hotels und Pensionen auf dem Bödeli nicht. Und Interlaken wäre eine Durchgangsstation geblieben, die man als Vorhof der Alpen kurz aufsucht, weil man an die Wunder der Berge und Täler kommen möchte.
Dank der Höhematte bezieht man in Interlaken Hauptquartier, um zu bleiben und von hier auf Exkursionen auszufliegen.
Jeder will einmal hier gewesen sein. Jeder fühlt sich da wohl. Und wo man sich wohlgefühlt hat, da will man wieder hinkommen. Eigentlich müsste man Isidor Jackowski danken für das, was er ausgelöst hat. – Kommen Sie, es geht in die entgegengesetzte Richtung.

Wir bummeln über das Feld und nähern uns dem Schlössli. Sein Besitzer, eine stattliche Erscheinung, distinguiert, von blendender Intelligenz und hoher Vitalität, ist einer der ganz Grossen in Interlaken: Peter Ober. Wie oft ist sein Name gefallen!
Als 17jähriger Medizinstudent lernte er 1830 in Paris das englische Ehepaar Twinning kennen, das ihn als Hauslehrer für seine beiden behinderten Söhne engagierte und hierher mitnahm. Und da blieb er, der in Hochfelden geborene Elsässer. Denn ihm winkte zweifach das Glück: Zum einen traf er in Elisabeth Beugger seine spätere Frau, welche ihm zwei Söhne schenkte. Zum anderen konnte er, allerdings mit finanzieller Hilfe der Twinnings, von Notar Karl von Greyerz, einem Onkel des Oberförsters, anno 42 dessen Pension erwerben. Und aus ihr schuf er dieses Bijou, seine Pension Ober, der er ihrer zinnengeschmückten Aussichtstürmchen wegen den Namen Schlössli gab. Der junge, vom Schicksal zum Hotelier gemachte Unternehmer liess bald als Erweiterung – da links – eine Dependance erbauen, womit er auf insgesamt 53 Logierzimmer kam. Seine Kundschaft setzt sich speziell aus deutschem Adel und

Vertretern der Gelehrtenwelt zusammen; Klara Schumann beispielsweise, die Klaviervirtuosin, wohnte regelmässig bei ihm.

Peter Ober ist eine aussergewöhnliche Mischung von Geist, Mut und Tatkraft. So hat er einen kleinen Führer von Interlaken sowie ein gründliches zweibändiges Werk über das Berner Oberland verfasst. Der gute Ruf Interlakens als Fremdenort ist ihm ein besonderes Anliegen, und er bekämpft das Kinderbetteln und Unkorrektheiten im Geschäftsleben. Seine Verdienste um Kursaal, Höhematte und Wasserversorgung kennen Sie. Sie wissen auch, wie er die abgewirtschaftete Pension Victoria am Höheweg über Wasser hielt, bis sie von seinem Freund Ruchti übernommen wurde. Ober hat sich um die Gasbeleuchtung verdient gemacht, betätigt sich erfolgreich als Homöopath – der einstige Medizinstudent – und engagiert sich tatkräftig für die Sekundarschule. Er war auch einige Zeit Präsident der Dampfschiffgesellschaft und dient als Verwaltungsrat bei der Ersparniskasse des Amtes. Fast müsste man fragen: Was hat diese überragende Persönlichkeit nicht getan?

210

Es geht am Wohnhaus von Arnold Halder, an der Schmiede und dem Mattenwirtshaus vorbei zum gegenüber der Strasse liegenden Sterchi-Haus mit der Gaslaterne 214 davor.

Halten wir hier an.

1745 wurde es von Christian und Barbara Sterchi erbaut; sie sind aus der gleichen Familie wie der Hirschen-Wirt.
Ein gefälliges bäuerliches Anwesen, dessen eigentliche Haustüre, wie beim Roth-Haus etwas weiter vorne, auch im ersten Stock angebracht ist.

Das Gebäude gefiel Mathias Gabriel Lory derart, dass er davon eine Zeichnung in sein Berner Oberland-Werk aufgenommen hat; allerdings mit der heute kaum mehr begreiflichen Benennung «Près d'Unterseen».

Bevor wir unseren Rundgang fortsetzen, machen wir einen kurzen Abstecher nach rechts. Denn dort will ich Ihnen noch die Pension Jungfraublick am nördlichen Strassenrand zeigen.

Friedrich Seiler-Hopf hatte sie anno 38 errichtet und – das erzählte ich Ihnen vorgestern beim Giessbach – zwanzig Jahre später den Brüdern von Rappard veräussert.
Jetzt ist sie die Dependance des Hotels gleichen Namens auf der Anhöhe. Und wie zutreffend ihre Bezeichnung ist! Das kann man tatsächlich erst glauben, wenn man vor ihr steht.

Wir kehren zurück zum Sterchi-Haus, umschreiten es links und begeben uns über das Feld zum nordöstlichen Fuss des Rugenhügels. Schauen Sie unterwegs zum Hotel Jungfraublick hinauf und vergleichen Sie! 1905 ist es um einen respektablen Trakt erweitert worden; wir sehen es gleich noch einmal von näher.

Unser Weg führt nun an diesem Häuschen vorbei den sanften Hang hinan und... dieses Häuschen?

Es ist das Stauffacher-Haus in Friedrich Schillers Volksschauspiel «Wilhelm Tell». Seit kurzem finden in dieser geeigneten Waldbucht Freilichtaufführungen statt, und die ausländischen Gäste, Schweizer aus dem ganzen Land und die Bödelibewohner strömen in Scharen herbei, um sich das Stück anzusehen. Alle Schauspieler sind Laiendarsteller aus der Gegend. Den Stauffacher, dort sitzend, auch da beim Rütlischwur, spielt Georges Wäckerlin vom Rahmengeschäft, der auch als Regisseur amtet. Tell, der Rebell, wird von Carl Barbier dargestellt – er arbeitet als Chef der Camionnage bei Reber –, Frau Tell von der Lehrerin Margareta Schaffner; und der Tellenbub in ihrem schützenden Arm, klein Wilhelm, heisst Alfred Simmen vom Buchdrucker in Matten. Sein Stellvertreter ist Frau Schaffners Sohn Hans – ein sehr aufgeweckter, vielversprechender Junge! Tells grösseren Sohn Walter spielt Wilhelm Lichtenberger. Wo Armgard so heftig vor Gessler – Lehrer August Flückiger – gestikuliert, verläuft die Hohle Gasse. Durch sie wollen wir uns auf die Höhe zum Hotel Jungfraublick begeben. Gleich kommt der grossartige Bau hinter den Bäumen zum Vorschein.

Beinahe wäre das Hotel Victoria, wie Sie sich vielleicht noch erinnern, hier oben erbaut worden.

Als Conrad von Rappard den Giessbach verlassen und mit seinem Bruder Hermann die Pension Jungfraublick unten an der Strasse erworben hatte, gründete er 1863 mit weiteren Persönlichkeiten zusammen eine «Aktiengesellschaft Kurhaus Jungfraublick». Diese beauftragte das Architekturbureau «Fr. Studer & E. Davinet, Berne & Interlaken» mit der Ausarbeitung eines Hotelprojektes hier auf dem Sattlerhübeli, wo vorher ein bescheidenes Kaffeehaus gestanden hatte. Die Bauherrschaft musste jedoch einem Konkurrenzprojekt den Vorzug geben, wie ich Ihnen am ersten Abend dargelegt habe. Es kam vom bekannten Basler Architekten Rudolf Ludwig Maring. Und Davinets Pläne wurden tel quel von Eduard Ruchti übernommen und am Höheweg ausgeführt.

Conrad von Rappard faszinierte die Umgebung seines neuen Hotels dermassen, dass er auf eigene Rechnung und unter Mithilfe von Oberförster Adolf von Greyerz auf dem ehemals von dessen Vorgänger Karl Kasthofer aufgeforsteten Kleinen Rugen Spazier- und

Reitwege anlegte, Spiel- und Ruheplätze einrichtete und an den schönsten Stellen Aussichtspavillons aufstellte. Zudem liess er am Südhang nach dem Vorbild grosser Heilbäder die Molken-Trinkhalle bauen. Wir werden sie bald besuchen. Als erster Direktor des Jungfraublicks war Wilhelm Wagner eingesetzt, der jetzt bekanntlich das Hotel Oberland besitzt.

Der heutige Hotelier heisst Jakob Oesch-Müller, das Unternehmen seit dem Besitzerwechsel «Rugenhotel Jungfraublick». Oeschs Eltern – nur nebenbei – gehört der Gasthof zum Weissen Kreuz in Thun und den Eltern seiner Frau Elisabeth das Weissenburgbad im Simmental.

Gehen wir zum Eingang, wo eben der Hotelomnibus mit Gästen eingetroffen ist.

Der Patron persönlich – links, mit Schnurrbart – empfängt sie; vor ihm steht sein Sohn Paul, hinten sein Ältester, der ebenfalls Jakob heisst. Und dieser wird eines Tages zusammen mit seinem Schwager, dem Apotheker Ernst Seewer, den vorhin gezeigten Erweiterungsbau vornehmen. – Kommen Sie jetzt mit!

Von dieser dem Hotel vorgelagerten Terrasse aus sollen Sie zum letzten Mal und umfassend Ihre Augen über das Bödeli schweifen lassen. Es ist ein einzigartiges Panorama, das vom Thuner- bis zum Brienzersee, ja sogar noch weiter nach Süden reicht.

Eigentlich könnte Oeschs Hotel ebensogut Bödeliblick heissen. Es war übrigens der dänische Dichter Jens Baggesen, welcher dem Sattlerhübeli erstmals den Namen Jungfraublick gegeben hat. Kennen Sie noch alles, was wir besucht und besichtigt haben, und wissen Sie es noch zeitlich einzuordnen?

Natürlich beginnen wir mit dem Bereich, der Bindeglied und Zentrum zugleich ist: Schräg hinter dem Deutschen Hof in der Mitte des Vordergrunds, jenseits der Höhematte, haben wir das Victoria – ohne Turmanbau und mit den vorgelagerten Chalets. Dem Jungfrau daneben fehlt der Osttrakt, weil das Châlet de la Jungfrau noch nicht wegtransportiert wurde. Es folgt Strübins Schweizerhof. Davor, diesseits der Matte, Doktor Clarkes Villa Choisy mit dem anmutigen Türmchen, das mich immer an ein persisches Minarett erinnert. Neben dem Victoria das Hotel Ritschard, dessen Turmwarte ihrer Bedachung bereits verlustig gegangen ist; und präzis davor das schöne Holzhaus der Herren Iffrig und Schuh.
Wyders Hotel National haben Sie erkannt; das Gemeinde-Amtshaus daneben auch.

Und vorne, ganz links?
Die Villa Beau-Séjour neben der Pension Reber, darüber im Herzen vom alten Dorf Aarmühle der auffällige Neubau der Post mit dem Türmchenaufsatz. Hinter ihr – weit hinten – die Häuser in der Goldey und etwas seitlich vor diesen die Obere Schleuse mit ihrer charakteristischen zweistufigen Bedachung.

Jetzt wenden wir uns mehr nach Westen: Im noch fast unbebauten Siechenmoos das grosse, markante Zeughaus. Schräg unter der Niesenspitze die Gasfabrik – Schornstein –, welche man ja wegen des Schiffahrtskanals dorthin versetzen musste.

Zwischen beiden erhebt sich das Miriamstift. Ich glaube, ich vergass auf der Heimwehfluh, es Ihnen zu zeigen. Ein Töchterinstitut zur Erlernung der modernen Sprachen, geleitet von der gestrengen Vorsteherin Miriam von Kranichfeld-Gardner. Vor der Gasfabrik das Chalet Edelweiss, daneben, eingerahmt von hohen Bäumen, die Pension Rugenpark.
Noch mehr zum Rugen hin – flaches Dach – die Güterexpedition der Bahn und ganz links im Vordergrund die Felsenburg des Photographen Gabler.

Die Aare ist eben gefasst und der Schiffahrtskanal ausgebaggert worden. Schon von der Heimwehfluh aus habe ich Ihnen die Ruine Weissenau gezeigt; von dort konnte man sie auch deutlicher erkennen. Zu ihrer Zeit war die Gegend von Neuhaus auf der anderen Seeseite im Hintergrund wohl noch wildes Sumpfgebiet.

Schauen wir weiter: Das Westquartier beim Bahnhof – wie leer der Platz gegenwärtig ist! – mit den neuen Hotels St. Gotthard und Eden, dazwischen die hell von der Sonne angestrahlte spätere Eden-Dependance, welche jetzt Chalet Eden heisst.

Vermögen Sie schräg über dem Schiffahrtsgebäude – sein Dach ist mit NAVIGATION angeschrieben – das hell aufscheinende Hotel Beau-Site zu erkennen, wo Eduard Ruchti seine Jugend verbracht hat? Vor diesem ducken sich die Holzhäuser vom Dorf Interlaken.

Jenes ganz rechts, im Bau, mit den zwei Turmaufbauten? Hotel Bernerhof und gleich daneben die Bank Betschen – Sie erinnern sich: Schweizerhof! Wir spazieren heute noch dort vorüber, auch beim etwas verschnörkelten, breiten Gebäude davor. Da hat August F. Dennler nämlich seine sehenswerte Fabrik an der Magenbitterstrasse.
Suchen Sie selbst weitere Bekannte und probieren Sie sich zurechtzufinden!

Nun wenden Sie sich ostwärts, vorerst der Schlossgegend zu:

Rechts ist der westliche Turm der an ein italienisches Castello erinnernden Pension Ober, des Schlösslis. Ober war – das habe ich bereits angedeutet – Mitglied der Sekundarschulkommission. Nicht weit davon entfernt, vor der Kirche, haben Sie es, das moderne Schulhaus. Hierwärts ist die Primar- und im anderen Flügel die Sekundarschule untergebracht. Erbauer war Architekt Peter Urfer, welcher mit Ober auch in die Schulkommission gewählt wurde. Überhaupt ist erfreulich, wer alles in ihr sonst noch mitwirkt: zum Beispiel die Ärzte Strasser und Volz, die Hoteliers Borter, Strübin, Wyder, auch Bankier Betschen – wen kennen Sie noch? Pfarrer Studer von Ringgenberg, August F. Dennler, Oberförster von Greyerz. Links vom Schulhaus ist das Hotel Interlaken mit seinem Turmvorbau auszumachen, weit hinten in den Bäumen auch der Kuppelaufsatz des Hotels Beaurivage. Nehmen Sie nun die Pappelgruppe dort an der Kreuzung: rechts davon das Hotel du Nord, auf der anderen Seite das breite Des Alpes ... Knechtenhofer hat jüngst der Sekundarschule eine Schenkung von 7000 Franken gemacht, damit jährlich fünf Freiplätze an fähige Schüler vergeben werden können.

Die Gärtnerei da unten? Sie gehört zum Hotel Jungfraublick. Jetzt schwenken Sie Ihren Blick ein wenig: Unter uns haben wir wieder die Pension Jungfraublick, wo Conrad von Rappards Werk am Rugenhügel angefangen hat; in der Strassengabelung das Wohnhaus von Arnold Halder; unweit das ehrwürdige Mattenwirtshaus und – leicht verdeckt von Metzger Zingrichs Wohngebäude – die Schmiede von Christian Mühlemann. Jenseits des Feldes steht die gefällige Villa Bischofsberger mit ihren zwei Türmchen, ein 1874 errichtetes Pensionshaus. Dort hält der aus Nidau zugewanderte Sekundarlehrer Johann Jakob Bischofsberger 15 Logierzimmer bereit, um damit sein Lehrergehalt etwas aufzupolieren.

Ganz im Hintergrund der Brienzersee und die uns bestens vertrauten Hügelrücken: der Goldswilhubel mit seiner Kirchenruine und der Burghügel von Ringgenberg.
Jene Bergspitze, die über den Horizont guckt? Der Suggiturm. Und gleich über dem vorgenannten Burghügel, tief verschneit, das Brienzerrothorn. – Drehen wir uns noch weiter.

216

Vermögen Sie das Seeufer zu erkennen? Und Bönigen? Und dort am linken Dorfrand die Pension de la Gare sowie daneben die weisse Fassade des Oberländer-Hofs?
Und – wenn Sie ganz genau hinspähen – sogar die Türmchen vom Bellerive?

Doch jetzt im Vordergrund: Wir haben das schöne, von ungezählten Obstbäumen durchsetzte Dorf Matten wirklich nur auf der Hauptstrasse durchquert. Haben Sie an ihr die Pension Zwahlen gefunden und das Hotel Kreuz daneben? Schräg hinter beiden neben einer einzelnen Pappel leuchtet das auffallende Schulhaus. Ja, mit Quergiebel.

Etwa auf gleicher Distanz, aber weit links, auch hell beschienen, davor ein blendendweisses Dach: es ist das Baugeschäft mit Säge und mechanischer Schreinerei von Peter Bühler, dessen Name beim Hotel Jura und bei der alten Zollbrücke gefallen ist. Er versieht übrigens zurzeit das Amt des Gemeindepräsidenten.

In derselben Richtung, jedoch näher, an der Hauptstrasse, erkennen Sie das dunkle, schwere Dach des Roth-Hauses wieder.

Drehen wir uns nochmals etwas weiter: Dort draussen im freien Feld, buchstäblich fast allein auf weiter Flur, kann ich Ihnen abermals die Pension Mattenhof von Christian Roth zeigen, aus welcher dereinst das Grand Hotel Mattenhof erwachsen wird. Die Matte dahinter heisst Baumgarten.

Weit drüben am Fusse des Mattenbergs zeichnet sich das Eywäldchen ab, bei dem wir einen Moment den Golfspielern zugeschaut haben. Bevor der Golfplatz dort angelegt wurde, stand sogar einmal für diesen Zweck die Höhematte zur Diskussion, wurde aber von den Fachleuten als zu klein befunden.

Die markante Runse oberhalb des Eywäldchens?
Sie dient dem Schleifen von geschlagenen Holzstämmen und heisst Pfengischleif.

Bevor wir unsere Warte verlassen, müssen Sie noch an den Harder emporblicken. Können Sie ihn erkennen, den düsteren Gesellen in der Felswand? Man sagt ihm Hardermannli, und seine Miene wechselt von finster zu traurig oder sarkastisch, je nachdem, wo man im Bödeli steht. Die Sage berichtet, ein bösartiger und sündhafter Prior des Klosters – er hiess «Leonhardus» oder kurz «Harder» – müsse dort büssen für alle Schandtaten, die er auf dem Gewissen habe. Und sein schwarzes Herz sei dazu verdammt, umgeben vom kalten Gestein jenes Bergrückens, der nach ihm benannt ist, auf alle Ewigkeit zu schlagen. – Jetzt wollen wir aufbrechen.

Unweit westlich vom Hoteleingang befindet sich dieser waldige Ruheplatz. Eben hat sich eine Hochzeitsgesellschaft vor Adam Gabler für das Gruppenbild versammelt. Das sind ja Max Wilhelm Wagner vom Hotel Oberland und Elisabeth Krebs vom Hotel Krebs, die hier ihren Ehebund feiern. Links neben der Braut sitzt deren Vater Eduard Krebs-Borter. Stören wir nicht!

Beachten Sie hinten am Fussweg das Hinweisschild «Zum Gemspark»: Auf Antrag des Tierparkkomitees, dem die Herren Wyder, Oesch, Pfahrer vom Schwanen und Dennler angehören, wurde im Jahre 84 vom Gemeinnützigen Verein jenes Gehege zur Freude unserer Feriengäste angelegt... habe ich Ihnen eigentlich erzählt, dass man vor der Ausbaggerung der Aare auf Flussinseln versucht hat, tibetanische Ziegen an unser Klima zu gewöhnen? Leider blieb der Erfolg aus. Die feine, für Kaschmirschals so begehrte Wolle hat sich hier nicht zufriedenstellend entwickelt.

Früher war der Kleine Rugen ein kahler Hügel, öd und leer, bis Karl Kasthofer als Oberförster nach Unterseen kam und dort bekanntlich im Schloss Wohnsitz nahm. Seine praktische Tätigkeit, aber auch seine gründlichen schriftstellerischen Werke, meistens Forstwirtschaftliches betreffend, haben ihm europäisches Ansehen eingebracht. Zudem war er auch in der bernischen Politik aktiv. Hunderttausende von Pflänzchen hat er gesteckt. Viele davon wuchsen und wachsen weiterhin empor – wie die Gemsen scheu sind! –, erfreuen uns und die Nachwelt und erinnern lebendig und mit ihrer ganzen Pracht an den Meister und Schöpfer unserer Interlakner Wälder. Er starb im Jahre 56 im Alter von 75 Jahren.

Begeben wir uns ein paar Schritte vorwärts:

Der Gemeinnützige Verein hat ihm diesen Granitblock als Denkmal gewidmet: «Dem Andenken des ersten Pflegers der Oberländer Wälder...» – lesen Sie selbst weiter!
Nun bummeln wir auf dem Ringweg langsam um den Hügel. Diese Aussichtsterrasse heisst nach dem grossen Naturforscher und Freund der Familie von Rappard «Humboldtsruh»; ein herrlicher Ausblick zur Jungfrau – gewahren Sie die Kirche von Gsteig? Weiter am Südhang nach Westen, und gleich kommt die Molkentrinkhalle in Sicht. Architekt Roller hat den originellen Holzbau anno 63 in Rappards Auftrag nach Vorbildern aus grossen Badeorten erstellt. Gehen wir hinauf zum Eingang. Da ist etwas los! Als Wirt wirkt Gustav Albert Schleuniger, verschwägert mit Jakob Oesch, denn seine Frau Martha ist ebenfalls eine Tochter von Müllers auf dem Weissenburgbad. Schauen wir hinein? – Apart! An warmen Sommerabenden, bei einfacher, aber feiner Küche und einem guten Tropfen – ich kann Ihnen sagen. Heutzutage trinkt man hier allerdings anstelle der Ziegenmolken Wein und Bier – dunkles von Hofweber oder helles von Horn.

Durch recht buckliges Wiesengelände, keine 400 Meter weit, haben wir die Stelle erreicht, von der unser Blick die vaterländisch-historische Stätte erfasst. Auf jener amphitheatralisch aufsteigenden Wiese, am Fuss der Ruine Unspunnen und diesseits der abfallenden Strasse, fand 1805 auf Initiative des bernischen Schultheissen Niklaus Friedrich von Mülinen das erste so berühmt gewordene und folgenreiche Älplerfest statt. Von Mülinens Idee war, nach den turbulenten politischen Jahren und dem Sturz der Helvetik das Gefühl der Zusammengehörigkeit des Oberlandes mit Bern, aber auch jenes unter den einzelnen Kantonen, wieder zu kräftigen.

Bei Oberamtmann Friedrich Ludwig Thormann von Interlaken und Sigismund von Wagner, dem angesehenen Historiker und Schriftsteller, fand er sofort Unterstützung. Die drei Männer waren die eigentlichen Gründer des grossen Nationalfestes, und dass dieser Ort gewählt wurde, geht auf eine mittelalterliche Begebenheit zurück, die zu schildern etwas weit führen würde.

Steigen wir links hinter uns zum Café Unspunnen empor.

Zur Teilnahme riefen sie Alphornbläser, Schwinger, Steinstosser und Schützen – sowohl Armbrust als auch Feuerröhren – aus dem ganzen Land auf. Und im Ausland lenkten sie durch eine kluge Propaganda die Aufmerksamkeit auf unsere Nationalsitten und auf die Schweiz überhaupt und luden zum Besuch ein.

Der Widerhall war überwältigend, einzig von den Alphornbläsern – ihr Sieger hätte eigentlich zum König des Festes ausgerufen werden sollen – kamen nur zwei. Und neben schweizerischen Regierungsvertretern kündigten viele Adlige, Künstler und Gelehrte ihre Visite an. Jetzt kam das Problem der Unterbringung! In Franz Niklaus König, der zu jener Zeit im Schloss Unterseen wohnte, fanden die drei Organisatoren den richtigen Mann zur Lösung der heiklen Aufgabe.

Wollen Sie einen Blick auf die Gartenterrasse werfen?

Guten Tag! Das sind – links – Herr und Frau Ernst Seewer-Oesch, Apotheker. Vorhin waren wir ja bei Frau Seewers Vater im Jungfraublick. Und der zweite von rechts ist Rudolf Hänny, der spätere Besitzer vom Hotel Merkur beim Bahnhof.

Wir begeben uns auf die Rückseite des Cafés, denn...

...in dem sich vor uns ausbreitenden Wiesengrunde findet heute zur Erinnerung an das grosse Älplerfest die Hundertjahrfeier statt. Steigen wir zur entgegengesetzten Seite des Festplatzes hinunter. Welche Volksmenge! Doch in unserer Zeit, bei dem grossen Angebot an Logierzimmern im Bödeli, ist das ja kein Problem mehr... Damals, wir waren beim Maler König, mussten ausserhalb den wenigen, bereits besetzten Pensionen noch 560 Personen zusätzlich einquartiert werden. König liess die per Schiff Angereisten vom Neuhaus zu sich ins Schloss Unterseen kommen, wo er ihnen ihre Unterkunft zuwies. Und zwar privat bei Einwohnern von Unterseen, Aarmühle, Interlaken, Wilderswil, ja gar von Bönigen, welche bereitwillig Zimmer zur Verfügung gestellt hatten.

Das Älplerfest 1805 ging in die Geschichte ein. Da waren zu Gast, um nur ein paar wenige zu nennen, der König Friedrich von Württemberg, sein Bruder Herzog Eugen, auch Herzog von Görlitz, der Prinz von Bayern, die Fürsten Esterhazy und von Schaumburg-Lippe sowie Madame Germaine de Staël vom Schloss Coppet und die französische Malerin Elisabeth-Louise Vigée-Lebrun, die später

beide mit grossem Entzücken von dem Ereignis berichteten. – Insgesamt schätzte man 6000 begeisterte Zuschauer, wovon 3000 von auswärts. Und Held des Tages wurde Hans Stähli von Schwanden bei Brienz, dem Frau Landammann von Wattenwil als Siegerpreis einen Kühergürtel, ein Käppchen, eine Salztasche von feinem Leder sowie eine Medaille überreichen durfte. Und Sieger beim Liedersingen wurde – wie hätte es auch anders sein können – Lehrer Kehrli, von dem wir in Giessbach gesprochen haben.

Dem Anlass war ein derartiger Erfolg beschieden, dass von Mülinen meinte, er müsse alle drei Jahre wiederholt werden. Das erste Mal war das – eben 1808 – der Fall, doch leider ohne den Originalstein der Steinstosser. Er war nämlich auf unverständliche Weise verschwunden, fast hundert Jahre lang, und kam erst vor kurzer Zeit bei einer Scheune hier in der Nähe wieder zum Vorschein. Man behalf sich 1808 notgedrungen mit einem Ersatzstein, der allerdings 9 Kilogramm schwerer war. Seither hat kein Älplerfest von dieser Bedeutung mehr stattgefunden, bis eben heute, das dritte.

Links im Vordergrund, umgeben von weissgekleideten, blumengeschmückten Sängerinnen, Sennen und Trachtenmädchen, posiert Sekundarlehrer Rudolf Krenger, der die Melodie zum Grindelwaldlied von Pfarrer Gottfried Strasser komponiert hat.

Masten? Nein, das sind zwei Freiheitsbäume, welche man zur Erinnerung an die vor hundert Jahren der Französischen Revolution entgegengebrachten Sympathiekundgebungen aufgerichtet hat. Kehren wir wieder zurück auf das Bödeli?

Wenn wir uns auf die Leitgedanken der Festgründer von 1805 besinnen, so sind wohl beide in Erfüllung gegangen. Das vereinigende Denken hat im sportlichen Wettkampf neue Anstösse erhalten. Und die Anwesenheit der hohen Gäste sowie die von namhaften Künstlern – alles Freunde Königs – vom Fest geschaffenen und gut verkauften Bilder und Gravuren blieben auch nicht ohne Wirkung. Der Widerhall war dermassen kräftig, dass das Berner Oberland und im besonderen Interlaken bis weit über die Landesgrenzen hinaus ins Gespräch gerieten – jetzt kommen wir zur Wagnerenschlucht – und Neugierde erweckten. Man wollte die offenbar so vorteilhafte ländliche Gegend persönlich kennenlernen. Und das hat den Fremdenverkehr spürbar in Bewegung gebracht.

221

Auch dem zweiten Älplerfest war trotz ungünstiger Witterung ein grossartiger Erfolg beschieden. Abermals haben viele Herren und Damen von Distinction dem Anlass ihre Ehre erwiesen: Adelsleute von Bayern, Hannover, Hamburg, von Schweden, von Moskau und Triest – da links war übrigens Joseph Hofwebers Felsenkeller –, hohe Persönlichkeiten aus Philadelphia, Wien und Paris. Auch Marquard Wocher, der Maler von Basel, fehlte diesmal nicht. Und man nimmt an, dass um die fünfzehnhundert Louis d'or von den Besuchern im Oberland zurückgelassen wurden.

Wir sind wieder im Bödeli. Das ist Ihnen alles bereits bekannt: Hotel Simplon neben uns, vorne das Eden und versetzt gegenüber das St. Gotthard. Und schon – treten wir etwas zur Seite, da kommt uns ein Umzug der Turner entgegen – erreichen wir das Hotel Jura, wo wir in die Magenbitterstrasse einbiegen.

Das Terminus haben Sie am ersten Tag gesehen. Vergleichen Sie. Nun heisst es Terminus-Hotel Bristol und gehört Friedrich Hofstetter und Jakob Otto Künzler. – Nach wenigen Schritten in der schmalen Strasse schwenken wir links auf das Feld hinaus.

Magenbitterstrasse: In diesem Etablissement liegt die Erklärung ihrer Benennung. Das ist August F. Dennlers Magen- und Eisenbitterfabrik. Ihr Gründer kam 1860 als Apotheker von Langenthal zu uns und eröffnete am Höheweg die erste Pharmacie auf dem Bödeli. Doch bereits vier Jahre danach, infolge einer vielversprechenden Erfindung, verkaufte er sie seinem Freund Johann Seewer, dessen Sohn Ernst... bestimmt ist er immer noch im Café Unspunnen.

Dennler baute dieses Fabrikgebäude zur Herstellung eines Präparates, dem er den Namen Dennler-Bitter gab. Es handelt sich dabei um eine Mischung von Anis, Fenchel und Kalmus mit ausgeklügelten Zusätzen, zum Beispiel Harz und Baldriansäure, und wirkt gegen chronische Verdauungsstörungen oder Magenüberreizung durch Speisen und Getränke. Das von Ärzten anerkannte Genussmittel trägt heute den Namen Interlakens jährlich millionenfach in alle Welt hinaus. – Wollen wir eintreten? 1873 kam eine Fabrik in Zürich dazu, es folgten weitere in Mailand, Wien, Paris, Waldshut und Verona sowie Agenturen in Amerika, Asien, Afrika, ja sogar in Australien, und der Lagerbestand beträgt um die 200000 Liter.

Das hier ist die Destillation. – Später hat er eine zweite Erfindung gemacht, das Dennler-Eisenbitter. Es ist ähnlich, jedoch mit Eisenzusätzen, und in Fällen von Bleichsucht und Blutarmut sowie zur allgemeinen Nervenstärkung angezeigt.

Vater Dennler, ein Unternehmer von echtem Schrot und Korn, ein Weltmann nobelster Prägung, dennoch aber Interlakner geworden durch und durch – er war zum Beispiel Mitgründer und Präsident des Gemeinnützigen Vereins – starb mit 59 Jahren. Heute leitet sein Sohn gleichen Namens die eindrückliche Grossfirma.

Wir schauen nach, ob er da ist.

Wie üblich – grüss Gott, Herr Dennler! – an der Arbeit in seinem Kontor. Neben der anspruchsvollen beruflichen Tätigkeit pflegt er zwei Steckenpferde: Einmal züchtet er Hunde, Vorstehhunde. Sehen Sie das Bildchen an der Wand?

Zum andern zieht er Pflanzen, viele fremdländische, sogar Palmen, die im Sommer seinen weitläufigen Park zieren.

Gerne zeigt er Ihnen – gehen wir vor das Haus – seine prächtige Hundezucht.

In der Tat nicht einfach, die selbstzufriedene Mutter mit ihren zappeligen Welpen auch nur einen Moment ruhig zu versammeln. Speziell immer dieser zweite von links…

Und schauen Sie jetzt die gepflegten Gartenanlagen mit – dort weit hinten – der riesigen Orangerie.

Herr Dennler junior hat sich für die Führung des weitverzweigten Etablissements mit den erforderlichen Kenntnissen ausgerüstet. An deutschen Universitäten studierte er Chemie, die kaufmännische Ausbildung holte er sich ebenfalls im Ausland, sogar in Übersee.

Nach seiner Rückkehr in den väterlichen Betrieb fügte er den allgemein bekannten Spezialitäten auch die Destillation von feineren Liqueuren und Spirituosen bei.
Heute ist er bei den Fachleuten so anerkannt, dass er im In- und Ausland als Preisrichter für grössere Ausstellungen beigezogen wird. Und für die Weltausstellung 1900 in Paris hat ihn das Eidge-

nössische Handelsdepartement zum Mitglied des Internationalen Preisgerichts ernannt. Er war damit der einzige Delegierte überhaupt, den die Schweiz für die Abteilung Liqueure, Spirituosen und gewerbliche Alkohole der Gruppe Nahrungsmittel zu entsenden hatte.
Auch an die Internationale Kochkunstausstellung in Frankfurt am Main hat man ihn im gleichen Jahr gerufen.

Während des Winters sind die grossblättrigen Südländer und andere Exoten der Flora hier im Palmenhaus eingestellt. Das übrige Jahr hindurch verleihen sie dem Park – 92 Aren – das zum Unternehmen passende, den üblichen schweizerischen Rahmen sprengende Gepräge. Es lohnt sich, einen Augenschein zu nehmen.

Hätten Sie sich vorgestellt, eine solche Firma im Bödeli anzutreffen? Die beiden grossen Industriellen Dennler haben mit ihrer Tatkraft wirksam mitgeholfen, Interlakens Ruf und Ansehen zu heben!
Kehren wir auf die Magenbitterstrasse zurück.

Hier wohnt Herr Dennler. Der reiche Pflanzendekor – nun, Sie kennen ja seine botanische Liebhaberei…

Bei dem Holzkiosk – er wird jeweils zu Ausstellungen ins Ausland mitgenommen – sollten Sie unbedingt zur Erinnerung eine Flasche Dennler-Bitter erstehen. Natürlich ist der schmucke Verkaufsstand Marke Parqueteriefabrik, wie Dennlers Villa übrigens auch.

Nun müssen wir den Rückweg antreten und begeben uns ein Stück weit auf den Bahnhofplatz hinaus. Vergessen Sie nicht, wie das Terminus von August Starkemann einst ausgesehen hat!

Vorbei am Buffet de la Gare, wo Ihre Visite ihren Anfang genommen hat, steuern wir der Bahnhofstrasse zu. Da springt vorerst der Bernerhof in die Augen. Wir haben ihn vom Jungfraublick aus beobachtet, als er just umgebaut wurde. Auch von der Heimwehfluh, als er noch Pension Berger hiess und eine Etage niedriger und ohne die Türmchen war.

Nach dem Ableben des Erbauers Jakob Berger ging der Gasthof an den jetzigen Besitzer Fritz Hirni über, welcher ihm den neuen Namen gegeben und den Umbau vorgenommen hat.

Das also ist die Bahnhofstrasse. Eine von beiden! Denn die andere führt bekanntlich nach Unterseen. Das gibt gelegentlich Verwirrungen. Während jene über die Aare erst mit dem Bau des Schiffahrtskanals entstand, wurde diese hier nach Eröffnung der Bahn aus einem Feldweg geschaffen. Eingeweiht hat sie Nationalrat Seiler, und er steckte sie damals offiziell bis zum Hotel Jungfrau ab, was sich aber östlich vom Centralplatz nie eingebürgert hat.

Damals entstand ausser der Pension Berger auch die von Eduard Krebs-Borter 1875 eröffnete Pension Krebs mit Restaurant und Café, – dort neben dem Laubenvorbau müsste wieder einmal aufgeräumt werden! – und aus ihr wurde das heutige grandiose Hotel Krebs. Mit freier Sicht zur Jungfrau – und mit moderner Dependance gegenüber.

Ein ausgezeichnetes Familienunternehmen, heute unter Führung der zweiten Generation, Eduard Krebs-Märky.

Erinnern Sie sich an die Hochzeitsgesellschaft seiner Schwester Elisabeth beim Jungfraublick? Eine andere Schwester, Emmy, wird später die Frau von Walter Hofmann im Du Lac.

Nun wird Ihnen die Gegend wieder vertraut. Zweimal haben wir sie – wenn auch aus anderen Richtungen – durchquert.

Das müssen Sie rasch sehen, hier zur Linken: Während andere Kurorte kostspielige Tiergehege einrichten, verfügen wir über den Mühlekanal, der da aus sichtbarem Grund «Entenäärli» heisst. Leider hatte einmal der Entenvater Gottfried Hiltbrand zuviel Zuchterfolge in der Kolonie, was den Unwillen der Nachbarn erregte. Nun ja, so ein hundertstimmiges Geschnatter im Morgengrauen! – Der Vorstand des Gemeinnützigen Vereins, der hierfür verantwortlich zeichnet, sorgte darauf für Abhilfe, indem seine Mitglieder einen Teil der redseligen Vögel – wohlverstanden: gegen einen Beitrag in die Vereinskasse – verspeisten.

Seither hält sich der Bestand wieder im Rahmen…

Hübsch, das Sterchi-Haus im Sonnenlicht, nicht wahr?

Jetzt schauen wir uns mit kecken Zeitsprüngen diesen zentralen Platz noch einmal rundum an. Zuerst links die Marktgasse: welch ein Treiben und welch ein Geschn… möchte man fast sagen nach dem Entenäärli.

Und da geht es gerade im gleichen Stil weiter.

Doch das ist auch historisch richtig!
Als nämlich Wyden seinen Markt im 14. Jahrhundert auf kaiserliches Geheiss verloren hatte, wurde er hierher verlegt, «zwischen Aarebrücke und das Kloster», wie es in den Urkunden nachgelesen werden kann.
Man nimmt auch an, dass deswegen der Höheweg seine auffallende, sonst schwer erklärliche Breite erhalten hat.

Die ganze Liegenschaft vor uns gehört heute der Familie Sterchi. Friedrich ist bekanntlich der Rössli–... Entschuldigung: der Wirt des Hotels Zur Post.
Und im eingeschossigen Anbau neben der Kastanie betreibt Samuel Steuri einen Basar, spezialisiert auf Schweizertrachten und Landschaftsansichten, sowie einen Coiffeursalon inklusive Pédicure.

Jetzt sollen Sie sehen, an wessen Stelle der Anbau gekommen ist:

In dem baufälligen Holzhaus, welches – wie ja auch die Gätzischmiede nebenan – der Familie Oehrli gehört, betreibt Friedrich Trabold seinen Coiffeurladen.
Schon er bietet seine guten Dienste, wie zu lesen ist, inklusive Pédicure an, während sich der Haarschneider präzisierend noch als «Hühneraugen-Operateur» bezeichnet.
Daneben ist Schuhmacher Johann Brunner in Miete. Er steht gerade in der Türe – ja, natürlich, mit Schnurrbart.

Wenn Sie die im Laufe der Jahre mehrfach abgestützte und dennoch beängstigend schräge Laube kritisch mustern: es wurde wirklich höchste Zeit!
Gegenüber auf der anderen Strassenseite – aber das haben wir uns am ersten Tag schon angeschaut – steht oberhalb der Mühlebrücke die Parqueteriefabrik Grossmann & Co.

Ja, richtig: am Oehrli-Haus vorbei verläuft die Hintere Gasse nach Süden, die spätere Centralstrasse.

Und anstelle dieses Einblickes in die Centralstrasse – der Kastanienbaum musste leider inzwischen sein Leben lassen, auch das Aebersold-Haus wurde abgerissen – hat uns die neue Zeit ein grosszügiges, Fortschritt verkündendes Bild beschert: den weiten offenen Concordiaplatz, benannt nach dem Concordiahof vorne rechts.

Drehen wir uns abermals etwas weiter, dann kommt das Geschäft von Wilhelm Meyer «Confections et Nouveautés». Auch dieses stattliche Haus – schauen Sie noch schnell den Kandelaber an: elektrisches und Gaslicht zugleich – wird im Zuge der modernen Zeit erheblich verändert, das heisst erheblich vergrössert.
Ausserdem: Wo sich vorher das anmutige Gärtchen in der Ecke befunden hat, ist das Café Fédéral von Charles Ochs angebaut. Ziemlich genau an dessen Platz stand einstmals die Gätzischmiede.

Im heutigen Bereich der Bahnhofstrasse gab es zu jener Zeit entlang des Mühlekanals Wiesen und Gärten mit üppigen Bäumen. Der Wasserlauf wurde – was hat diese Eisenbahn doch nicht alles verändert! – mit Ausnahme des Ententeichs und dessen Abfluss hinter den Häusern überdeckt und den Blicken der Passanten entzogen.

Ich räume der Wahrheit zuliebe ein: Die Ansicht des Kanals war nicht unbedingt immer eine Augenweide gewesen, wurde er doch recht grosszügig als Ablage für allerlei «Zerbrochenes» verwendet.

Jetzt schlendern wir also wieder in der Neuzeit die Bahnhofstrasse zurück, an mehrstöckigen Geschäftsgebäuden entlang...dort vorne, das chaletartige, kleine Haus nach der Pharmacie von Doktor Rudolf Jenzer?
Das ist Eduard Webers Tea Room mit Confiserie. Es wird sich so kaum noch lange der Eingliederung in die mehrgeschossige Häuserreihe erwehren können.
Und daneben schliesst sich das grosse Geschäftshaus der Buchdruckerei von Otto Schlaefli an, worauf die Häuserreihe – bedingt durch ein Servitut des Hotels Krebs gegenüber – nur noch einstöckig verläuft.

Hier sind Sie vor fünf Tagen eingetroffen, Ihre Rückreise erfolgt heute wie vereinbart mit dem Dampfschiff.
Nehmen Sie noch einmal das bunte Bild unseres Bahnhofplatzes mit dem Kutschenpark in sich auf. Und zwar aus der Frühzeit, in welcher das Terminus de la Gare mit seiner Dependance einsam aus dem Laub der dichten Bäume ragt.
Ja, der Dachgiebel rechts dahinter gehört zur Pension Müller, aus welcher Ernst Botz... vermögen Sie sich zu entsinnen?
Noch kein Hotel St. Gotthard gegenüber, und auch die Gasthäuser Merkur und Bahnhof fehlen.
Alle drei folgen in wenigen Jahren – vergewissern Sie sich – und verwandeln die Stelle im Verein mit dem Eden, dessen westlicher Eckturm im Hintergrund hell leuchtet, zu jenem Fremdenquartier, das Sie bei Ihrer Ankunft angetroffen haben.
Wie kahl das Felsenengnis der Wagnerenschlucht ist!

Doch nun biegen wir scharf rechts ab. Wir überqueren ein letztes Mal das Geleise und betreten die andere Bahnhofstrasse,...

...durch welche soeben der Umzug vom Unspunnenfest einherkommt. Achten Sie sich: vor uns das Bild von Alphirten mit einer vornehmen Dame auf dem Tragsessel, wie das auf Bergwanderungen so Brauch sein kann.

Das nächste Bild: ein Grindelwaldner Wagen, vierspännig, mit einem grossen Brocken Gletschereis für den Export an Kunden in der ganzen Schweiz – Hürlimann in Zürich zum Beispiel. Und oben auf dem kalten Klotz fährt stehend Gletscherführer Egger mit.
Der hochragende Bau? Hotel Pension Ginsbourger-Bernheim, ein israelitisches Fremdenetablissement, wie die Affiche unter dem Dach verrät; geleitet von Florentine Ginsbourger.

Sobald der Umzug vorüber ist, begeben wir uns zum Hotel Central, mit welchem wir die Besichtigung der Gasthäuser auf dem Bödeli abschliessen. Es gehört Eduard Ritschard und seiner Frau Lina, der Tochter der Bellevue-Besitzer Heinrich und Susanne Storck etwas weiter oben an der Aare. Und da wollen wir uns jetzt auf die Terrasse setzen und eine Erfrischung genehmigen.

Weil wir uns noch einmal auf Unterseen-Boden befinden – die Grenze verläuft in der Flussmitte –, will ich hier die Geschichte beenden, mit der ich vor fünf Tagen im Hotel Beau-Site begonnen habe: Eduard Ruchti, der grosse Sohn dieser Gemeinde, hat am 10. November 1902 für immer seine Augen geschlossen. Das Leichenbegräbnis vier Tage danach: imposant wie nie eines zuvor! Eidgenössische und bernische Räte, die Behörden vieler Gemeinden, Trauergäste aus allen Talschaften, Vereine, Verehrer und Freunde waren zugegen, um dem Toten die letzte Ehre zu erweisen.

Vom Hotel Victoria aus, wo er im Vestibül unter erdrückendem Blumenschmuck aufgebahrt gewesen war, bewegte sich kurz nach Mittag ein unabsehbarer Trauerzug zum Gotteshaus in Unterseen. Dort hielt unser Regierungsrat Johann Ritschard eine ergreifende Grabrede, und Kapellmeister Schleidt umrahmte die Feier in der Kirche mit seinem virtuosen Orgelspiel.

Als an jenem Tag das Glockengeläut vom altehrwürdigen Kirch-

Jungfraugebirge gerichtet – eine kurze Weile hier am prächtigen Aareufer.

Sie sind mit der Bahn eingetroffen – mit dem Dampfschiff fahren Sie wieder fort. Über beide Einrichtungen möchte ich Ihnen abschliessend noch etwas erzählen:

Mit der Eröffnung der Bödelibahn – wir haben mehrmals von ihr gesprochen – nahm das Bahnwesen schon recht früh seinen Anfang, und es ist bekanntlich eng mit der Schiffahrt verknüpft.

Bereits in den vierziger Jahren hatten die unternehmungslustigen Gründer der Dampfschiffahrt auf dem Thunersee, die Hoteliers Knechtenhofer vom Bellevue in Thun, die erste Projektstudie für einen durchgehend schiffbaren Kanal zwischen den beiden Seen, mit einer Landestation am Höheweg, in Auftrag gegeben. Sie träumten von einer direkten Verkehrsverbindung zu Wasser von Thun bis Brienz, gaben die Idee aber offenbar aus Kostengründen wieder auf. Eine zweite Studie nahm um 1865 Nationalrat Seiler an die Hand. Dabei sah er – typisch – zwei Kammerschleusen mit

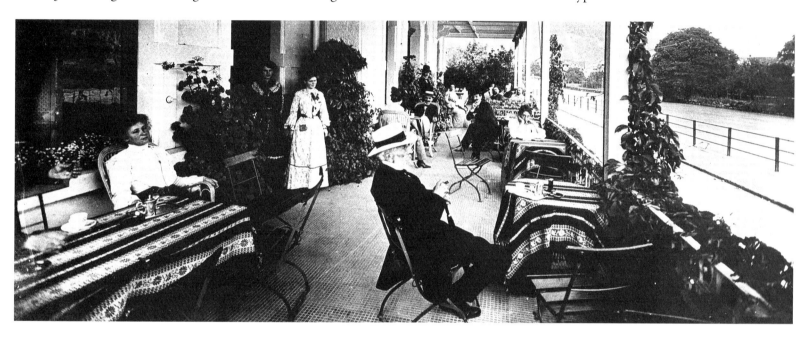

turm erschallte, hell und leicht die Eingangsklänge, mächtig, einer starken Männerstimme gleich der Schlag, ging ein leises Schaudern durch das Bödeli.

Diese Glocken, ein hochherziges Geschenk, waren nämlich erst elf Tage zuvor von der Giesserei Hermann Rüetschi aus Aarau eingetroffen, inzwischen in den Turm gehängt worden und erfuhren nun – welche Fügung! – ihre Einweihung just an der Grablegung ihres wohltätigen Spenders Eduard Ruchti. Die grösste Glocke, eine auf Des gestimmte Totenglocke – sie allein wiegt 2177 Kilogramm – trägt den Spruch «Wann müd von diesem Erdenstreit/Du legst dein Haupt zur Ruh,/dann töne dir mein Sterbgeläut/des Himmels Frieden zu» sowie die Inschrift «Geschenk von Eduard Ruchti Nationalrath 1902». Zudem ziert sie der Steinbock, das Wappen des Städtchens.

Der Augenblick, mein verehrter Freund, ist gekommen, Ihre baldige Abreise steht bevor.

Noch verbleibt uns – Sie haben die Augen nachdenklich auf das

pneumatischer Schiffshebung, eine beim Du Pont und eine beim Zollhaus, zur Überwindung der Niveaudifferenz vor. Der Damm des Kanals, meinte er, könne vielleicht später für Geleiseanlagen benützt werden. Seiler fand jedoch mit seinem Plan bei der Bevölkerung so wenig Verständnis, dass auch er ihn fallen liess.

Und prompt verlegte der gewiegte Politiker seine Bestrebungen von jetzt an mit aller Kraft nur noch auf eine Bahnlösung. Er scharte ein paar Freunde um sich, berief am 20. Juni 69 in Interlaken eine Volksversammlung ein und erreichte, unterstützt von entschlossenen Mitreferenten wie Ruchti und Ober – da haben Sie die Namen noch einmal beieinander –, dass sich unverzüglich ein Brünigbahn-Initiativkomitee von bald 90 Mitgliedern bildete.

Wieso Brünigbahn? Den Initianten schwebte nach der Devise «über den Brünig zum Gotthard» in späterer Zeit eine Bahnverbindung von Thun über Spiez, Interlaken, Meiringen nach Luzern vor, und als erstes Teilstück wollten sie die Strecke durch das Bödeli verwirklichen.

Am 9. Dezember 71 konstituierte sich die «Aktiengesellschaft der Bödelibahn», von der Sie drüben am Bahnhof jetzt eine ganze Zugskomposition wahrnehmen können. Natürlich stand sie unter dem Präsidium von Nationalrat Seiler. Seine Mitstreiter waren alles Männer, die Sie kennen: Doktor Johann Jakob Strasser, Friedrich Räuber Vater, Kapellmeister Schleidt, Dennler sowie neben Ruchti und Ober die Hoteliers Johann Borter, Johann Strübin und Heinrich Wyder, der ja damals bereits Amtsschreiber war. Als sehr wohlgesinnt dieser Gruppe gegenüber – und das war nicht unerheblich – erwies sich alt Bundesrat Jakob Stämpfli, der langjährige Freund und politische Gesinnungsgenosse von Seiler.

Als Ausgangspunkt der Bödelibahn wählte man Därligen, wie ich Ihnen schon am ersten Tag dargelegt habe, weil am linken Seeufer eher eine Bahnfortsetzung zu erwarten war als am rechten. Wie bekannt ist, hat sich die Überlegung später als richtig erwiesen.

Das geschah sehr zum Leidwesen von Unterseen, und die Kutscher hatten ohnehin von Anfang an gegen die Bahnidee gewettert – man kann sie verstehen.

Die Konzession war erteilt worden, der Bahnbau Därligen–Aarmühle wurde am 8. Januar 72 in Angriff genommen, und die Betriebsaufnahme erfolgte schon am 12. August gleichen Jahres.

Parallel zu dieser rasanten Entwicklung hatte die Dampfschiffgesellschaft anno 70 abermals eine Studie für den immer noch in vielen Köpfen geisternden, durchlaufend schiffbaren Kanal in Auftrag gegeben und 71 der Öffentlichkeit vorgestellt. Abschreckend waren allerdings eine vorgesehene Tieferlegung des Thunersees um 1 Meter 20 zur Entsumpfung des Bödelis und die auf 42 Minuten berechnete Kanalfahrt der Schiffe.

Gleich wie Nationalrat Seiler vor sechs Jahren, stiess jetzt auch die Gesellschaft auf entschiedenen Widerstand.

Bald schon ging man bei der Bahn an den Bau des zweiten Teilstücks bis Bönigen; es wurde am 1. Juli 74 eröffnet. Nun betrug die Gesamtlänge 8,5 Kilometer, Bönigen erhielt seine neue Hafenanlage, die Landestelle Zollhaus wurde – wie Sie wissen – vorübergehend geschlossen, und die Schienendurchquerung des ganzen Bödelis war Tatsache geworden.

Schauen Sie diesen interessanten Wagen mit Bel-Etage an; sechzehn davon – eigens für hierher angefertigt – sind bereits in Betrieb.

Die Bödelibahn vermag viel Aufsehen zu erregen und Freude zu bereiten, gerade weil sie ein dampfschnaubendes Unikum ist und das hiesige Fortschrittsdenken bildhaft unterstreicht. Die Fremdenfrequenzen wurden durch sie auch spürbar angehoben.

Sie hatte aber auch vehemente Gegner gehabt: Einmal eben bei den Kutschern, deren Zahl in den guten Zeiten von Neuhaus auf weit über zweihundert angestiegen war; ihre ursprüngliche und lukrative Aufgabe, die Beförderung der Reisenden von einem See zum andern, hatte nun die Bahn übernommen. Zum anderen in Unterseen, das seines Landeplatzes Neuhaus – Lebensnerv für das Städtchen – verlustig gegangen war. Und zum dritten bei der Dampfschiffgesellschaft, welche ja nochmals und letztmals die Kanalidee aufgegriffen hatte. Und genau da – das muss man wissen! – liegt der Grund, weshalb die Bödelibahn-Verwaltung die merkwürdige und sehr kostspielige Linienführung zweimal über die Aare nebst Traversierung des Mühlekanals und der Lütschine sowie die aufwendigen Felssprengungen am Harder gewählt hatte: Mit diesem derart kompliziert angelegten Schienenstrang war die Kanalgefahr ein für allemal gebannt, das Thema für alle Zeiten erledigt und abgetan. Man kann das nun einen genialen Schachzug oder einen Schildbürgerstreich nennen, es war jedenfalls ein listiger Schlag im zeitweise erbitterten Konkurrenzkampf zwischen Bahn und Schiffahrt.

Übrigens hatte man auch eine direkte Schienenverbindung Därligen–Bönigen erwogen, mit Hauptstation unter dem Hotel Jungfraublick. Die weite Distanz zum Bahnhof und der Rauch der Lokomotive vor dem Jungfraugebirge, speziell für die Hotelgäste am Höheweg, hätten – so argumentierte Nationalrat Seiler vehement dagegen – der schliesslich gewählten Streckenvariante den Vorzug gegeben.
Von welcher Gewandtheit, Diplomatie und Überzeugungskraft dieser Seiler doch war!

Die einmal durchaus denkbare Betriebsausweitung, der Transport der Reisenden von einem See direkt zum anderen, ist also der Dampfschiffgesellschaft entgangen. Weil raschentschlossene Männer statt lange geredet, entschieden, statt abgewogen, gehandelt haben. Immerhin war die Bödelibahn anfangs ja auf die Zubringerdienste der Dampfschiffe angewiesen gewesen. Mit der Thunerseebahn aber geriet das Dampfschiffunternehmen dermassen unter Druck, dass es – nun auch raschentschlossen – an das Ausbaggern des Schiffahrtskanals vor unseren Augen ging – Sie haben ja Näheres darüber auf der Heimwehfluh erfahren.

Noch ist er nicht ganz fertiggestellt, und trotzdem wollte man nicht länger als unbedingt erforderlich mit der Einfahrt der Schiffe zuwarten, zur Not selbst mit einem provisorischen Landesteg, an welchem zurzeit die *Bubenberg* liegt. Somit also wäre Interlaken – wie man so schön sagt – verkehrstechnisch erschlossen; mit dem Idealfall von nebeneinanderliegenden Bahn- und Schiffstationen. Und Unterseen? Es ist vom Eingangstor zum Bödeli, vom pulsierenden Durchgangsort aller Reisenden, und zwar sowohl von der Ländte Neuhaus als auch von der linksufrigen Thunerseestrasse her, mit einem Mal neben das grosse Geschehen geraten.

Zu seinem Schaden? Wirtschaftlich und auf kurze Sicht ja; langfristig nein! Sofern es sich auf seine Werte besinnt, die es seit jeher geprägt haben und die nicht käuflich sind; um keinen Preis.

Wenn man sich fragt, wie es im Laufe weniger Jahre zu dieser zukunftsbestimmenden Weichenstellung oder Kursänderung – offenbar spuken noch die beiden Verkehrsbetriebe vor uns durch meinen Kopf – kommen konnte, dann heisst die Antwort: durch wenige, aber erfolgreiche Entscheide weniger, aber einflussreicher Persönlichkeiten. Denken Sie nur an den Grand Hotel-Entscheid in Unterseen oder eben an die Bödelibahn mit ihrem odysseischen Streckenverlauf. Und denken Sie an ihre Urheber. Bei zweien waren Sie dieser Tage gewissermassen zu Gast; in dem von ihnen geplanten, geschaffenen und gefestigten Herzstück der Hotellerie im heutigen Weltkurort Interlaken. Beide Pioniere, Eduard Ruchti und Nationalrat Seiler, haben Hoffnung und Zukunft nicht einfach in Worte gefasst, sondern dargestellt und gelebt.

235

Nun ist die neue Ländteanlage vollendet. – Nein, das ist die *Stadt Bern*. Für Sie aber wird das Salonschiff *Blümlisalp* einfahren!
Vergessen Sie neben den beiden Persönlichkeiten auch andere nicht, die am Bauwerk Interlaken kräftig mitgebaut haben: zum Beispiel den vielseitigen Peter Ober, den eigensinnigen Conrad von Rappard oder Kasthofer und von Greyerz, die Schöpfer unserer Wälder, auch Hauptmann Michel, Kapellmeister Schleidt, den kühnen Unternehmer Dennler – haben Sie die Flasche bei sich? –, den erfinderischen Feuerwerker Hamberger, den grossartigen Davinet und nach mir ganz besonders – eigentlich hätte er von den Bödelibewohnern ein Denkmal verdient – den Maler Franz Niklaus König. Er war am Anfang überall wegweisend dabei gewesen – Molkenkuren, Unspunnenfest, ja gar als frühester Träger einer Kursaalidee – und hat als grosser Künstler ein unvergängliches Werk hinterlassen. Da kommt sie angedampft, vornehm wie ein selbstbewusster Schwan, die *Blümlisalp*. – Schauen Sie dort oben... auch den musischen Halder dürfen Sie nicht vergessen.
Wir müssen jetzt zur Ländte!

Sie hat angelegt, die stolze Dame, das Flaggschiff und die Königin der Thunerseeflotte.
Und ihre Fahrgäste betreten das Bödeli – für manche persönliches Neuland – mit grossen Erwartungen. Wie sehr zu Recht, das vermögen Sie, lieber Freund, nun selbst zu ermessen.

Auf der Heimwehfluh weht die Schweizerfahne im Wind. Wie jeder Ankommende wird auch jeder Abreisende – man kann es als Symbol verstehen – von dort noch einmal gegrüsst.

Nun kehren Sie also zurück in Ihre Welt und in Ihre Zeit.
Es wird Sie wie ein Auftauchen anmuten.
Aber – das wäre ein fataler Irrtum, ein Verkennen der Dinge – nicht wie aus einem bunten Korallengarten mit glitzernden Fischen in eine wind- und wellengepeitschte Wirklichkeit, sondern einfach von einem Heute in das andere Heute.

Ich hoffe, dass Sie die gelegentlichen zeitlichen Wechselsprünge gut verkraftet haben und Ihr Besuch zu verdeutlichen vermochte, in welcher Art, weshalb und wodurch die neue Gegenwart aus der alten erwachsen konnte, da und dort auch musste.

Sollten Sie eines Tages den Wunsch verspüren, dem Bödeli abermals... doch nein, ich weiss, dass Sie wiederkommen.

Selbstverständlich stehen Ihnen meine Dienste allezeit zur Verfügung.
Und ebenso selbstverständlich werde ich Sie wieder dort einquartieren, wo Sie vorgefunden haben, was einem anspruchsvollen Gast gebührt.

Ich wünsche Ihnen eine glückliche Heimkehr. Reisen Sie gut und leben Sie wohl!

# Literaturverzeichnis

Aberegg, C., Interlaken und seine Umgebungen. Gratis-Führer. Interlaken 1898, 1900
Aeby, Von der Jungfrau. Separatum aus der «Sonntagspost». Bern 1865
Ammann, Fred, Bernische Gasthäuser. Eine heimatkundliche Zusammenfassung. Manuskript. Grenchen 1971
Ammann, Fred, Das Hotel Bellevue zu Kienholz und seine Geschichte. In «Berner Zeitschrift für Geschichte und Heimatkunde», Heft 3, Bern 1986
Ammann, Fred, Die Chancen Interlakens als Kurort. Interlaken O.J.
Amman, Fred, Familienchroniken traditionsreicher Gastwirte und Hoteliers. Nr. 2, 3, 6, 10, 11, 15, 18, 19, 22, 27
Appenzeller, J.C., Wie Interlaken ein Kurort ward. Manuskript. Biel 1850
Appenzeller, J.C., Album des literarischen Vereins. Bern 1958
Attinger, Victor, u.a. Geographisches Lexikon der Schweiz. Neuenburg 1902
Attinger, Victor, u.a. Historisch-biographisches Lexikon der Schweiz. Neuenburg 1921

Baedeker, K., Die Schweiz. Handbuch für Reisende. Leipzig von 1855 bis 1910
Beattie, William, Switzerland illustrated. London 1836
Beldi, Max, Von den drei Burgen des Interlakener Bödelis. Separatum 1972
Benkert, Vreni, Telephon in Interlaken. O.O.o.J.
Berlepsch, H.A., Das Berner Oberland. Ein Führer für Fremde. Leipzig 1858
Berlepsch, H.A. und Kohl, J.G., Die Schweiz. Neuestes Reisehandbuch. Leipzig 1872
Berlepsch, H.A., Grand Hotel Ritschard in Interlaken. Interlaken 1898
Berner Heimatbücher Nr. 25, 28, 30, 59, 64, 65, 66, 69, 94/95. Bern
Berner Oberland-Bahnen, Fahrtenplan 1892
Berner Tagespost, diverse Nummern
Berner Taschenbuch, Diverse Jahrgänge
Berner Zeitschrift für Geschichte und Heimatkunde. Bern. Diverse Jahrgänge
Bernischer Staatskalender 1839 bis 1910. Bern
Beschreibung der Stadt und Republik Bern. Bern 1794
Bilder-Atlas der Schweiz. Neuenburg O.J.
Bitter-Album von Aug. F. Dennler in Interlaken. Denkschrift. Interlaken 1886
Björck, Barbara und Hofer, Paul, Über die bauliche Entwicklung Unterseens. Interlaken 1979
BLS, Hauszeitschrift. März 1987
Bodmer-Jenny, Margrit und Gallati, Rudolf, Gruss aus Interlaken. Thun 1986
Bödelibahn, Jahresbericht 1875
Bönigen. Alte Ansichten 1800–1939. Bönigen 1989
Boenigen, Klimatischer Luftkurort. Hrsg. vom Gemeinnützigen Verein. O.J.
Böschenstein, Hermann, 100 Jahre Kursaal Interlaken. Interlaken 1959
Brunner, Heinrich, die Schweiz. Geographische, demographische, politische, volkswirtschaftliche und geschichtliche Studie. Neuenburg 1909
Bürde's, Samuel Gottlieb, Reise durch einen Teil der Schweiz. Halberstadt 1795
Das Bürgerhaus in der Schweiz. V. Band. Zürich 1941
Buri, Ernst, Am Brienzersee vor 150 Jahren. Interlaken 1929
Buri, Ernst, Die Mühlen im Bödeli einst und jetzt. Separatdruck. Interlaken 1978
Buri, Ulrich, Ringgenberg. Interlaken 1905

Coulin, Jules, Clara von Rappard. Das Leben einer Malerin. Basel 1920

Dauwalder, Fritz, Die Baugeschichte verschiedener Strassen im engern Berner Oberland im XIX. Jahrhundert. Interlaken 1955
Daily Mirror, The, Nr. 2765 vom 3. September 1912
Delachaux, Louis, Der klimatische Luftkurort Interlaken im Berner Oberland. Interlaken 1885
Dietler, H., Gutachten über die Bahnhoffrage in Interlaken. Luzern 1912
Duden, Konrad, Vollständiges orthographisches Wörterbuch der deutschen Sprache. Leipzig 1880

Du Lac, Hotel, Interlaken, 1888–1988. Jubiläumsschrift
Durheim, C.J., die Ortschaften des eidgenössischen Freistaates Bern. Bern 1838

Ebel, J.G., Anleitung auf die nützlichste und genussvollste Art die Schweiz zu bereisen. Zürich 1809, 1843
Ebersold, Friedrich, Durch das Berner Oberland. Europäische Wanderbilder. Zürich 1897
Erneuertes Regimentsbuch über der Stadt und Republik Bern weltliche und geistliche Verfassung. Bern 1830

Feller, Richard, Die Geschichte Berns. Bern 1846 und 1960
Fischer, Rudolf von, Die Burgen und Schlösser des Kantons Bern. Basel 1938
Flückiger, A., Bollmann, E., Wenger, S., 50 Jahre TELL Freilichtspiele Interlaken. 1962
Die Freischarenzüge nach Luzern. Ein Rückblick nach 50 Jahren. Luzern 1895
Frey, Bernhard, Praktischer Schweizerführer. Buchs 1889
Frutiger, Christian, Burgruine Ringgenberg. Privatdruck. Interlaken 1983

Gallati, Rudolf, Interlaken – Kloster, Schloss und Kirche. Interlaken 1966
Gallati, Rudolf, Interlaken – Vom Kloster zum Fremdenort. Interlaken 1977
Gas- und Wasserversorgung von Interlaken. Berichte des Verwaltungsrates 1880 bis 1903
Gas- und Wasserversorgung von Interlaken. Verwaltungsberichte 1881 sq.
Gaze, Sylvie, Victoria-Jungfrau. Studienarbeit. Manuskript. 1988
Geiser, Karl, Brienzersee und Thunersee. Bern 1914
Gelpke, E.F., Interlaken in historischer, klimatischer und ästhetischer Beziehung. Bern 1870
Gemeinnütziger Verein von Interlaken, Statuten 1879
Gemeinnütziger Verein von Interlaken, Protokolle
Gerber, Rudolf, Interlaken. Illustrierte Wanderbilder. Zürich 1878
Gigon, W.O., Skizzen aus der Geologie des Berner Oberlandes. Das Bödeli und seine Umgebung. Interlaken o.J.
Giessbach am Brienzersee im Berner Oberland, Giessbach 1876
Der Giessbach am Brienzersee im Berner Oberlande und seine Umgebung. Giessbach 1876
Glutz-Blotzheim, Robert, Handbuch für Reisende in der Schweiz. Zürich 1823
Grandhotel à Interlaken, unausgeführtes Projekt in Unterseen. Prospekt 1868
Griebens Reiseführer. Die Schweiz. Berlin 1909–1910
Grossniklaus, Hans Ulrich, Wilderswil. Geschichte und Volkskunde. Unterseen 1987
Gruner, Gottlieb Sigmund, Die Eisgebirge des Schweizerlandes. Bern 1760
Gsell-Fels, Theodor, Die Bäder und klimatischen Kurorte der Schweiz. Zürich 1880, 1890
Gsell-Fels, Theodor, Die Schweiz. München und Berlin O.J.
von Gunten, F., Unterseen und seine Umgebung in historischer Beziehung. Interlaken 1882
Gurtner, H.A., Zur Verschuldung des Schweizerischen Hotelgewerbes. Bern 1918
Gurtner, Othmar, Das besinnliche Wanderbüchlein. Zürich 1924
Guyer, Eduard, Das Hotelwesen der Gegenwart. Zürich 1874

Häsler, Alfred A., Berner Oberland. Geschichte und Geschichten. Münsingen 1986
Häsler, Alfred A., Berner Oberländer Hotelierdynastien. Separatum 1987
Halder, Arnold, Bergluft. Sonntagsstreifereien eines alten Clubisten. Bern 1869
Hamberger, Memoiren über die Familie. Manuskript O.O.o.J.
Hamberger, Zeugnisse und Urteile der Presse über abgebrannte Feuerwerke pro 1900

Handels- und Gewerbe-Adressbuch für den Kanton Bern. Bd. II: Berner Oberland. Bern 1902
Harder, Kurze Beleuchtung des Projektes der Drahtseilbahn Interlaken–Harder und des Restaurants auf dem Harder. Lausanne und Interlaken 1905
Harder, Denkschrift zum Projekt einer Drahtseilbahn von Interlaken auf den Harder. Luzern 1891
Das Hardermannli. Illustrierte Sonntagsbeilage zum Oberländischen Volksblatt. Alles Erschienene
Hartmann, Hermann, Das grosse Landbuch. Bern 1913
Hartmann, Hermann, Interlaken und Umgebungen. Zürich O. J.
Hartmann, Hermann, Kurze Wegleitung zum Besuche von Interlaken und den oberländischen Kurorten. Interlaken O. J.
Hartmann, Hermann, Wegleitung zum Besuche des Berner Oberlandes. Interlaken O. J.
Hauser, Gebrüder, Hotel und Pension Giessbach. O. O.
Heinzmann, Johann Georg, Beschreibung der Stadt und Republik Bern. Bern 1796
Herzog, J. J. H., Wegweiser von Bern um den Thuner- und Brienzersee und den Umgebungen. Bern 1840
Heuscher, J., Thuner- und Brienzersee ihre biologischen und Fischerei-Verhältnisse. Pfäffikon 1901
Hofweber, Bruno, Auszug aus der Familiengeschichte. Zollikofen 1963
Höhematte, Denkschrift an die Tit. Mitglieder des Grossen Rates. 1864
Hottinger, J. J., Die Schweiz in ihren Ritterburgen und Bergschlössern. Bern 1839
Huggler, Max, Der Brienzersee in der Malerei. Bern 1980
Hugi, F. J., Naturhistorische Alpenreise. Solothurn 1830

IBI, 75 Jahre Industrielle Betriebe Interlaken. Interlaken 1979
Illustriertes Album der Schweizerischen Eisenbahnen und Dampfboote. Lausanne 1893
Illustriertes Wochenblatt, Organ des Oberländischen Verkehrsvereins. Alles Erschienene
Industrielle Betriebe Interlaken 1904–1954. Jubiläumsschrift 1955
Die Industrielle und Kommerzielle Schweiz. No. 3 und 4. Schweizerische Bergbahnen. Zürich 1901
Die Industrielle und Kommerzielle Schweiz. Dampfschiffahrt auf dem Thuner- und Brienzersee. Separatabdruck O. J.
Interlaken im Berner Oberlande als Luft- und Molkenkur-Ort. Interlaken 1863
Jahn, Albert, Chronik oder geschichtliche, ortskundliche und statistische Beschreibung des Kantons Bern. Bern 1857
Jahn, Albert, Der Kanton Bern. Bern 1850
Jahrbuch des Thuner- und Brienzersee. Seit Anbeginn
Jeanmaire, Claude, Mit Kohle, Dampf und Schaufelrädern. Basel 1971
Jenny, Gustav, Arnold Halder. Ein Erinnerungsblatt. St. Gallen 1912
Joanne, Paul, La Suisse. Collection des Guides-Joanne. Paris 1894
Jungfraublick, Bericht im Accommodement Oesch-Müller und Mithafte über das Jahr 1885
Junker, Beat, Geschichte des Kantons Bern seit 1798. Band 1. Bern 1982

Kaden, Woldemar, Die Perle der Schweizer Landschaften. Separatum 1880
Kaden, Woldemar, Das Schweizerland. Eine Sommerfahrt durch Gebirg und Thal. Stuttgart O. J.
Kasthofer, Karl, Der Lehrer im Walde. Bern 1828
Kehl, A., 75 Jahre Entwicklungsgeschichte des Telephons im Berner Oberland 1885–1960
Knechtenhofer, J. F., Interlaken, Hôtel et Pension des Alpes, Interlaken O. J.
König, Franz Niklaus, Reise in die Alpen. Bern 1814
Koch von Berneck, M., Das Berner Oberland. Schmidt's Reisebücher. Zürich 1887
Kurhausgesellschaft von Interlaken, Statuten 1862
Kurhausverwaltung, Höhematte Interlaken. Interlaken 1905

Lauterbrunnental, Kurze Anleitung. Bern 1777
Lauterbrunnen. Den werten Gästen gewidmet vom Hotel Staubbach. Bern O. J.

Leuthy, J. J., Der Begleiter auf der Reise durch die Schweiz. Zürich 1840
Liebenau, Theodor von, Das Gasthof- und Wirtshauswesen in älterer Zeit. Zürich 1891
Liechti, Erich, Meister, Jürg, Gwerder, Josef, Die Geschichte der Schiffahrt auf dem Thuner- und Brienzersee. Thun 1986
Loetscher, H., Schweizer Kuralmanach 1886. Zürich 1886
Lory, Gabriel, fils, Voyage pittoresque de l'Oberland Bernois. Paris, 1822
Lutz, Markus, Geographisch-statistisches Handlexikon der Schweiz. Aarau 1822
Lutz, Markus, Vollständige Beschreibung des Schweizerlandes. Aarau 1827

Meiners, C., Briefe über die Schweiz. Berlin 1788
Meisner, Fr., Kleine Reisen in der Schweiz. Bern 1836
Mendelssohn im Berner Oberland. Ausstellungskatalog. Interlaken 1987
Merian, P., Die Stadt Interlaken im Ausgleich von Natur und Kultur. Basel 1932
Meyer-Ahrens, Conrad, Die Heilquellen und Kurorte der Schweiz. Zürich 1860, 1867
Meyer-Ahrens, Conrad, Interlaken im Berner Oberland namentlich als klimatischer und Molken-Kurort. Bern 1869
Meyers Reisebücher. Schweiz. Leipzig 1881, 1910
Michel, Hans, Buch der Talschaft Lauterbrunnen. Lauterbrunnen 1979
Michel, Hans, 100 Jahre Hotel Schweizerhof. Jubiläumsschrift. Interlaken 1956
«Modenwelt», Zum fünfundzwanzigjährigen Bestehen der. Jubiläumsband. Berlin 1890
Mülinen, Egbert Friedrich von, Beiträge zur Heimatkunde des Kantons Bern. Bern 1880
Murray's Hand-Book for Travellers in Switzerland. London 1846, 1865

Ober, Peter, Interlaken und seine Umgebung. Bern 1858
Ober, Peter, L'Oberland Bernois. Bern 1854
Oesch, Hans, Regina Hotel Jungfraublick in Matten. Manuskript 1982
Osenbrüggen, Eduard, Das Berner Oberland. Darmstadt 1872
Osenbrüggen, Eduard, Das Hochgebirge der Schweiz. Basel ca. 1870

Parqueteriefabrik von Interlaken, Jahresberichte 1862/63, 1864
Parqueteriefabrik Interlaken, Revidierte Statuten 1879

Raemy, Alfred, Orts-Lexikon des Kantons Bern, Freiburg 1890
Rambert, Eugène, Aus den Schweizer Bergen, Basel und Genf 1874
Remijn, Jan C., Kirchengeschichte von Unterseen, Interlaken 1979
Remijn, Jan C., Unterseen – Kirche in der Altstadt. Unterseen O. J.
Richard, Guide du Voyageur en Suisse. Paris 1824
Ritschard, Gustav, Bödelitüütsch. Unterseen 1983
Rodt, Eduard von, Bernische Burgen, Bern 1909
Rodt, Eduard von, Bernische Kirchen. Bern 1912
Roth, Abraham, Gletscherfahrten in den Berner Alpen. Berlin 1861
Ruchti, Eduard, Grand Hotel Victoria Interlaken. Interlaken 1868
Runge, H., Das Berner Oberland. Darmstadt 1866

Sammlung Bernischer Biographien. Bern 1906
Schärz, Friedrich, Aus meinem Leben. Privatdruck. Därligen 1944
Schärz, Oskar, und Wyss, Rudolf, Hoch- und Tiefbau AG Interlaken. Jubiläumsschrift. 1975
Schlaefli AG, Interlaken, 100 Jahre Buchdruckerei, 1979
Schläppi, Ernst, Ein Beitrag zur Geschichte Unterseens von den Anfängen bis zur Reformation. Interlaken 1979
Schläppi, Ernst, Unterseen 600 Jahre bernisch. Unterseen 1986
Schreibmappe hrsg. vom Oberländischen Verkehrsverein Interlaken. Interlaken 1901
Schützengesellschaft Oberried, Statuten 1890
Schwarz, Fritz, Genealogische Aufzeichnungen über das Thuner Burgergeschlecht Knechtenhofer. Thun 1973
Schweizer, Jürg, Kunstführer Berner Oberland. Bern 1987
Schweizer Hotelier-Verein, Die Entwicklung 1882–1909. O. O.
Schweizerische Musikzeitung und Sängerblatt. Zürich 1905

Schweizerische Wirtezeitung. Diverse Nummern
Sommer, Hans, Volk und Dichtung des Berner Oberlandes. Bern 1976
Sommerlatt, C. von, Adressenbuch der Republik Bern. Bern 1835, 1836
Sommerlatt, C. von, Beschreibung der XXII Schweizer Kantone. Basel 1838
Spreng, Hans, Die Alphirtenfeste zu Unspunnen 1805 und 1808. O.O.u.J.
Spreng, Hans, Bilder aus der Geschichte von Untersen. Interlaken 1963, 1980
Stähli, J., Notice sur l'Hôtel du Belvédère. Bern 1839
Stähli-Lüthi, Verena, Kirche Gsteig. Bern 1983
Strasser, Gottfried, Das Berner Oberland. München 1892
Strasser, Gottfried, Illustrierter Führer der Berner Oberland-Bahnen und Umgebungen. Basel 1892
Strasser, J.J., Medizinische Beobachtungen über den Kurort Interlaken. Thun 1855
Strübin, H., Matten, Trinkhalle am kleinen Rugen. Manuskript 1986
Studer, Gottlieb, Über Eis und Schnee. Bern 1896

Telephon-Netz Interlaken. Abonnentenverzeichnisse von 1892 bis 1910
Tschudi, Iwan von, Der Tourist in der Schweiz. Zürich 1879, 1890, 1899
Tschudi, Iwan von, Schweizerführer. Reisetaschenbuch. St.Gallen 1855
Twain, Mark, Across the Bernese Oberland. Aus «A tramp abroad», London 1881

Uklanski, Karl Theodor von, Einsame Wanderungen in der Schweiz im Jahre 1809. Berlin 1810
Urfer, Hans, Die Höhematte in Interlaken. Interlaken 1964

Verzeichnisse von Hotels, Pensionen und Chalets. Diverse von 1890 bis 1914
Victoria Hotel zu Interlaken, Prospectus für ein Anleihen in erster Hypothek. Bern 1865
Victoria Hotel, Notiz betreffend die Gesellschaft. Interlaken 1904
Volmar, Friedrich Aug., Aus der Frühzeit der Dampfrosse. O.O. O.J.
Volmar, Friedrich Aug., Die Bödelibahn 1872–1899. Bern 1947
Volmar, Friedrich Aug., Die Thunerseebahn. Bern 1941

Wäber, A., Zur Geschichte des Fremdenverkehrs im engeren Berner Oberland 1763–1835. Bern O.J.
Wagner, R., Die Wasserheilanstalt am Giessbach im Berner Oberland. Giessbach 1886
von Wagner, Sigismund, Reise von Bern nach Interlaken. Bern 1805
Walcher, S., Taschenbuch zu Schweizer-Reisen. Schaffhausen 1844
Walcher, S., Touristenführer durch die Schweiz. Leipzig 1856
Walten, H., Taschenbuch für Reisen im Berner Oberlande. Aarau 1829
Wappenbuch des Kantons Bern. Bern 1981
Waser, M., Illustrierte Schweizer Geographie für Schule und Haus. Einsiedeln 1881
Wasserversorgungs-Gesellschaft, Statuten 1869
Weber, H., Generaladressbuch der Schweiz. Zürich 1857
Weibel, Samuel, Voyage pittoresque de l'Oberland. Paris 1812
Winterberger, Gerhard, Hundert Jahre Ersparniskasse des Amtsbezirks Interlaken. Interlaken 1952
Wolf, Caspar, Vues remarquables des Montagnes de la Suisse. Amsterdam 1785
Wollensack, Heinrich, Hotel, Pension und Kuranstalt Giessbach. Zürich 1897
Wrubel, Friedrich, Ein Winter in der Gletscherwelt. Zürich 1899
Wundt, Theodor, Die Jungfrau und das Berner Oberland. Berlin O.J.
Wursemberger, J.L., Geschichte der Alten Landschaft Bern. Bern 1862
Wymann, G., Jubiläumsschrift zur Feier des 50jährigen Bestandes der Sekundarschule von Interlaken. Interlaken 1908
Wys et Lutz, Promenades dans l'Oberland — vu en trois Jours. Paris 1835
Wyss, Johann Rudolf, Geographisch-statistische Darstellung des Cantons Bern. Zürich 1819–22
Wyss, Johann Rudolf, Reise in das Berner Oberland. Bern 1816
Wyss, Rudolf, und Wach, Thomas A., Die Familie Mendelssohn und das Berner Oberland. Interlaken O.J.
Zürcher, Otto, Das Berner Oberland im Lichte der deutschen Dichtung. Leipzig 1923
Zwahlen, Hans, Heimatkunde des Dorfes Matten. Matten 1981

*Karten und Pläne*

Blatter, Ernst, Plan von Interlaken und Umgebung. 1:7500. Interlaken 1921
Einwohnergemeinde Interlaken, Alignements-Pläne. 1:1000. O.J., um 1915
Fluss-Karte der Lütschine vom Saxetenbach bis Brienzersee. Blatt IV, 1866
Flusskarte der Lütschine vom Dangelgraben bis zum Fliessausteg. 1:1000. 1887
Gemeinde Aarmühle, Ortspläne. 1:500. 1872
Gemeinde Matten, Flurpläne. 1:2000. Um 1905
Gemeinde Interlaken, Flurpläne. 1:500. Um 1897
Gemeinde Interlaken, Übersichtsplan. 1:5000. 1900
Gemeinnütziger Verein von Interlaken und Umgebung, Interlaken und Umgebung. 1:15000. Bern 1902
Gemeinnütziger Verein von Interlaken und Umgebung, Spezial-Plan von Interlaken und Umgebung. 1:7500. Bern 1902
Halder, Arnold, Interlachen und seine Umgebungen. 1:13000. Bern 1867 und 1889
Halder, Arnold, Plan d'Interlacken et de ses environs. Ca.1:20000. O.O., um 1850
Hodler, Emil, Interlaken und Umgebung. 1:50000. Zürich 1878
von Hoven, Christian, Interlaken und seine Umgebungen. 1:15000. Bern 1897
Keller, Heinrich, Aussicht vom Hohbühl, Interlaken gegenüber. Um 1814
Kurhausgesellschaft AG Interlaken, Kursaal und Hotel Belvédère in Interlaken. 1912
Lelewel, Jean, La Portion du terrain entre les Lacs de Brienz et de Thoune avec le canal de Navigation. 1834
Öffentliche Gasbeleuchtung im Sommer. Übersichtsplan mit Standorteintragungen. Licht- und Wasserwerke Interlaken.
Perimeter des Inundationsgebietes vom Jahr 1762. 1:2000
Plan des Terrains zwischen dem Brienzer und Thuner See. 1:6000. 1835
Roder, Friedrich, Plan und Längenprofil des Aaren Bettes zwischen dem Brienzer See und Untersen. 1844
Rüdiger, L.A., Das Kloster Interlaken samt zugehörigen Gütern. 1718
Schleusen zu Untersen. Situationsplan. 1:500. O.O.u.J.
Schoepf, Thomas, Karte des Bernischen Staatsgebietes. 1577/78
Siegfried-Atlas. 1:50000. Blätter 391 (1894), 392 (1889), 395 (1890), 396 (1890), 488 (1894), 489 (1884)
Siegfried-Atlas, Berner Oberland. Überdruck 1885 und 1896
Situationsplan über das Bauterrain für das Postgebäude in Interlaken. 1:500. 1886
Situationsplan über die Höhematte Interlaken. 1:1000. 1889
Stähli/Scheurmann, Aussicht vom Hohbühl bey Interlachen. 1816
Stähli/Scheurmann, Plan des Thals von Untersen und Interlacken. 1816
Übersichtsplan für einen Schiffahrts-Canal vom Thunersee nach Interlaken. 1890
Wasserversorgung Interlaken. 1:10000. 1910
Wasserversorgung Saxeten-Interlaken. 1:10000. 1902
Wiegsam, Karl, Geometrischer Plan des Aarelaufs. 1791

# Weitere Quellen

Aufzeichnungen (A), Dokumente (D), Fotobeiträge (F),
Historische Überprüfung von Manuskriptteilen (H), mündliche Überlieferung (M)

Albert von Allmen, Lauterbrunnen (M); Hanspeter und Ursula von Allmen-Dietrich (D, F, M); Toni von Allmen, Matten (F, M); Kaspar von Almen, Trümmelbach (D, H); Fred Ammann, Biel (A, D, M); Herbert Ammon, Hilterfingen (F); Arthur Anderegg, Interlaken (D); Ernst Bangerter, Sigriswil (H); Max Beldi, Interlaken (D, M); Emanuel und Rosmarie Berger, Interlaken (D, F, M); Walter Bettler, Interlaken (M); Andrea Blattner-Känel, Interlaken (F); Margrit Bodmer, Därligen (A, D, F, H, M); Emil Bollmann, Interlaken (D, F, M); Markus Borter, Matten (D, M); Suzanne Brändlin-Schenk, Interlaken (F, M); Ruth Braun, Unterseen (D); Familie Alfred Brunner-Huggler, Lauterbrunnen (M); Peter Bühler, Matten (M); Therese Bühler, Matten (M); Hans Dellsberger, Bönigen (F, M); Adolf Dürig-Frutiger, Oberhofen (D); Peter Egger, Grindelwald (M); Peter und Monika Eichenberger, Matten (M); Werner Eng, Unterseen (M); Werner Fehlmann, Interlaken (D, M); Hermann von Fischer, Bern (D, F); Rosmarie Fuchs-Lisker, Bönigen (D); Rudolf Gallati, Interlaken (M); Urs und Irene Gaugler, Wilderswil (D); Sylvie Gaze, Neuchâtel (D); Adolf Gertsch, Interlaken (F, M); Peter Gondolf, Bergkamen (H); Ingrid Charlotte Graupp, Wien (D); Hans Ulrich Grossniklaus, Wilderswil (F, H, M); Elsi Grunder, Interlaken (F, M); Ernst Grunder, Interlaken (F, M); Roland Hirni, Interlaken (D, M); Peter Hofmann, Interlaken (D, F); Ernst Hofmann, Interlaken (F); Bruno Hofweber, Interlaken (D, F, M); Roland Horn, Interlaken (D, F, M); Hugo Ineichen, Matten (D, F, M); Mireille Kehrli, Gunten (A, D); Dorothee Kleiner-Frick, Zollikon (A, D, F); Peter Koschak-Krebs (D); Eduard Krebs, Interlaken (D, F); Peter Küffer, Thun (D, M); Adrian Kurzen, Hünibach (A, F); Hermann Kurzen, Interlaken (D); Frau Leiser, Brügg (D, F); Erich Liechti, Hilterfingen (F); Theresa Liechti-Balmer, Wilderswil (F, M); Adolf Marantelli, Interlaken (D, M); Hermann Marahrens, Hannover (F); Paul J. Mathys, Bern (D); Paul Michel-Blaser, Bönigen (A, M); Elisabeth Mühlemann-Stähli, Iseltwald (M); Ernst Mühlemann, Interlaken (M); Werner Neuhaus, Belp (D); Peter Niederhauser, Oberhofen (H, M); Eveline Nobs-Zryd, Interlaken (D, M); Hans Oesch, Interlaken (F, A, D), Louis Pichler, Thun (D, F); Walter Reinert, Luzern (F); Albert Ritschard, Matten (M); Gustav Ritschard, Unterseen (A, F, M); Martha Ritschard, Unterseen (F); Philipp Ritschard, Interlaken (A, D, F); Max Ritter, Unterseen (F, M); Daniel Rüegsegger, Interlaken (F); Bernhard Sahli, Interlaken (M); Ernst Seiler, Matten (F, M); Markus Sigrist, Bern (D); Alfred Simmen-Capaul, Matten (†) (D, M); Hans Sommer, (†) (M); Pio und Lina Soppelsa, Unterseen (F, M); Willy Spring, Hinterkappelen (D); Oskar Schärz, Interlaken (D, F); Paul Schenk, Unterseen (F); Marco Schiltknecht, Interlaken (D, F, M); Hans Schläpfer, Unterseen (M); Ernst Schläppi, Unterseen (H, M); Jürg Schweizer, Bern (H, M); Gertrud Stahel, Interlaken (F, M); Eugen Studer, Bern (M); Josef Stump, Interlaken (F); Wilma Tissot, Interlaken (F); Vreni Uetz, Unterseen (F); Peter Urfer, Interlaken (F); Hermine Wagner, Unterseen (D, F); Emil Walthard, Küsnacht (D, M); Alfred Wenger, Thun (D, F); Willy Wenger, Zürich (F); Theodor Wirth, Interlaken (D, M); Niklaus Wyss, Unterseen (F, M); Rudolf Wyss, Interlaken (M); Annelies Zaugg, Wilderswil (F); Beat Zaugg, Interlaken (H); Hans Zwahlen, Matten (H, M).

Archiv für Denkmalpflege, Bern (F); Archives Départementales du Haut-Rhin, Colmar (F); BLS Publizistischer Dienst, Bern (F); Nachlass Braun, Mulhouse (F); British Alpine Club, London (F); Bundesamt für Landestopographie, Wabern (D); Burgerbibliothek, Bern (D, F); Denkmalpflege des Kantons Bern, Bern (A, D, F); Dorfmuseum Bönigen (D); Fotoglob AG, Zürich (F); Archiv Frutiger, Thun (D, F); Gemeindeverwaltung Interlaken (D, F); Gemeindeverwaltung Matten (D); Gemeindeverwaltung Unterseen (F); Grundbuchamt Interlaken (D); Heimatvereinigung Wilderswil (F); Institut Geschichte und Theorie der Architektur GTA, Zürich (D); Jungfraubahnen, Interlaken (D); Archiv Krebser Thun (A, D, F); Kreisoberingenieurbüro Thun (D); Kursaal AG, Interlaken (D, M); Landesbibliothek, Bern (D, F); Lunn Collection, London (F); Orell Füssli, Zürich (D, F); Oyes House, Milton Keynes (D, F); PTT Generaldirektion Dokumentationsdienst, Bern (D); PTT Museum, Bern (F); Regionalspital Interlaken (D); Schlaefli AG, Interlaken (D, F); Schweiz. Landesmuseum, Zürich (F); Schweiz. Verkehrszentrale, Zürich (D, F); Staatsarchiv des Kantons Bern, Bern (D, F); Stadt- und Universitätsbibliothek Bern (D); Archiv des Verkehrshauses der Schweiz, Luzern (D, F); Verkehrsverband Berner Oberland, Interlaken (D); Verkehrsverein Interlaken (D, F, M); Volkswirtschaftskammer des Berner Oberlandes, Interlaken (D); Zentralbibliothek Luzern (D, F); Zentralbibliothek Zürich (D, F).

# Personenverzeichnis

Abegglen, Margrit 134
Abegglen, Ueli 134
Abegglen, Ulrich 137
Abegglen, Rösi 136
Aebersold, Adolf 31
Aebersold, Carl 32, 62, 66, 118, 151
Aebersold, Christian 14, 66, 118, 154
Aebersold, Eduard 31
Aemmer, Familie 97
d'Alcantara, Donna Teresa Christiana 158
d'Alcantara, Dom Pedro, Kaiser von Brasilien 158, 159
Ali-Khan, Hassan 118
von Allmen, Christen (Adler) 182
von Allmen, Christen (Silberhorn) 190
von Allmen, Gottfried 183
von Allmen, Hans und Rosi 184
von Allmen, Peter 184
von Allmen, Susanne 188
von Almen-Heim, Christian 189, 191, 192
von Almen, Friedrich 195
von Almen, Friedrich Werner 195
von Almen, Johann und Peter 195
von Almen, Margaritha 171, 191, 195
Anderfuhren, Christen 31
Anderhalden, Marie 137
Antifritzli 191

Baggesen, Jens 214
Balli, Heinrich 31
Balmer, Christian 14, 154
Balmer, Hans 98
Balmer, Friedrich 93, 96
Balmer, Rosalie 95
Barbarossa, Kaiser Friedrich 22
Barbier, Karl 212
Bayern, Prinz von 221
Beldi, Elise 19
Beldi, Johann Friedrich 19
Berg, Johann 191
Berger, Jakob 225
Betschen-Wirth, Jakob 77, 216
Betschen-Wirth, Mathilde 77
Beugger, Alfred 17, 147
Beugger, Johann Caspar 35
Beugger, Johann und Margrit 17
*Beugger, Margaritha 17
Binoth, Friedrich 190
Bischofsberger, Johann Jakob 216
Blatter, Christian 14, 36, 154
Blatter, Friedrich 36
Bleuler, Louis 132
Bohren, Friedrich 30, 77, 110
Borter, Alfred 29
Borter, Johann 74, 97, 216, 233
Borter-Sterchi, Friedrich 37
Bortis, Joseph 166
*Botz-Bühler, Anna 16
*Botz-Bühler, Ernst 16, 230
Boutibonne, Charles Edouard 100
Bouvier, Paul 159

Boyeldieu, Firmin 114
Brennecke, Emil 109
Brun, Friederike 191, 192
Brunner, Abraham 36
*Brunner, Christian 188
Brunner, Ernst 137
Brunner, Johann 228
Bühler, Jakob 30
*Bühler, Karl 19, 204
Bühler, Magdalena 204
Bühler, Peter 16, 83, 217
*Bürgi, Albert 18, 19
Bützberger, Johann 155
Byron, George Gordon, Lord 151, 186

Champion, Leo 104
Cherno, Gustav 104
Clarke, Anna 208
Clarke, Charles 208
*Clarke, Thomas 208
Christen, Jakob 102
Consol, Armand 206
Constant, Nicole 42
Couttet 201

*Davinet, Horace Edouard 40, 52, 58, 62, 64, 67, 112, 114, 130, 151, 163, 213, 236
Delachaux, Louis 28
*Dennler sen., August Friedrich 109, 156, 215, 216, 218, 223, 233, 236
Dennler jun., August Friedrich 223, 224, 225
Deucher, Adolf 23, 171
Diday, François 130
Dietrich, Friedrich 28
Döpfner-Bosshard, Albert 81
*Dübendorfer, Heinrich 110, 111
Dünz, Abraham 139

Echser, Franz 106
Egger, Emil 152
Egger, Peter 231
Elmer-Sprenger, Anna 103, 104
Elmer-Sprenger, David Friedrich 103
Elmer-Seiler, David Friedrich 88, 104
Erni, Joseph 26
Erni, Julie 26
von Eschenbach, Konrad 14
von Eschenbach, Walter 14
Esterhazy, Fürst 221

Finger, Abraham 119
Finger, Adolf 50
Finger, Johann Alexander 119
Fischer, Johann 58
Flückiger, August 212
Formé-Bécherat, Louis 203
Frey, Eduard 33
Frey, Emil 23
Frutiger, Fritz 146, 147
*Frutiger, Johann 135, 147
Frutiger-Zurbuchen, Peter 138

Gabler, Johann Adam 26, 111, 251
Gänsler, Frau 42
Gaudard, Emile 163
Gehren (Melker) 83
Gelpke, Ernst Friedrich 25
*Gempeler, David 110
Gertsch, Friedrich 110
Gertsch, Kaspar 183
Ginsbourger, Florentine 231
von Goethe, Johann Wolfgang 45, 188, 195
von Görlitz, Herzog 221
Graf, Carl 28
*Graf, Christian 188
Graf, Christen 190
Graf, Rudolf 189
Grant, Ulysses 65
von Greyerz, Adolf 20, 213, 216, 236
von Greyerz, Karl 210
Grossmann, Johann 33
Grossmann, Johannes 78
Grossmann, Melchior 140
Grunder, Friedrich 30
Guggenbühl, Hans Jakob 94
*Gurtner, Alfred 182
Gurtner, Emil 40, 182
*Gysi, Fritz 47

*Hahn, Emanuel 94
*Halder, Arnold 20, 43, 106, 211, 216, 236
Hamberger, Carl und Fritz 133
*Hamberger, Johann Rudolf 131, 133, 157, 171, 209, 236
Hänny, Max 33
Hänny, Rudolf 10, 220
Hansen, Christian 82
Häsler, Friedrich 18
Hauser, Bernhardt 17, 18, 82
Hauser-Blattmann, Karl 130, 133
Hauser jun., Karl 131
Hegel, Johannes 208
Heger, Rosa 102
d'Héricourt, Gabrièle 135
Hiltebrand, Gottfried 227
Hirni, Fritz 225
Hirni, Johann 118, 163
*Hodel, Elise 34
Hodel, Ludwig 34
Hofmann-Gyger, Anna 57, 84
Hofmann-Krebs, Emmy 226
*Hofmann-Gyger, Peter 57, 84
Hofstetter, Christian 36, 56, 61, 62
Hofstetter, Friedrich 222
*Hofweber, Joseph 80, 81
*Horn, Bendicht 53, 81, 110, 119, 120, 205
*Horn, Emil 19, 120
Huggler, Familie 45
Huggler, Gretel 183
Huggler-von Allmen, Hans 183
Huggler, Peter 190

Iffrig, Georg 112

243

*Imboden, Abraham 46
Imboden, Johann 61
Indermühle, Albert und Karl 80
Indermühle, Christian 80, 151
Indermühle, Johann 42, 63
Jackowski, Isidor 33, 36, 155, 209
Jametti, Giuseppe 35
Jenzer, Rudolf 229
*Jost, Rudolf 112

Känel, Max 75
Känel, Wilhelm 75, 251
Käser, Gottfried 140
*Kasthofer, Karl Ludwig 42, 213, 218, 219, 236
*Kaufmann, Fritz 175, 179
Kaufmann-Künzi, Johann 28
Kaufmann, Peter und Elisabeth 190
*Kehrli, Johannes 130, 133, 221
Kellenberg, Johann 107
Kirschmann, Christian 78
Knechtenhofer, Gebrüder 84, 131, 232
Knechtenhofer-Hofstetter, Jakob Friedrich 33, 42, 62, 78, 79, 97, 156, 216
Knechtenhofer, Jakob Wilhelm 135
Knechtenhofer, Johann Jakob 78
Knechtenhofer, Johannes 62
Knechtenhofer-Hofstetter, Katharina 62, 156
*Knechtenhofer, Wilhelm 58, 79, 151
*König, Franz Niklaus 14, 36, 41, 42, 53, 61, 154, 161, 220, 221, 236
*von Kranichfeld-Gardner, Miriam 215
*Krebs-Borter, Eduard 218, 226
*Krebs-Märky, Eduard 226
*Krenger, Rudolf 221
Künzler, Jakob Otto 222

*Lauener, Christian 204
*Lauener, Fritz 190
Lauener, Heinrich 102
Leuenberger, Jakob 14
Lichtenberger, Carl August 28, 74, 79, 152, 251
Lichtenberger, Elisabeth 79
Lichtenberger, Wilhelm 212
Lory, Mathias Gabriel 130, 211
Lüthi, Jakob Christian 52
Lüthi-Hofmann, Louis 147
Lüthi-Hofmann, Rosa 147

Marantelli, Antonio und Jacomo 29
Maria Christina, Königin 156
Maring, Rudolf Ludwig 213
Matti, David Gottlieb 84
Matti, Johann 79
Maurer-Knechtenhofer, Anna Elisabeth 58, 79, 135
Maurer-Knechtenhofer, Jakob 79
Meyer, Johann Rudolf und Hieronymus 166
Meyer, Wilhelm 229
Mendelssohn-Bartholdy, Felix 46, 61, 96, 99, 141, 144, 151
de Meuron, Maximilien 130
Michel, Albert 112
Michel, Christian 91, 95, 135, 154, 179, 236
*Michel, Friedrich, Vater 50, 97
Michel, Friedrich, Sohn 23, 36, 74, 146
Michel, Johann und Kaspar 84

Michel-Lauener, Johann 203
Michel-Lauener, Margaritha 204
Michel, Peter, Bönigen 91
Michel, Peter, Unterseen 41
Milliet, Robert 86
Möschberger, Christian 34
Mosimann, Friedrich 97
Mühlemann, Christian 106
*Mühlemann, Friedrich 19, 20, 24, 30
Mühlemann-Michel, Luzia 20
Mühlemann, Peter 89
Mühlemann, Ulrich 20, 31
Mühlemann (Hauptmann) 138,
Müller, Eduard 16
Müller, Hans 111
Müller, Johannes 56, 63, 151
Müller-Stähli, Margaritha 62, 63
von Mülinen, Niklaus Friedrich 14, 220, 221

Napoleon III. 43, 78, 100

Ober-Beugger, Elisabeth 35, 66, 210
Ober-Beha, Berta 163
Ober, Peter Paul 89, 151
*Ober-Beugger, Peter 14, 35, 54, 66, 67, 89, 94, 97, 156, 210, 216, 232, 233, 236
Ochs, Charles 229
Oehrli, Christian 32, 228
Oehrli, Johann 201
Oesch-Müller, Elisabeth 213
Oesch-Müller, Jakob 104, 213, 218, 219
Oesch-Seewer, Jakob 213
*Oesch-Zwahlen, Paul 213
von Oldenburg, Prinz Peter 151

Passmann-Schärz, Wilhelm 112
*Pfahrer, Friedrich 34, 218
du Plessis, d'Azène 156

*von Rappard, Clara 102
*von Rappard, Conrad 102, 128, 130, 131, 211, 213
von Rappard, Hermann 130, 131, 211, 213
Räuber, Friedrich, Vater 110, 156, 233
*Räuber, Friedrich, Sohn 19
Reber, Arnold 75
Reber, Christian 28
*Reber-Sterchi, Gustav 19, 34
*Reusser, Walter 154
Rieter, Heinrich 53, 130
Riggenbach, Niklaus 129
Rimps, Herr 145
von Ringgenberg, Johannes I 139
von Ringgenberg, Petermann 139
von Ringgenberg, Freiherren 139
Ritschard, Alfred 82
Ritschard, Christian 34
Ritschard, Eduard 113
Ritschard-Storck, Eduard 231
Ritschard, Johann, Tierarzt 104
*Ritschard, Johann, Regierungsrat 232
Ritschard-Seiler, Johann, Hotelier 113, 232
Ritschard-Storck, Lina 231
Roggatz-Faulstich, Marie 28
Roller, Robert 63, 219
Ross, Louis 151
Roth, Christian 104
Rotenfluh, Herren von 100

*Roux, Friedrich 111
Rubin, Adolf 35
Rubin, Jakob 74
Rubin, Peter 35
Ruchti, Albert 40
*Ruchti, Eduard 14, 16, 23, 39, 40, 66, 67, 74, 75, 76, 97, 109, 112, 114, 116, 146, 148, 156, 159, 160, 163, 171, 182, 205, 209, 210, 213, 232, 233, 235
Ruchti, Gottfried 109
Ruchti, Karl Friedrich 30, 39, 40
Ruchti-Rubin, Margaretha 39
Ruchti-Abegglen, Margrit 40
Rüetschi, Hermann 232
Ryser, Caroline 153

Sahli, Frieda 10, 15
Salvisberg, Friedrich 113
von Savoyen, Herzog Peter II 205
Schaad, Johann 18
Schaffner, Hans 212
Schaffner, Margareta 212
Schaflützel, Niklaus 104
von Schaumburg-Lippe, Fürst 221
Schenk, Karl 23
Schild-Hofstetter, Niklaus 58
Schild-Hofstetter, Frau 61
Schlaefli, Otto 229
Schleidt-Müller, Emma 27
*Schleidt-Müller, Wilhelm 27, 62, 162, 201, 232, 233, 236
Schleuniger-Müller, Gustav Albert 219
Schleuniger-Müller, Martha 219
Schmiedlin, Eduard 130, 131
Schmocker, Christian 51
Schmocker, Karl 47
Schneider, Adolf 103
Schneider, Fritz 49
*Schramm, Elise 115
*Schuh, Christian Heinrich 80, 112, 202
*Schuh, Friedrich 112, 202
*Schumann, Klara 210
Schwyter, Charles 100
*Seewer-Oesch, Ernst 213, 220, 223
Seewer, Johann 109, 223
Seiler, Christian 88, 104
Seiler, Elisabeth und Anna 88
Seiler-Sterchi, Elisabeth 76, 77, 163
*Seiler-Schneider, Friedrich 14, 19, 33, 40, 42, 64, 67, 76, 94, 118, 156, 181, 226, 232, 233, 234, 235
Seiler-Hopf, Friedrich 64, 131, 211
Seiler-Sterchi, Johann Gottlieb 52, 64, 65, 76, 97
Seiler-Brunner, Johann 14, 31, 64, 66, 88
Seiler, Peter 61
Seiler, Wilhelm 31
Seilger, Freiherr von Oberhofen 14, 47, 58
Seitz, Karl 109
Sesti, Clement 152
Sigrist, Josef 183
Simmen, Alfred 212
Sommer, Arnold 16
Sommer, Hans 14, 107
Spelterini, Eduard 206
Spring, Hieronymus 19

de Staël, Germaine 221
Stähli, Adolf 30
Stähli, Hans 221
Stähli-Aebersold, Johann 62
Stähli, Peter, Vater 66
Stähli, Peter, Sohn 66
Stapfer, Philipp Albert 166
Starkemann, August 16, 225
Stauffer, Frau 188
*Stauffer, Karl 190
Stebler, Niklaus 42
Steiner, Anna 98
Sterchi, Adolf 41
Sterchi, Barbara 211
*Sterchi, Christian, Mattenwirt 105
Sterchi, Christian 211
Sterchi, Friedrich 108, 228
Sterchi, Familie 105
Sterchi, Johann Rudolf 32
Sterchi, Rudolf 32
Steuri, Samuel 228
Storck, Heinrich 231
Storck, Susanna 231
Strasser, Johann Jakob 109, 112, 154, 156, 216, 233
*Strasser, Paul 112
Strasser, Gottfried 221
Streit, Herr 42
*Strübin, Eduard 77
Strübin-Volz, Friedrich Adolf 118
Strübin, Hans 77
Strübin-Müller, Johann 63, 77, 151, 156, 216, 233
*Strübin-Volz, Maria Magdalena 118, 163
Strub, Emil 19
Stucki, Christian 184

Studer, Adolf 18
Studer, Bernhard 23, 25
Studer, Friedrich 58, 67, 213
Studer, Rudolf 142, 216
*Stump, Melchior 115
von Stürler, Gabriel Ludwig Rudolf 33

Thormann, Friedrich Ludwig 220
von Thun, Edle 100
Trabold, Friedrich 228
Trajan, Kaiser 13
Tremp, Anton 31
*Tschiemer, Anna 48
*Tschulalongkorn, König von Siam 160, 171
Twain, Mark 76
Twinning, Familie 210

Unger, Johann 188
Urfer, Karl 78, 156
Urfer, Peter 216

Vanaz, Witwe 65
Vifian, Alfred 152
Vigée-Lebrun, Elisabeth Louise 221
Vogel, Friedrich 88
Volker, Alois 166
*Volz, Friedrich 52, 118, 156, 157, 216

*Wach-Mendelssohn, Adolf 96, 99
*Wach-Mendelssohn, Lili 96, 99
Wäckerlin, Georges 212
von Wagner, Sigismund 220
Wagner-Krebs, Elisabeth 218, 226
Wagner-Krebs, Max Wilhelm 218
Wagner, Wilhelm 109, 213
Walthard, Abraham Rudolf 46

Wanzenried, Johann 78
von Wattenwyl, Friedrich 171
Weber, Eduard 229
Weber, Johann 23
Weibel, Samuel 140
von Weimar, Herzog Karl August 188
Wettach, Jakob 179
Wetzel, Johann Jakob 140
Weyermann, Albrecht 42
Widmann, Josef Victor 24
Wiedmer, Fritz 88
Wirth, Johann 40
Wirth-Strübin, Magdalena 77
Wirth-Strübin, Theodor 19, 77
Wocher, Marquard 222
Wollensack, Heinrich 131
von Württemberg, Herzog Eugen 91, 221
von Württemberg, König Friedrich 1, 221
Wyder, Christian 29
Wyder, Elise 29
Wyder, Heinrich 29, 97, 104, 233
*Wyder-Horn, Hermann 29, 74, 156, 205, 216, 218
Wyder-Horn, Ida 205
Wyder-Seiler, Johannes 104
Wyder, J. 152
Wyder-Seiler, Margaritha 104
Wyder, Peter 109

Zingrich, Johann 106
Zryd, Thomas 152
Zurbuchen, Anna 138
*Zurschmiede-Sterchi, Christian 98
Zurschmiede-Sterchi, Magdalena 98
Zwanziger, Hermann 17
Zwilchenbart, Andreas 30

* Abbildungen auf den Seiten 246/247

# Siebzig Portraits zum Personenregister

Friedrich von Almen

Margaritha Beugger

Anna Botz-Bühler

Ernst Botz

Christian Brunner

Karl Bühler

Albert Bürgi

Thomas Clarke

Horace Edouard Davinet

August F. Dennler, Vater

Heinrich Dübendorfer

Johann Frutiger

David Gempeler

Christian Graf

Alfred Gurtner

Fritz Gysi

Emanuel Hahn

Arnold Halder

Johann Rudolf Hamberger

Elise Hodel

Peter Hofmann

Joseph Hofweber

Bendicht Horn

Emil Horn

Abraham Imboden

Rudolf Jost

Karl Ludwig Kasthofer

Fritz Kaufmann

Johannes Kehrli

Wilhelm Knechtenhofer

Franz Niklaus König

Miriam von Kranichfeld

Eduard Krebs-Borter

Eduard Krebs-Märky

# Stichwortregister

*Allgemeines*

Aare 13, 20, 22, 92, 122, 138
Aarekorrektion 50, 51
Aareschwellen 50, 51
Aarmühle 21, 36, 52, 54, 108, 109
Aarzelg 27, 118, 155
Abendberg 12, 94, 150
Ägertenbachfall 194
Aktienbrauerei Interlaken 80, 90
Aktiengesellschaft Victoria-Jungfrau 163
Älperfeste 14, 91, 100, 220, 221, 222, 231
Alphorn 191, 194, 220
Auf dem Graben 44

Badhaus 53
Bahnhof Bönigen 127
Bahnhof Interlaken 21, 40
Bahnhof Interlaken-Zollhaus 170
Bahnhof Lauterbrunnen 182, 196
Bahnhof Wilderswil 95, 171
Bahnhofplatz 10, 230
Bahnhofstrasse Bönigen 90
Bahnhofstrasse Interlaken 225, 226, 229
Bahnhofstrasse Unterseen 39, 41, 42, 230
Bank Betschen 77, 215
Bavaria 80, 81
Bayrische Brauerei 80
Berglistock 176
Berner Oberland-Bahnen 126, 174, 176, 178, 180, 189, 191, 195
Berner Regierung 19, 23, 42, 109, 155, 156, 190
Bleiche 51
Böcke 85, 86, 140
Bödeli 13, 64, 99, 144, 209, 214
Bödelibahn 21, 23, 26, 35, 50, 53, 55, 64, 82, 88, 89, 116, 127, 144, 148, 226, 232, 233, 234, 235
Bödelikanal 232, 233
Bönigen 88, 127, 217, 233
Brauerei Horn 52
Brauerei Indermühle 81
Breithorn 64, 174
Breitlauenen 172
Brienzer Rothorn 86
Brienzersee 138
Brienzstrasse 144
Brünigbahn 232
Brunnentröge 91, 96, 98, 178
Buchenbach 186, 194
Burghügel Ringgenberg 55, 57, 141, 216

Centralplatz 107, 226
Centralstrasse 28, 107, 228

Dampfschiffe
  DS *Bellevue* 84
  DS *Blümlisalp* 236, 237
  DS *Brienz* 57, 83, 85, 128, 139
  DS *Bubenberg* 23, 235
  DS *Faulhorn* 84
  DS *Giessbach I* 57, 83, 84, 131, 145

DS *Giessbach II* 131, 144
DS *Interlaken* 85, 144, 145
DS *Jungfrau* 57
DS *Schiff Matti* 84
DS *Meteor* 90
DS *Oberland* 57, 128
DS *Stadt Bern* 236
Dampfschiffahrtsgesellschaft 131, 210, 233, 234, 235
Dampfschiffländte Iseltwald 136
Dampfschiffländte Ringgenberg 140
Därligen 23, 233
Daube 174
Dennler-Bitter 223, 225
Dômes-Häuser 46, 47
Drahtseilbahn Giessbach 129

Ebnefluh 148
Eckladen 14, 32, 64
Elektrisches Licht 23, 116, 133
Englischer Garten 84
Entenäärli 227, 229
Entsumpfung 233
Ersparniskasse 30, 210
Eybrücke 92
Eywald 92, 217

Faulenseelein 143
Faulhorngipfel 174
Felsenburg 26, 215
Felsenegg 26
Felsenkeller 80, 222
Feuerwerk 131, 133, 157, 160, 209
Fische 50, 138, 143
Flinsau 93
Flössen 51
Freiheitsbäume 221
Friedhof Gsteig 94
Friedhof Ringgenberg 141
Frohheim 21

Galgenhübeli 26
Gas 28, 106, 108, 109, 113, 150, 157, 210, 229
Gasbeleuchtungs-Gesellschaft 97
Gasfabrik 21, 214
Gasscheinwerfer 147
Gasse, Untere 45
Gätzischmiede 32, 228, 229
Gemeinde-Amtshaus 29, 205, 214
Gemeinnütziger Verein 25, 54, 55, 218, 219, 223, 227
Gemspark 218
Geschichte 13
Giessbach 48, 102, 128, 131, 133, 138
Gletscherhorn 148
Goldey 48, 49, 53, 55, 82, 214
Goldswil 139, 142
Goldswilhubel 83, 171, 216
Goldswilplatten 144
Golf 92, 217
Greifenbach 182, 183

Grenchen 97
Grindelwaldtal 87, 176, 178
Gsteig 91, 94
Gummihorn 174

Habkergässli 45, 105
Harder 12, 27, 48, 218
Harderbahn 146
Hardermannli 218
Heimwehfluh 19, 20, 24, 237
Heimwehfluhbahn 19, 24, 150
Hintere Gasse 28
Hochgericht 26
Höhebrücke 36, 51
Höhematte 27, 148, 155, 205, 209, 210, 217
Höhepromenade 200
Höhescheuer 56
Höheweg 13, 14, 40, 56, 66, 75, 77, 150, 200, 209, 228
Hochstrasse 13
Hohbühl 19, 55, 80
Humboldtsruh 219
Hunnenfluh 180

Inseli 41, 42, 154
Interlaken 12, 14, 40, 109, 157, 205, 224, 235
Interlaken Dorf 12, 14, 40, 58, 215
Iseltwald 128, 134, 135, 136
Isenfluh 180

Journale 78
Jungfrau (Berg) 53, 64, 65, 148, 166, 193, 204, 209, 226, 232, 234
Jungfraubahn 19, 181
Jungfraustrasse 27, 106

Kilchstutz Lauterbrunnen 188, 195
Kirche Goldswil 143
Kirche Gsteig 93, 148
Kirche Lauterbrunnen 186, 190
Kirche Ringgenberg 139, 141
Kirche Unterseen 37, 45, 47, 139, 232
Kirchgasse Gsteig 95, 96
Kleiner Rugen 12, 99, 213, 218
Kleine Scheidegg 189, 195
Klima 13
Kloster 13, 20, 50, 59, 77, 92, 135, 218
Klosterstrasse 60
Klostermühle 33
Kühbalm 134
Kurhausgesellschaft 155
Kurorchester 161, 162
Kurhaus 27, 41, 54, 78, 148, 154, 155, 158, 210
Kutscher 10, 15, 45, 234

Lämmergeier 138
Landhaus 45
Landshelferei 112
Lauberhorn 189
Lauterbrunnen 182, 183, 184, 185, 186, 187, 188, 189, 190, 195, 196, 197

Lauterbrunnen-Mürren-Bahn 190, 195, 196
Lauterbrunnental 148, 174
Lochbrücke 181
Lombach 12, 148
Lütschern 22, 23
Lütschine 12, 86, 87, 92, 93, 138
Lütschinental 175
Lustbühl 52, 55, 81

Magenbitterstrasse 215, 222, 224
Manessische Handschrift 139
Männlichen 176, 189
Marktgasse 35, 33, 227
Marktplatz 34
Matten 103, 104, 105, 106, 106, 210, 211, 212, 213, 216, 217, 218, 219
Mattenöle 92
Metzgergasse 104
Miriamstift 215
Mittaghorn 148
Mode 201
Molken 14, 41, 154, 158, 160
Molkenkuren 14, 36, 41, 66, 91, 154
Molkenkuranstalt 155
Mönche 13, 58, 59, 93, 190, 209
Mönch (Berg) 148, 193
Mönchsbüffel 181
Morgenberghorn 12, 150
Mühle Lauterbrunnen 189
Mühlebrücke 33
Mühlekanal 52, 54, 122, 229
Mürren 185, 190
Musikpavillon 158, 162

Neuhaus 22, 23, 39, 40, 120, 215, 221, 234, 235
Nussbäume 61, 77

Orgel Ringgenberg 141

Parqueteriefabrik Aarmühle 21, 33, 43, 48, 50, 62
Parqueteriefabrik Unterseen 20, 33, 38, 41, 43, 49, 104, 152, 153, 225
Parqueteriekanal 38, 42
Personenaufzug 73, 76
Pfarrhaus Unterseen 46
Pletschbach 186
Pneumatik 64, 232
Post Bönigen 91
Post Interlaken 32, 36, 46, 108, 109, 110, 214
Post Lauterbrunnen 190
Post Schynige Platte 175
Post Unterseen 36, 46
Poststrasse 109

Rameli 32
Räuberecke 39
Reckweg 85
Reservoir Rugen 97, 209
Ried 96, 99
Ringgenberg 139, 140, 141, 142
Rohr Lauterbrunnen 189, 195
Römerstrasse 13, 22
Rotenfluh 93
Rothornblick 86, 127
Rottalsattel 64
Rugenpark 102
Rugenparkstrasse 17, 21

Sägekanal 34
Sägemühle 48
Sägeplatz 34
Sändli 86, 127
Säumergässli 27
Sattlerhübeli 26, 106, 213, 214
Saxetenbach 97
Saxetental 97, 148
Schaalbrücke 47, 49, 83
Schiffahrtskanal 21, 23, 27, 148, 150, 215, 226, 235
Schiltwaldflühe 191
Schlachthaus 21
Schleuse, Obere 20, 36, 48, 51, 122, 214
Schleuse, Untere 20, 37, 51
Schloss Interlaken 58, 59, 60, 139
Schlosskapelle 60
Schlosskirche Interlaken 51, 56, 58, 59, 60
Schlossmühle 140
Schloss Unterseen 38, 42, 49, 221
Schmiede Matten 106, 216
Schneckeninsel 135
Schreckhorn 176
Schreithag 194
Schulhaus Bönigen 91
Schulhaus Interlaken 54, 148, 210, 216
Schulhaus Iseltwald 135
Schulhaus Lauterbrunnen 185
Schwalmeren 97, 148
Schwäne 138
Schwardach 35, 41, 91, 97, 181 185, 188, 189, 202
Schwarze Lütschine 87, 176
Schwarzmönch 181
Schweifelhag 185, 194
Schwingfest 208, 220
Schynige Platte 95, 172, 173
Schynige-Platte-Bahn 172, 180, 189
Seebad 144
Seeclub 127
Sesti, Chalet 56, 79, 152
Siechenhaus 20
Siechenmoos 20, 214
Sodbrunnen 46
Sonderbund 64
Spielmatte 20, 36
Spissbach 186
Spitzenklöppeln 188, 191
Springbrunnen 156, 157, 209
Spülebach 92
Stadtgraben 38, 44
Stadthaus 45, 49
Stadtmauer 44
Stadttore 48
Stadtwappen 47
Staubbach 183, 186, 188, 194, 195
Steinbruch Gsteigwiler 91, 96, 98, 178
Steinhauerbrücke 178
Suggiturm 216
Sulegg 148

Tellspiele 212
Tennisplätze 74, 205
Thunerseebahn 23, 117, 235
Thunerseestrasse 22, 23, 39, 235
Tiefenau 145
Torigsgang 46, 47
Tramway 40
Trümmelbachfälle 189, 190, 191, 192, 193

Trümmletental 193
Tschingelhorn 174
Tschuggen 189

Unspunnen 14, 25, 95, 99, 100, 101, 220
Unter den Häusern 37, 49
Unterseen 14, 39, 40, 49, 122, 146, 232, 233, 234, 235
Unterseen, Brand 37, 45, 47
Urania 29, 107

Victoriastrasse 117
Viehmärkte 44
Villa Beau-Séjour 28, 214
Villa Bon Séjour 28, 107
Villa Choisy 208, 214
Villa Rappard 101, 102
Villa Tourelle 17, 82
Villa Unspunnen 100, 101
Villa Wiesenheim 27
Vordere Gasse 27, 28

Waldeckstrasse 27
Wagnerenschlucht 13, 19, 25, 80, 99, 221, 230
Wappen 47, 142, 232
Wasserkraftwerk 23
Wasserversorgung 97, 148, 210
Wasserversorgungs-Gesellschaft 97
Weisse Lütschine 87
Weissenau 22, 39, 120, 215
Weissenaubrücken 22, 23, 83
Wendelsee 9, 12, 99, 144
Wengernalp 193, 195
Wengernalp-Bahn 182, 189, 190, 195, 196
Wetterlücke 174
Wetterhorn 176
Wilderswil 95, 96, 97, 98, 99, 100, 101
Winter 115, 120, 194
Wyden 22, 228

Zeughaus 21
Ziegelei 118
Ziegen, tibetanische 218
Zollbrücke 57, 83, 144, 145
Zollhaus 83, 126, 145, 233
Zweilütschinen 178

*Hotels, Gasthöfe, Pensionen, Wirtshäuser, Restaurants, Cafés*

Adler, Lauterbrunnen 182
Chalet Adler 183
Adlerhof 203
Aebersold 32, 66
Des Alpes 54, 56, 62, 79, 148, 216
Alpenblick, Wilderswil 98
Alpenrose, Schynige Platte 174
Alpina, Matten 103
Zur frohen Ausfahrt, Bönigen 89
Bahnhof 10, 15
Bären Interlaken 34
Bären, Unterseen 39
Bären, Wilderswil 97, 98
Bären, Zweilütschinen 95, 179
Bärengraben 10, 15

Bavaria 81
Bayrischer Hof 81
Beatus 84
Beaurivage 56, 58, 79, 81, 82, 151, 216
Beau-Séjour 28
Beau-Site, Giessbach 129, 130, 133
Beau-Site, Unterseen 39, 40, 182, 215
Bellerive, Bönigen 88, 217
Bellevue 35, 231
Bellevue, Schynige Platte 173, 175, 177
Bellevue, Thun 78, 79, 131
Belmont 101
Belvédère 54, 62, 78, 148, 153
Chalet Belvédère 153
Berger 225, 226
Bernerhof 215, 225
Bischofsberger 216
Blatter 36
Blume 30
Bönigen 88, 91
Breitlauenen 172, 174, 175
Bristol 222
Brünig 82
Casino 56, 61
Central 41, 231
Deutscher Hof 27, 74, 107, 148
Drei Schweizer 43
Edelweiss, Lauterbrunnen 188
Chalet Edelweiss 215
Eden 17, 18, 21, 215
Chalet Eden 215
Eiger 40
Englischer Hof 15
Grand Hôtel de l'Europe 40
Hôtel de l'Europe 82
Falken 37
Fédéral 229
Fischer 56, 58
Fürst Bismarck 79
De la Gare, Bönigen 88, 127, 217
De la Gare, Interlaken 10, 15
De la Gare, Wilderswil 95
Germania 74
Ginsbourger-Bernheim 231
Harder 148
Heimwehfluh 20, 24, 25
Helvetia 41
Hirschen, Bönigen 91
Hirschen, Interlaken 110, 203, 204
Zum Hirschen, Matten 105
Hofstetter 56
Horn 53, 118, 148

Hopfenkranz 119
Interlaken 56, 79, 80, 148, 151, 216
Jungfrau 27, 52, 64, 65, 75, 76, 77, 110, 148, 163, 166, 214
Châlet de la Jungfrau 64, 65, 77, 214
Jungfraublick 26, 50, 56, 67, 106, 148, 208, 211, 212, 213, 234
Pension Jungfraublick 64, 131, 211, 216
Jura 16
Kaiser 16
Kaufmann 190
Krebs 21, 226, 229
Pension Krebs 226
Zum Weissen Kreuz 30
Weisses Kreuz, Thun 213
Kreuz, Lauterbrunnen 184
Kreuz, Matten 104, 217
Krone 37
Du Lac, Interlaken 57, 82, 83, 84, 92, 144
Du Lac, Iseltwald 128, 134
Landhaus 45, 92, 151
Mattenhof 53, 103, 104, 217
Mattenwirtshaus 105, 179, 211, 216
Merkur 10, 21
Metropole 114
Michel 203, 204
Mühlemann 112, 113, 202
Müller (Des Alpes) 56, 151
Müller (Jura) 16, 230
National 74, 107, 205, 214
Du Nord 79, 216
Ober 210, 216
Oberland, Interlaken 32, 109, 213
Oberland, Lauterbrunnen 183, 184
Oberländer-Hof, Bönigen 90, 127, 217
Parkhotel 107
Du Pont 36
De la Poste, Unterseen 36
Zur Post 108, 228
Reber 28, 107, 214
Reichshotel 79
Ritschard 51, 52, 53, 112, 114, 202, 214
Chalet Ritschard 112, 202
Rössli 108, 228
Royal 152
Rubin 74
Ruchti 39
Rugenpark 19, 21, 215
Savoy 74, 205, 206, 207
Schlosshotel 95, 100
Schlössli, Bönigen 89, 208
Schlössli, Matten 54, 210, 216

Schönbühl 95, 97, 101
Schönthal 18
Schuh 202
Schwanen 34
Schweizerhaus 63
Schweizerhof, Bern 88
Schweizerhof, Interlaken 27, 63, 77, 214
Schweizerhof, Lauterbrunnen 190, 196
Schynige Platte 173, 175
Zum Seebad 86, 127
Seeburg 140
Seiler, Bönigen 127
Seiler, Interlaken 14, 61, 64
Seitz 109
Silberhorn 190
Simplon 18
Sonne, Matten 104
Zur Sonne, Unterseen 42
Splendide 203, 204
St. Georges 79, 152
St. Gotthard 17, 21, 147, 215
Stadthaus 45
Stähli 62
Staubbach 189, 191, 195
Zum Steinbock, Gsteig 95, 179
Steinbock, Lauterbrunnen 40, 182, 183, 190
Steinbock, Unterseen 37
Strandhotel 137
Suisse 110, 203
Temperenzhof 42
Terminus 16, 21, 225
Tracht 95
Trinkhalle 102, 213, 219
Trümmelbach 191, 193, 195
Unspunnen 220
Victoria 16, 23, 27, 45, 52, 53, 70, 112, 116, 148, 163, 171, 212, 214, 232
Chalet Victoria 113, 114, 115
Pension Victoria 32, 67, 210
Victoria-Jungfrau 11, 163
Vogel 88
Volz 52, 118, 148, 163
Waldeck 26
Waldhotel 95, 102
Weber 229
Weinhalle 188, 195
Weissenburgbad 213, 219
Wyder, Interlaken 27, 29, 74, 148
Wyder, Unterseen 37
Wyders Grand Hotel Menton 74
Zollhaus 57
Zwahlen 104, 217

# Nachwort

Faszination früher photographischer Bilddokumente! Sie zu suchen und zu sammeln, kann zu einer packenden Passion werden. Sie aus unserer Zeit heraus zu betrachten, gibt uns Rätsel auf und gleichzeitig auch Erklärungen.

Sie aus ihrer Zeit heraus zu deuten, vermittelt Einblick und Verständnis in und für eine längst vergangene Epoche.

Längst vergangen? So weit liegt sie gar nicht zurück, sie ist die Gegenwart unserer Gross- und Urgrosseltern. Und doch mutet sie uns wie ferne Geschichte an; sie ist uns bereits erstaunlich fremd. In diese Zeit hinabtauchen, sie sehen und fühlen, ist das Anliegen dieses Buches.

Die Reiserouten sind weitgehend vom Bildmaterial bestimmt, das in vielen in- und ausländischen Archiven, Museen und privaten Sammlungen zusammengetragen worden ist. Nur die zu behandelnde Region war vorgegeben.

Das von meinen früheren Büchern her bereits erprobte Rollenspiel «Betrachter/Leser = Besucher, Autor = Fremdenführer» gestattet die direkte Rede. Der Text ist den Photographien untergeordnet, soll sie erläutern und sinnvoll verbinden. Er möchte ihnen damit gewissermassen Leben einhauchen und als umfassende fliessende Bildlegende den Betrachter aus der heutigen Gegenwart in die damalige Gegenwart zurückversetzen. Er soll zudem immer wieder dessen Augen auf Besonderheiten, Merkpunkte und wichtige Details der Bilder lenken – er soll ihn führen, wie das ein gewiegter Fremdenführer auch zu tun hat.

Die direkte Rede soll aber nicht nur begleiten, sie soll auch beleben und für viele den Text «lesbarer» machen sowie den Kontakt vertiefen und vermenschlichen. Sie gewährt aber auch eine notwendige Freiheit, um nicht zu sagen: Narrenfreiheit im Umgang mit den Zeiten und im subjektiven Gewichten beziehungsweise Abstrahieren. So erhalten verwandtschaftliche Verknüpfungen zum Beispiel oder die Nennung von Eigennamen im Interesse des Beziehungsnetzes eher ein Übergewicht. Die Erwähnung von Reisegepäck, Mittagessen und dergleichen aber wurde fallengelassen, um nicht unnötig zu belasten. Endlich erlaubt die direkte Rede dem Fremdenführer gelegentlich eigene (in der Regel durch die photographischen Ansichten bedingte) Schwerpunktsetzungen, auch Gefühlsregungen. Er liebt seinen Ort, er ist – zu Recht – stolz auf das Bödeli, dessen Umgebung und dessen Bewohner. Entsprechend möchte er alles in einem günstigen, aber nicht verfälschenden Licht zeigen. Und entsprechend darf er Negatives unterschlagen.

Eine Eigenheit dieses Buches sind die Zeitsprünge: Zum einen ergeben sie sich zwangsläufig aus den Bildern verschiedener Vergangenheiten – die Zeit der Aufnahme wird also jeweils zur Gegenwart –, zum anderen gestatten sie aufschlussreiche Vergleiche und illustrieren Entwicklungen. Als Hilfe hierzu mögen die Datierungen (siehe Anleitung auf Seite 4) beitragen. Das Rezept für den «Umgang mit den Zeiten» findet sich auf Seite 15.

Ein Wort noch zur Photographie: Sie ist bekanntlich die erste genaue Bildwiedergabe und erlebte ihre grossartige Frühzeit in der zweiten Hälfte des 19. Jahrhunderts, der gleichen Epoche also, in der unsere «Reise» grösstenteils spielt. Dieses zeitliche Zusammenfallen erlaubt sowohl, sich von der künstlerischen Begabung der Photo-Pioniere zu überzeugen, als auch den dokumentarischen Wert ihrer Werke zu würdigen. Denn sie vermögen da und dort Unsicherheiten auszuräumen, Mutmassungen zu belegen, offene Fragen gültig zu beantworten. Das Buch unterscheidet sich also von jedem herkömmlichen Geschichtsbuch, soll aber dennoch Geschichte vermitteln und zur Heimatkunde der behandelten Region beitragen. Die Verwirklichung des historischen Photobandes in dieser Form war nur dank der Tatsache möglich, dass ihn das Grand Hotel Victoria-Jungfrau Interlaken aus Anlass seines 125-Jahr-Jubiläums in Auftrag gegeben hat.

Ich danke:

Vorab meiner Frau Tina. Sie hat die Arbeit mit nie erlahmenden Ermunterungen, konstruktiver Kritik und sehr viel Geduld und Verständnis mitverfolgt und begleitet.

Dem Verwaltungsrat der Grand Hotel Victoria-Jungfrau AG; er dokumentiert mit der Herausgabe dieses Buches, welches nicht nur das angesehene Unternehmen selbst, sondern auch dessen einzigartiges touristisches Umfeld behandelt, Grösse und Grosszügigkeit. Und hier insbesondere dem Direktorenehepaar Emanuel und Rosmarie Berger für seine vielseitige Unterstützung während meiner drei Jahre dauernden, fesselnden Freizeitaufgabe.

Meinen engsten Mitarbeitern. Sie haben mich – selbstverständlich in voller Kenntnis meines Projektes – über das voraussetzbare Mass hinaus im Geschäft entlastet.

Dem Benteliteam unter Leitung von Ted Scapa für Können und Einsatz bei der Gestaltung und Herstellung des Buches.

Doreen Bangerter-Wilkinson für die einfühlsame und gekonnte Textübersetzung in die englische Sprache.

Der grossen Zahl jener, die mir bei der Beschaffung von Bildern, Dokumenten und Informationen sowie mit der historischen Überprüfung einzelner Manuskriptteile behilflich waren (siehe Seite 241). Hier darf ich zwei Namen speziell hervorheben:

Frau Margrit Bodmer-Jenny; sie war mit viel Sach- respektive Ortskenntnis und grossem Engagement, aber auch beim Erschliessen von Quellen behilflich.

Und Peter Niederhauser, der mit mir in ungezählten Tagen und Stunden bei der oft recht anspruchsvollen und schwierigen «Feldarbeit» (präzise Lokalisierung alter Aufnahmen) unterwegs war.

Weiter den vielen Damen und Herren, welche mich mit Hinweisen, Ratschlägen und Überprüfungen unterstützt haben.

Eine ganz besondere Hochachtung schliesslich und damit auch eine Form von Dank, der sie leider nicht mehr erreicht, zolle ich unter anderen den Photographen Adolphe Braun, Adam Gabler, Wilhelm Känel, Carl August Lichtenberger und Oskar Nikles. Ihre Bilder, oft nur noch in Einzelstücken oder gar Fragmenten erhalten, sind nicht gestorben, sondern leben weiter und werden noch vielen Generationen zur Freude und Faszination gereichen.

Markus Krebser